浙江省哲学社会科学重大项目"推进绿色低碳发展的审计治理研究"（编号：24NDJC03ZD）

绿色创新的
柔性监管机制研究

朱朝晖 谭雅妃 林雯 ◎ 著

中国财经出版传媒集团
经济科学出版社
Economic Science Press
·北 京·

图书在版编目（CIP）数据

绿色创新的柔性监管机制研究/朱朝晖，谭雅妃，
林雯著．－－北京：经济科学出版社，2024.9
ISBN 978 - 7 - 5218 - 5918 - 8

Ⅰ.①绿… Ⅱ.①朱…②谭…③林… Ⅲ.①企业创
新－研究 Ⅳ.①F273.1

中国国家版本馆 CIP 数据核字（2024）第 102843 号

责任编辑：程辛宁
责任校对：孙　晨
责任印制：张佳裕

绿色创新的柔性监管机制研究
LÜSE CHUANGXIN DE ROUXING JIANGUAN JIZHI YANJIU
朱朝晖　谭雅妃　林　雯　著
经济科学出版社出版、发行　新华书店经销
社址：北京市海淀区阜成路甲 28 号　邮编：100142
总编部电话：010 - 88191217　发行部电话：010 - 88191522
网址：www. esp. com. cn
电子邮箱：esp@ esp. com. cn
天猫网店：经济科学出版社旗舰店
网址：http://jjkxcbs. tmall. com
固安华明印业有限公司印装
710×1000　16 开　16 印张　260000 字
2024 年 9 月第 1 版　2024 年 9 月第 1 次印刷
ISBN 978 - 7 - 5218 - 5918 - 8　定价：96.00 元
（图书出现印装问题，本社负责调换。电话：010 - 88191545）
（版权所有　侵权必究　打击盗版　举报热线：010 - 88191661
QQ：2242791300　营销中心电话：010 - 88191537
电子邮箱：dbts@ esp. com. cn）

前　言

　　人类与环境的关系是全球面临的最重要议题之一。从党的十八大首次单篇论述，到十九大上升到国家战略，到二十大成为"中国式现代化"的内涵之一，我国对生态文明和绿色发展日臻重视，中国逐渐认识到"绿色发展是高质量发展的底色，新质生产力本身就是绿色生产力"[①]。

　　企业既是环境污染的源头，也是环境治理主体，其绿色发展对推动社会整体绿色转型、促进生态可持续发展具有至关重要的作用，也是企业自身高质量发展的重要特征与战略基点。国务院《关于加快建立健全绿色低碳循环发展经济体系的指导意见》明确指出，在绿色转型中要充分发挥企业的主体作用，为绿色发展注入强大动力。

　　然而，生态环境具有公共物品属性，企业参与环境治理存在成本与收益的非对称性。虽然，从"史上最严"的《中华人民共和国环境保护法》到生态文明写入宪法，国家对生态环境的日益重视和日渐严苛的环境规制带来了显而易见的成效。然而，环境规制主导的绿色发展带来的突出问题是：大部分企业只是采取污染末端治理等结果导向型技术来实现低碳目标，看似在整个工业层面实现了节能减排，实质上只是促进了末端绿色技术和环保产业的发展，无法实现整体工业的产业升级和绿色转型，甚至出现污染转移、"漂绿"等"异象"。企业低碳转型，其根本出路在于创新。绿色

[①]　习近平在中共中央政治局第十一次集体学习时强调：加快发展新质生产力　扎实推进高质量发展［N］．人民日报，2024 - 02 - 02（1）.

创新才是新质生产力的"原动力"，是促进经济转型升级和实现环境可持续的必然选择。

绿色创新是指符合生态经济发展规律，以实现资源节约和环境保护为目的的技术创新活动。然而，以逐利为目标的企业往往因绿色创新的高投资高风险高外部性而缺乏主动创新的内部动力，传统以命令型为主的环境规制未充分关注被监管主体的主动性与积极性，企业难以以一个健全的市场主体的身份来承担自身的环境责任。本书借鉴"柔性监管"这一概念，应用于环境治理和绿色创新中。治理视角下的环境柔性监管，涵盖所有政府、市场和社会公众和社会组织通过非结果控制方式引导被监管主体主动创新参与环境治理以实现环境治理目标的监管范式，注重被监管主体的权利，承认治理主体的多元化，注重监管方式的灵活性和柔和性，以激发企业主动绿色创新和环境治理的动机和热情。

本书在验证绿色创新的价值创造效应的基础上，分别选取旨在引导企业主动进行绿色创新的绿色产业政策、环保费改税制度、"绿色工厂"认定政策和 ESG 评级制度，探讨这些监管主体和监管手段各不相同的柔性监管制度的绿色创新效应及其作用机制，并深入探索导致四种监管机制影响效应差异化的因素，为完善相关监管体系提供相应建议，对最大化政策效率、推进企业绿色制造及转型升级具有重要现实意义。

最后，特别感谢乔丽明、张方杰、马楚伊、王晶、郭兴宇等同学对本书顺利完成所做的支持性工作。

目　录

第一节　研究背景

一、新质生产力本身就是绿色生产力

改革开放 40 多年，中国走出了一条快速发展的大国崛起之路，举世瞩目。人民网公布的统计数据显示，1978～2017 年的 40 年间，中国剔除通胀影响后的国内生产总值（GDP）的年均实际增速高达 9.3%，中国经济总量占世界的比重由 1978 年的 1.8% 上升到 2017 年的 16%，并在 2010 年超过日本，仅次于美国成为世界第二大经济体[①]；新冠疫情中的 2020 年，中国国内生产总值首破百万亿元，2021 年上升至 114.4 万亿元，2022 年则超过 120 万亿元[②]；2024 年 1 月 17 日，国务院新闻办公室举行新闻发布

[①]　张建平，沈博. 改革开放 40 年中国经济发展成就及其对世界的影响 [EB/OL]. 人民网，http：//theory. people. com. cn/n1/2018/0515/c40531-29991327. html，2018 - 05 - 15.

[②]　GDP 数据来源于国家统计局，stats. gov. cn。

会，国家统计局局长康义介绍，2023 年"国民经济回升向好，高质量发展扎实推进"，初步核算，全年国内生产总值超过 126 万亿元，对世界经济增长的贡献率有望超过 30%。[①] 然而，粗放式的后发国家崛起之路，在带来经济快速发展的同时也伴随着各种严重的环境问题。经济高速发展的背后，是资源粗放式投入带来的生态环境的恶化，在物质生活需求得到极大满足的同时，伴随而来的是资源约束、环境污染、生态退化等问题。由耶鲁大学等研究单位联合发布的《2020 年全球环境绩效指数（EPI）报告》显示，在参评的 180 个国家中，我国 EPI 以 37.3 分位居第 120 位。尽管因为指标体系、评价方法、数据渠道等原因排名靠后，虽然不能否认我国现阶段生态环境保护取得的巨大成就，但还是在一定程度上反映了我国生态环境绩效依旧不容乐观，与发达国家相比依然存在不小的差距，尤其是空气质量仍然是公众健康的主要环境威胁（郝春旭等，2020）。

如何协调生态环境与经济发展的关系已成为中国迫切需要解决的重大议题，更是顺应经济新常态、实现经济社会稳步发展的关键举措。民众对美好生活的向往及个性化需求也对经济的绿色转型提出更高的要求。党的十八大报告首次单篇论述了生态文明；党的十九大进一步把生态文明提升为千年大计，国务院印发了《关于加快建立健全绿色低碳循环发展经济体系的指导意见》（以下简称《指导意见》），以贯彻落实党的十九大部署，加快建立健全绿色低碳循环发展的经济体系，推动我国绿色发展迈上新台阶；党的二十大报告明确指出，"推动经济社会发展绿色化、低碳化是实现高质量发展的关键环节"，并将"人与自然和谐共生的现代化"上升到"中国式现代化"的内涵之一，再次明确了新时代中国生态文明建设的战略任务，总基调是推动绿色发展，促进人与自然和谐共生。2024 年 1 月 31 日，中共中央政治局就扎实推进高质量发展进行第十一次集体学习，习近平总书记指出："绿色发展是高质量发展的底色，新质生产力本身就是绿色

---

① 国家统计局局长就 2023 年全年国民经济运行情况答记者问 [EB/OL]. 国家统计局, https：//www. stats. gov. cn/sj/sjjd/202401/t20240117_1946664. html，2024 – 01 – 17.

生产力"①。

企业既是环境污染的源头，也是环境治理主体，其绿色发展对推动社会整体绿色转型，促进生态可持续发展具有至关重要的作用，也是企业自身高质量发展的重要特征与战略基点。《指导意见》明确指出，在绿色转型中要充分发挥企业的主体作用，为绿色发展注入强大动力。

二、绿色创新是新质生产力的"原动力"

国家对生态环境的日益重视和日渐严苛的环境规制带来了显而易见的成效：2020 年底"十三五"规划纲要确定的生态环境保护领域的九项约束性指标全面完成。然而，当前中国生态环境保护结构性、根源性、趋势性压力总体上尚未根本缓解，污染排放和生态破坏的严峻形势没有根本改变（孙金龙、黄润秋，2021）。环境规制主导的绿色发展带来的突出问题是：严苛的环境规制使得大部分企业采取污染末端治理技术等结果导向型技术来实现低碳目标。在污染治理实践中，企业更多地通过改进、加装排放处理设备，减少应税污染物的最终排放量，看似在整个工业层面实现了节能减排目标，实质上只是促进了末端绿色技术和环保产业的发展，无法实现整体工业的产业升级和绿色转型，甚至出现污染转移、"漂绿"等"异象"。企业将环境问题纳入战略决策时，需要的是产品、技术的飞跃和突破性创新，而不是被动地迎合环境法规（Clarke et al.，1994）。企业绿色转型，其根本出路在于创新。

绿色创新是指符合生态经济发展规律、以实现资源节约和环境保护为目的的技术创新活动（Eiadat，2008），也可称为生态创新（eco-innovation）、环境创新（environmental innovation）、可持续创新（sustainable innovation）。虽然没有统一的名称和概念界定，但研究者普遍从环境友好视角

---

① 习近平在中共中央政治局第十一次集体学习时强调：加快发展新质生产力 扎实推进高质量发展 [N]. 人民日报，2024 – 02 – 02（01）.

来定义绿色创新（例如：Rennings，2000；De Marchi，2012；戴鸿轶和柳卸林，2009；等等）。低碳、节能、高效是绿色创新的基点和目标。绿色创新，尤其是基于从源头上减少污染物产生的技术创新活动，才是从根本上降低环境污染，实现可持续发展的重要手段（刘金科、肖翊阳，2022）。

随着经济规模的逐渐扩大，我国也日益意识到推行绿色创新以转变自身经济发展方式的重要性。党的十八届五中全会在谋划"十三五"时期经济社会发展规划时，首次提出"创新、协调、绿色、开放、共享"五大发展理念，为生态环境保护和绿色技术创新指明了方向。党的十九大报告明确提出"推进经济发展转型升级，建设现代化经济体系，推动中国经济发展走上高质量、可持续的新路子"，企业应在创新引领、绿色低碳等领域培育新的经济增长点。"坚持创新引领"也是《指导意见》的四大原则之一，要"鼓励绿色低碳技术研发"，并"加强科技成果转化"，构建市场导向的绿色创新技术。作为绿色转型中的主体，企业绿色创新是企业绿色转型的核心（于连超等，2019），也是促进我国经济高质量发展的重要方式（王娟茹、崔日晓、张渝，2021）。

三、监管与柔性监管

绿色创新作为创新驱动与绿色发展的结合点，是促进我国经济高质量发展和绿色转型升级的重要方式。而企业作为国家经济发展的主体和自然资源的索取者，应该在绿色技术创新中发挥其主体作用。

然而，生态环境具有公共物品属性，企业参与环境治理存在成本与收益的非对称性（李青原、肖泽华，2020）。一方面，绿色创新技术含量高、投资大、风险高、回报周期长（Ambec et al.，2013；曹洪军、陈泽文，2017），其决策过程复杂，新技术可能破坏企业已有的生产和运营的稳定性，且初始阶段难以获得市场青睐，企业需要承担绿色创新的所有成本和风险；另一方面，企业进行环境治理的收益由所有经济当事人共同享有，且绿色创新不仅具有普通创新活动的知识外溢正外部性，还可以减少环境负外部性。这种双重外部性（Rennings，2000）导致绿色创新的社会收益高于私人收益。承担了所有创新成本却不能享受所有的创新收益，秉承趋利动机的绿色创新基本主体——企业，因此缺乏绿色创新的内在动力，需制定适宜的环境政策对其进行干预和调控。

为扭转"唯 GDP 论"给经济发展带来的"不平衡、不协调、不持续"的资源能源消耗和环境负面影响，国家采取日趋严格的环境规制政策（吴磊等，2020），对环境保护和污染治理发挥了积极作用。然而，传统的中国式监管以命令型的环境行政手段为主，强调政府作为监管的单一主体，监管手段强制而单一；监管部门集"三重角色"于一身，既是规制框架的制定者，又是规制措施的执行者，还是规制控制的监督者，容易导致监管失灵，监管过度与监管漏洞并存（徐国冲、张晨舟、郭轩宇，2019）。过度强势的政府监管执行成本高，不能让企业从根源上预防污染问题，容易产生负面社会经济效应，临时关停和错峰生产也不能将污染隐患消除在摇篮里（秦颖、孙慧，2020；刘金科、肖翊阳，2022）。随着向市场经济的转变和多种经济主体的发展，应更多采用激励导向的柔性监管模式，引导被监管主体做出或不做出特定行为，并与被监管主体共同达成监管目的。

第二节　研究内容和章节安排

本书基于我国企业绿色创新动力不足、现有制度下"达标式"环保绩效突出却无法有效实现产业升级和绿色转型的基本现实，提出了治理视角下的环境柔性监管概念，并选择监管主体与手段各不相同的柔性监管机制，通过理论研究与实证研究相结合的方式，探讨不同范式的柔性监管机制对企业绿色创新的影响效应与作用路径。为完善相关环境监管体系提供相应建议，以最大化政策效率、推进企业绿色制造及转型升级。

本书总共包括十章。

第一章为绪论。主要阐述本书的研究背景、主要研究内容和结构安排，以及可能的研究贡献。

第二章不同治理主体视角下企业绿色创新的驱动因素研究。绿色创新的高投入、高不确定性和双重外部性等特点，使得企业缺乏主动绿色创新的内部动力。本章基于企业绿色创新的公司治理结构，从企业管理层、政府、供应链和其他利益相关者视角梳理了企业绿色创新驱动因素相关研究并进行了简单评述。

第三章柔性监管与企业绿色创新。本章在梳理环境规制的含义与发展、环境规制对企业绿色创新的影响机制的基础上，借鉴柔性监管这一概念，提出了治理视角下的环境柔性监管概念及其特点，并明确了本书的研究框架。

第四章到第九章为本书的研究主体。

第四章绿色创新与企业高质量发展。本章验证了企业绿色创新对其自身高质量发展的影响效应。环境保护与经济收益共同发展历来被认为是两难问题，使得企业往往迫于环境规制压力重"绿色"而轻"创新"。因此，本章首先检验绿色创新对企业发展的影响效应及其机制，为引导企业主动绿色创新提供经验证据。

第五章绿色创新与供应链企业高质量发展。本章在确认企业绿色创新对其自身高质量发展的促进作用的基础上，进一步探讨其对供应链上下游企业高质量发展的影响效应与路径，基于供应链视角进一步调动企业绿色创新的主动性及其与供应链上下游合作创新的积极性。

第六章绿色产业政策的企业绿色创新效应研究。本章探讨了绿色产业政策的企业绿色创新效应。从改革开放到20世纪末，发展经济始终是我国产业政策的主导基调；直到21世纪初，我国的"五年规划"才初步将产业政策与环保政策结合，并成为主基调。本章关注"五年规划"这一中国正式制度的关键总体政策中所涵盖的环境保护因素来检验绿色产业政策的企业绿色创新效应。

第七章环境保护费改税的企业绿色创新效应研究。本章关注 2018 年我国实施的环保费改税。环境保护费改税政策是深入学习贯彻习近平生态文明思想、践行绿色发展理念的重大战略举措，本章基于微观视角检验了其对企业绿色创新的引导和促进作用与路径。

第八章"绿色工厂"认定的企业绿色创新效应研究。本章以"绿色工厂"认定这一自愿型环境规制政策的实施作为准自然实验，运用多时点PSM-DID 模型考察其绿色创新引导效果与路径。

第九章 ESG 评级的企业绿色创新效应研究。本章尝试超越政府层面环境规制对绿色创新的主流研究范式，关注近年来新兴的 ESG 实践，探讨ESG 评级将公司的环境外部性内在化并从迎合性环境治理转向积极主动的绿色创新效应及其作用机制。

第十章结论与展望。总结本书的主要结论，提出相关实践建议和未来研究展望。

第二章

不同治理主体视角下企业绿色创新的驱动因素研究

第一节　企业绿色创新及其治理主体分析

绿色创新促进企业可持续发展的声音始于 1987 年发表的《布伦特兰报告》，学术界关于企业绿色创新的研究则在 2000 年后开始出现（Karakaya，Hidalgo and Nuur，2014），并于 2008 年引起国外学术界的关注，2010 年后逐渐引起国内学者的重视。

企业绿色创新是指企业在实现可持续发展目标的过程中，在产品设计、生产、包装、使用和报废环节注意节能、降耗、减少污染，以实现提升产品性能的同时改善环境，是一种兼顾经济效益和环境效益的创造性活动（Chen，Lai and Wen，2006）。与传统技术创新相比，绿色创新更强调对技术创新加上绿色环保的约束条件，强调无污染、低耗能、可循环、清洁化（杨发庭，2016）。

从社会总体价值的角度考虑，绿色创新因其双重正外部性（知识溢出和环保溢出）而具有其他传统创新无法比拟的独特优势，是实现可持续发展的有效手段（Arundel，2009），尤其是绿色创新对环境的积极效应显而易见，研究普遍认为绿色创新可以减少对环境的负面影响（Eder，2003；Castellacci and Lie，2017；李杰义、张汞、谢琳娜，2019）、减少各种资源消耗（Azad and Ancev，2014；Doran and Ryan，2016；Rodríguez and Wiengarten，2017），显著促进企业的环境绩效（李婉红、李娜，2023）。长期来看，解决环境问题，必然依靠技术进步（Andreoni and Levinson，2001；Brock and Taylor，2010；王敏、黄滢，2015），尤其是以绿色技术为导向的创新（Acemoglu et al.，2012；董直庆、王辉，2019）。

然而，从单一的企业获利角度考虑，绿色创新对企业绩效的影响虽然被关注众多却无一致结论。部分学者认为绿色创新可以降低材料、工艺、碳排放等成本（Eder，2003；Crabbé et al.，2013），提高企业财务绩效（Przychodzen and Przychodzen，2015；Qing et al.，2022；解学梅、罗丹、高彦茹，2019；曾江洪、刘诗绮、李佳威，2020；赵树宽、张铂晨、蔡佳铭，2022；何佳蔚，2023），提升企业全要素生产率（武力超等，2021；姬新龙、董木兰，2023），有利于企业把握和提升竞争优势（Chen，Lai and Wen，2006；Ryszko，2016；Long et al.，2017；陈泽文、曹洪军，2019），为其未来发展提供机会（Dangelico，2010）。但是，与一般的创新行为相比，绿色创新需要更高的成本（Ambec and Lanoie，2008），可能影响生产效率（Arbolino et al.，2017，2018），有高度不确定性与风险、可能会削弱企业竞争力（Tseng，Huang and Chiu，2012；Reilly and Hynan，2014），影响企业价值、降低利润（Alpay，Buccola and Kerkvlie，2002；Chang and Chen，2013；杨静、施建军，2015）。这也是许多企业为追求短期利润，过度依赖高消耗高污染的发展方式，造成资源浪费与环境污染的原因所在。

综合而言，与传统技术创新相比，企业进行绿色创新要权衡研发成本、创新能力、环境成本及预期收益等，是一项困难多、门槛高、投入大、不确定性高的活动。而其双重外部性带来的收益却由所有经济当事人共同享有。这种双重外部性导致的绿色创新社会收益高于私人收益，大大降低了企业进行绿色创新的积极性。因此，如何驱动企业进行绿色创新成为了备受关注的核心议题。

从公司治理视角看，完善的公司治理结构设计有助于选择并激励企业家以实现股东价值最大化目标。公司治理结构理论认为高管倾向于谋求"私利"而非"公利"。在信息不对称条件下，掌握企业剩余控制权的高管能够利用利益相关者投入的有限资源开展私利挖掘，注重短期利益的获得，而对高风险的创新活动的投入意愿不足。相比一般的创新活动，绿色创新活动因其在创新之外，还对节能减排提出要求，导致其直接研发成本更高；同时，还因其应用成本高以及消费者的需求习惯等因素，不确定性风险更大（孙育红、张春晓，2018）。因此，管理者对绿色创新的投资意愿不足。但企业作为自然资源的消耗者和污染的源头，始终是绿色创新的主力军，需要企业将应对环境污染问题的绿色创新实践纳入战略层面中，并在生产经营活动中主动减少对环境的负面影响（Rennings，2000）。而高管对企业资源和能力的分配使用拥有极大决策权和控制权（梁敏、曹洪军、王小洁，2022），对绿色创新战略的实施具有决定性作用。因而高管如何驱动企业绿色创新战略进而对绩效产生影响引起了研究者的关注。

另外，企业是由各种契约形成的组织，各利益相关主体都可能对企业的存续以及行为产生影响。第一，政府是公共利益的代表，企业破坏环境的行为若得不到抑制，将有损其声誉和公信力，其同样有着引导企业进行绿色创新的需求，而政府对企业行为干预通常具有较强的效果。政府可以通过制定惩罚性制度，将管理者进行资源滥用的外部成本内部化，也可以通过奖励性制度，将管理者进行绿色创新的外部收益内部化，增加管理者进行绿色创新的投资意愿。第二，由于供应链上的关系网络和相互影响，供应商和客户的外生环境压力可以转化为内生治理压力，并向供应链深处传递，促进企业绿色创新；不仅如此，供应商和客户都可能为企业绿色创新提供互补的资源、知识、技术和材料，甚至直接与企业进行绿色合作。

第三，企业环境资源使用效率直接影响着社会公众的利益，社会公众有着提高企业绿色创新能力，保护其生存环境的需求。社会公众可以通过媒体、建立组织、抵制企业产品等手段，将企业环境破坏的外部成本以及绿色创新的外部收益内部化，增加管理者进行绿色创新的投资意愿。公司治理结构理论下的企业绿色创新框架如图 2 - 1 所示。

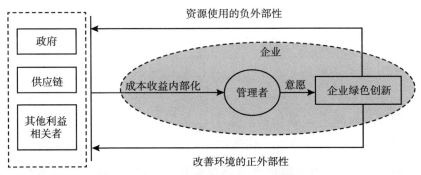

图 2 - 1　企业绿色创新的公司治理结构

第二节　管理层视角

传统的公司治理框架将管理者视为企业发展的关键人员，认为管理者应该向股东履行置信义务，既要能够对股东忠诚，又要勤勉尽责。管理者对环境的关注有利于企业绿色产品创新和绿色工艺创新（李巧华、明凤、潘明清，2015）。

一、管理层人口统计学特征

随着高阶理论在公司治理领域的引入，学者们不断开展管理者特征与公司行为的研究。高阶理论认为，高管的性别、年龄、教育背景、工作经历、社会资本等特征会促使其形成独特的领导风格（赵恒、葛玉辉，2022），进而影响着企业的绿色创新战略和绩效。

首席执行官（CEO）或高管可以因为教育和工作等原因形成不同经历，并影响其注意力、认知能力、价值观，从而影响企业决策和绩效（Hambrick and Mason，1984）。因此 CEO 或高管的教育、工作经历与绿色创新的关系被研究较多。研究表明，高学历 CEO 或高管往往表现出更高的环境意识，能够显著提升企业的能源效率（Amore et al.，2019），对绿色创新有显著正向影响（田丹、于奇，2017），而拥有绿色相关教育或工作经历的 CEO 或高管具备绿色知识储备，能识别相关市场机遇和资源，将更多的资金和资源用于绿色创新（卢建词、姜广省，2022；王分棉，2023）。类似地，学术经历会使得 CEO 或高管有更高的道德感、荣誉感和绿色创新意愿，可以显著提高企业绿色创新水平（张少喆、石浩悦，2022）；这种经历中有较高职称、工科背景、任职高层次学术机构时，效应更显著（尹建华、双琦，2022）。出生地接近自然保护区的 CEO 或高管往往具有亲环境价值观（曾春影、罗明忠、和欣，2022），CEO 或高管从军经历会使其有更低的风险规避、更高的道德动机和利他偏好（刘钻扩、王洪岩，2021），并因此提升企业绿色创新水平。

此外，学者们探讨了诸如年龄（de Medeiros and Ribeiro，2017；田丹、于奇，2017）、性别（田丹、于奇，2017；赵恒、葛玉辉，2022；曾春影、罗明忠、和欣，2022）、任期（Hansen and Birkinshaw，2007；田丹、于奇，2017；崔秀梅、土敬勇、徐国宇，2021）、社会资本（Lin et al.，2014；Huang，Li and Liao，2021；庞娟、靳书默、朱沛宇，2019）等高管人口统计学特征如何驱动企业绿色创新战略进而对绩效产生影响。

二、管理层环保认知与战略导向

高管环保认知是指高管对环境政策信息的关注、解读和判断，并将其运用于企业决策的认知结构与认知过程（席龙胜、赵辉，2021），具体包括高管生态认知（杨德锋等，2012）、对污染减少的偏好（Cordano and Frieze，2000）、领导者生态责任（Roth，2000）、高管环保意识（Zhang，Wang and Lai，2015；梁敏、曹洪军、王小洁，2022）、高管道德认知（王霞、徐晓东，2016）等，这些会影响企业的环境保护战略、生态问题、绿色创新等。

研究发现，那些具有较强环境保护意识、环境战略导向的高管，倾向于将外部环境规制以及利益相关者的绿色需求解读为企业的发展机会，在面临决策时，首先，更能忍受绿色创新短期内无法产生回报和回报不确定的现实（康丽群、刘汉民、钱晶晶，2021）。其次，更早关注到市场对绿色产品的需求，前瞻性地认识到绿色创新的潜在价值（彭雪蓉、魏江，2015；曹洪军、陈泽文，2017；吴建祖、华欣意，2021；康丽群、刘汉民、钱晶晶，2021）。最后，还会考虑利益相关者的绿色需求，将绿色创新纳入战略高度（曹洪军、陈泽文，2017），积极配置组织资源以契合企业的环境战略，采取行动激励下属绿色创新行为（朱健、张彬，2022），使企业生产运营转向绿色化模式发展，以满足利益相关者的绿色期望并获得可持续的绿色竞争优势（梁敏、曹洪军、王小洁，2022）。企业可以通过实施末端治理技术，降低污染处罚成本（Li et al.，2017），满足环境监管合法性要求（席龙胜、赵辉，2022）。但是具有前瞻性环境战略的管理者不仅仅满足于对环境规制做出被动性或适应性反应（Aragón-Correa，1998），而是积极开展更深层次的以创新质量和技术含量占优的价值创造型绿色创新获取竞争优势（潘楚林、田虹，2016；席龙胜、赵辉，2022）。

三、管理层团队异质性

绿色创新的实施及效果取决于企业高管团队的决策（田丹、于奇，2017），高管团队特征异质性会对企业决策产生重要影响（张兆国、向首任、曹丹婷，2018）。

具有异质性职能背景的高管团队能够实现差异化的知识、技能、资金、人脉等资源共享，激发发散性思维，因此，高管团队职能背景异质性能够有效促进企业绿色创新，在股权集中度、政府补贴、组织冗余高的企业，这种正向促进作用更加明显（刘佳、刘叶云、刘思，2022）。李楠博（2019）考察了高管团队断裂带对企业绿色技术创新的影响机理，发现团队成员部分特征属性会在绿色技术创新任务下被激活，社会分类断裂带和本土情境下的人际关联断裂带对企业绿色技术创新有抑制作用，任务相关断裂带和社会资本断裂带则对其有积极影响，股权集中度在这一过程中起到了调节作用。齐丽云等（2023）发现高管团队任期异质性对绿色管理创新具有显著正向影响，另外，高管团队职能背景异质性对绿色技术创新和绿色管理创新均具有显著正向影响，而企业环境战略在上述影响关系中起到部分中介作用。

第三节　政府视角

与发达市场经济体不同，中国正处于经济体制转型的发展阶段，政府深刻介入创新活动的激励过程，市场机制对创新资源配置的决定性作用有待充分发挥（陶锋、赵锦瑜、周浩，2021）。

从社会效益角度来看，政府作为公共利益的代表，维护经济与环境和谐共生，是其对国民的承诺。从政府官员视角来看，环境问题与其业绩考核息息相关，满足民众对绿色创新的需求意义重大，因而政府官员有动机促进企业提升绿色创新能力。在企业绿色创新领域，政府的主要职责是通过一系列制度建设来鼓励、引导和支持绿色技术的发展，包括：通过将环境破坏的企业外部性损失，以惩罚的形式转移给企业承担；或者将企业进行绿色创新的外部性收益，以奖励的形式转移给企业。二者分别从正负两个方向激励企业管理者进行绿色创新。

政府的各类政策制度往往会对企业绿色创新产生影响，例如，知识产权保护（张治锋，2023）、环境司法制度（张家豪，2022）、绿色信贷政策（陆菁，2021）等。其中，环境规制是政府用以促使企业采取环境保护行动的重要手段和工具（Rugman and Verbeke，1998），现有大量研究探讨了环境规制对企业绿色创新的影响，但并没有得到明确一致的理论。

一、抑制说

早期的研究，更多地基于"遵循成本说"，认为正式的环境规制会迫使企业加强环保投资，导致高额的治理成本，缩小企业利润空间，因此会挤占投资大、风险高、见效慢的绿色技术创新（Palmer，Oates and Portney，1995；Petroni，Bigliardi and Galati，2019）。

研究者认为，过度严苛的环境规制，将对企业产生直接威慑效应，严重影响着企业的投资决策，抑制了绿色创新。非此即彼的环境规制会导致企业成本上升过快，使得企业无法承担，阻碍企业绿色技术创新，降低企业生产效率（Gray，1987）和竞争力（Zhao and Sun，2016）；造成经济增长与环境保护交替占优博弈，压缩节能减排空间（沈能，2012）；甚至导致能源加速开采现象，从而加速温室气体的排放（Sinn，2008）；刺激地方政府的机会主义和短视行为（沈坤荣、金刚、方娴，2017；董直庆、王辉，2019）；或只是为"迎合"政府补贴的相关要求进行环保投资而挤出绿色创新（李青原、肖泽华，2020）；或选择低难度、低风险、低成本的"策略性"创新（黎文靖、郑曼妮，2016）；或者为实现环境治理"疗程短、见效快"的效果，采取"末端治理"方式（张峰、宋晓娜，2019），而缺少能从根本上减少污染排放的绿色创新（刘金科、肖翊阳，2020）；或通过减产等方式消极应对环境目标（崔广慧、姜英兵，2019）。而以补贴等方式出现的环境规制，会降低企业家的冒险精神，抑制创新绩效（Wallsten，2000；Boldrin，2004）。

针对我国具体的环境规制，李青原和肖泽华（2020）以中国 A 股重污染行业上市公司数据，分别检验排污收费和环保补助对企业绿色创新能力的影响，结果发现企业的"寻租"等行为扭曲了环保补助的最优配置，导致环保补助"挤出"了企业原本用于绿色创新的资金。

二、促进说

环境规制对技术创新的促进作用起源于著名的"波特假说"。环境规制确实增加了企业的成本，但合理适当的环境规制可以促使企业进行更多的创新活动，从而提高企业生产力，进而抵消环境规制所带来的成本并提高企业的盈利能力，使企业获得竞争优势（Hamamoto，2006；王兵、吴延瑞、颜鹏飞，2008；Mazzanti and Zoboli，2009；叶祥松、彭良燕，2011；朱朝晖、谭雅妃，2020）。另外，环境规制是政府实现外部环境成本内部化的重要工具，政府也可以通过补贴、排污税费减免等手段对企业进行激励，在一定程度上弥补其绿色创新的正外部性损失（Porter，1995），例如，激励企业加大研发投资（Requate，2005）、激励企业技术创新（Porter，1991；Johnstone，Ha and Popp，2010；Ramanathan et al.，2017；颉茂华、王瑾、刘冬梅，2014；周晓利，2016；张峰、宋晓娜，2019；胡珺、黄楠、沈洪涛，2020）等，以此产生创新补偿效应，部分或完全抵消环境成本（Pickman，1998；Brunnermeier and Cohen，2003；Lanoie，Patry and Lajeunesse，2008；赵红，2007）。

研究显示，适度的环境规制可以倒逼企业引进绿色生产技术（Acemoglu et al.，2012；Chakraborty and Chatterjee，2017），提高企业的绿色创新投入（Berrone，2013；Li et al.，2017；曾义，2016；廖文龙等，2020），增加企业环保专利申请数量（Lanjouw and Mody，1996），增加企业绿色专利产出（Amore and Bennedsen，2016），促进绿色创新（Ley，Stucki and Woeter，2016；Dechezleprêtre，2017；王文普、陈斌，2013；李婉红等，

2013）。相较于命令型环境规制，研究者普遍认为市场型环境规制能够提供更灵活、更有效的创新激励（Jaffe et al., 1995；Blackman, Li and Liu, 2018；何欢浪, 2015）。但是, 李婉红、毕克新和曹霞（2013）与张倩（2015）等均发现两类环境规制都可以显著促进绿色技术创新；王小宁和周晓唯（2014）对我国西部地区绿色创新研究发现了类似的结果；王班班和齐绍洲（2016）却发现市场型工具的效果存在外溢性，而命令型工具更针对节能减排技术创新，并对创新程度更高的发明专利效应更强。

针对我国具体的环境规制，研究者发现环境税或碳税（何欢浪, 2015；徐建中、贯君、林艳, 2017）、排污收费（李青原、肖泽华, 2020）、排污权交易市场（Cui, Zhang and Zheng, 2018；齐绍洲、林屾、崔静波, 2018；任胜钢、项秋莲、何朵军, 2018）、低碳城市试点政策（徐佳、崔静波, 2020）、政府补贴（王旭、褚旭, 2019；赵一心、侯和宏、缪小林, 2022；梁亚琪、姜秀娟、高玉峰, 2022）、中央或地方环保研发投入（田淑英、郑飞鸿, 2019）、创新激励补偿（曹霞、张璐蓬, 2017）、《万家企业节能低碳行动实施方案》（邓玉萍、王伦、周文杰, 2021）等环境规制会促进绿色技术创新。但是, 刘金科和肖翊阳（2022）发现环境保护税改革虽然有效促进了企业绿色创新活动，却导致对其他技术创新的挤出效应，且绿色创新路径依赖较为突出。陶锋、赵锦瑜和周浩（2021）发现环境保护目标责任制显著地促进了绿色专利申请数量的增加，却在一定程度上对绿色创新活动的质量造成负面影响。

三、不确定说

环境规制的挤出效应和抑制效应可能同时存在，且不一定同时发生效应，因此，长期地看，环境规制对企业的影响可能不是简单明确的促进或削弱作用。

梅代罗斯等（Medeiros, Vidor and Ribeiro, 2018）发现重度污染制造

业对环境规制更敏感，但环境规制超过一定阈值后会对绿色发展产生抑制作用；白羽等（Bai et al.，2018）以火电厂为例，发现类似的结果：政府为能源密集型企业注入的大量环境补助前期限制了绿色效率的提升，后期才开始出现明显的逆转趋势。

松桥和高濑（Matsuhashi and Takase，2015）发现，环境规制对高碳行业绿色创新效率具有显著的倒 U 形关系，即随着环境规制强度的增强，影响逐渐由抵消作用转变为补偿作用；刘和旺和左文婷（2016）发现市场型环境规制与绿色全要素生产率之间存在同样的倒 U 形关系，严格适宜的市场型环境规制能激发技术创新，提高生产率，实现环境质量与生产率的"双赢"；曹洪军和陈泽文（2017）发现强制型政策对绿色创新战略呈倒 U 形影响。

李玲和陶锋（2012）则发现环境规制与绿色全要素生产率之间表现为显著的 U 形关系，突破拐点的关键驱动因素是技术创新；藏传琴和张菡（2015）也发现环境规制与技术创新之间存在 U 形关系，且在中国东部地区表现较为明显；张峰和宋晓娜（2019）发现市场激励型对高端制造业绿色全要素生产率的表现为 U 形显著性影响。

不同类型的环境规制和不同场景下，环境规制对绿色发展也有不同的作用。谢荣辉等（Xie，Yuan and Huang，2017）研究发现，环境规制对绿色增长存在非线性关系，其中，命令控制性环境规制存在双门槛、市场激励性环境规制存在单门槛，并且市场激励性环境规制更能驱动绿色生产率的增长；董直庆和王辉（2019）发现环境规制对本地绿色技术进步，主要表现出 U 形特征，即先抑后扬的门槛特征，另外，环境规制的邻地绿色技术进步效应倒 U 形特征突出，但仅发生在一定距离范围内；王旭、褚旭和王非（2018）发现政府补贴对蜕变期企业绿色技术创新具有促进作用，却在企业成熟期呈现出显著的抑制效应。

第四节 供应链视角

环境演化和组织变迁，使得供应链系统突破传统的内部供应链管理边界，孕育出一种介于市场与企业之间的外部治理模式。供应链治理通过关系约束、声誉保障、监控和审计、信息和资源共享等机制约束和协调上下游企业的竞合关系，提升供应链价值（Panigrahi and Rao，2018；Govindan, Mina and Alavi，2020；Quintana-García, Benavides-Chicón and Marchante-Lara，2021；李维安、李永健、石丹，2016；陈正林、王雪丽、汪苗，2019）。

随着全球对生态环境的重视，供应链治理思想也应用于企业的低碳转型和绿色发展（Chaabane, Ramudhin and Paquet，2012；Micheli et al.，2020；李勇建等，2020），供应链上下游合作可以促进企业可持续发展（Wang, Zhang and Zhang，2020；Peng et al.，2020）。其中，政府监管/碳规制、股东压力、客户压力、成本动机、公司环保意识等被认为是绿色供应链管理实践的关键驱动因素（Lee, Veloso and Hounshell，2011；Wang, Wijen and Heugens，2018；张璇等，2017；李维安等，2019）；而库存管理、逆向物流、供应商选择则是实现供应链低碳的重要措施（Chaabane, Ramudhin and Paque，2012；Benjaafar, Li and Daskin，2013；Asif et al.，2020；Quintana-García, Benavides-Chicón and Marchante-Lara，2021；王一雷、朱庆华、夏西强，2020）。

基于绿色创新视角，一方面，绿色创新需要各种单一企业难以全部掌握的创新资源，供应链上的供应商和客户可能掌握着稀缺的、难以被模仿的异质性资源，与企业资源形成互补，从而成为企业对外寻求创新资源的主要对象（吉利、陶存杰，2019），尤其是供应链组织之间可以吸纳与聚合组织成员进行知识、信息、技术创造和共享，是企业创新成功的重要途径（Hobday, Rush and Tidd，2000；Samaddar and Kadiyala，2006），企业通过吸收供应链创新资源和知识（熊胜绪、崔海龙、杜俊义，2016），或者与供应链伙伴进行绿色合作（Chen and Wan，2014；Zhao，Feng and Shi，2018），共建绿色供应链（Geffen and Rothenberg，2000；伊晟、薛求知，2016；田虹、崔悦、姜雨峰，2018），实现企业的绿色创新发展。另一方面，由于供应链上的关系网络和相互影响，外生环境压力可以转化为内生治理压力，并向供应链深处传递（Chavez et al.，2016），促进供应链上企业绿色创新，并且，上下游企业对绿色战略的制定和实施发挥着重要的作用，上下游企业驱动是绿色创新的重要驱动因素（解学梅、罗丹、高彦茹，2019）。

一、客户

商业化成功才是真正的创新成功（Teece，1986；Hall and Clark，2003），绿色创新也不例外。由于客户具有绿色营销能力，更贴近市场资源（Shang，Lu and Li，2010），因此，下游客户资源带来的竞争优势对企业绿色创新的影响更受关注（Chan et al.，2012；Burki and Dahlstrom，2017）。市场和下游客户的需求，是企业绿色创新的一个重要推动因素（Kesidou and Demirel，2012；Chen，Cheng and Dai，2017），甚至可能是最重要的驱动因素（Hojnik and Ruzzier，2016），使绿色创新更加活跃（Triguero，Moreno-Mondéjar and Davia，2013；Lin et al.，2014；李巧华、明凤、潘明清，2015），尤其是来自直接客户的需求更为具体和关键（Chiou et al.，2011）。

一方面，客户环保导向被认为能积极地推动企业的环保创新。客户绿色需求对能改善环境绩效的产品创新和提高材料效率的流程创新均有重要影响（Horbach，Rammer and Rennings，2012；Huang et al.，2016），是企业绿色创新的重要驱动因素（杨德锋等，2012）；如果客户更关注有良好生态声誉的产品，企业就会更愿意通过绿色战略和实际创新来提升自身的环保形象，进而推动企业竞争优势（Hojnik and Ruzzier，2016）；对不符合要求的产品，客户为维护自身声誉，会要求终止合作，从而促使企业绿色创新（焦俊、李垣，2011；侯艳辉等，2021）。另一方面，客户提供的专有信息将会弱化企业技术创新面临的风险，助力企业更有针对性地进行产品创新（孟庆玺、白俊、施文，2018），或进行绿色合作（Joshi and Sharma，2004；Chen and Wan，2014；Zhao，Feng and Shi，2018）；这种客户的助力与合作，可以增强资产专用性、降低交易成本、缩短研发周期、减少研发投入（解学梅、罗丹、高彦茹，2019）；在客户环保要求过高时，客户甚至会进行一定的投资以推动企业的绿色创新发展（Chan et al.，2012；Caniëls，Gehrsitz and Semeijn，2013）。客户与企业的合作，可以通过合同和监管等正式的方式进行，也能利用客户与企业之间的信任和互惠、合作等非正式方式（Zhu，Feng and Choi，2017；江伟、底璐璐、胡玉明，2019）实现绿色发展。

这种下游客户对企业的绿色要求，还会通过供应链传导而影响企业的上游供应商，要求供应商也要遵守环境规制（Yu，Lo and Li，2017）。由于绿色产品创新具有政策导向性强和双重外部性的特点，供应商对创新的投入更为谨慎（李勃等，2022）；但在很多行业中，企业客户在绿色要求方面的话语权都比上游供应商企业强大，为了应对下游客户的绿色压力，企业往往会把客户的绿色要求转移至上游供应商并监督供应商的环境表现（Chavez et al.，2016）；企业可能会停止与那些环保绩效差的上游供应商合作，从而迫使上游供应商进行绿色生产和绿色创新（解学梅、罗丹、高彦茹，2019）；或者为供应商提供资源与信息支持，甚至对供应商进行激励以促进供应商绿色创新（王丽杰、郑艳丽，2014）。

二、供应商

企业与供应商良好合作，也可以提升企业环保投资，有效促进企业环保技术创新（Geffen and Rothenberg，2000）。研究发现，供应商的环境管理可以促进客户的绿色经营，并因此促进客户企业的财务绩效和环境绩效（Wong et al.，2012）。

供应商可以通过以下途径促进企业绿色创新。首先，供应商可以提供绿色创新所需要的新知识和技术（Dangelico，2016；侯艳辉等，2021）。绿色产品创新的系统性和复杂性更高，借助供应商的专业技术和知识能够有效提升创新效率，降低创新风险（De March，2012；李勃等，2020）。其次，供应商可以更为直接地提供绿色创新所需要的创新环保材料（Dai，Cantor and Montabon，2015；Dangelico，2016；魏洁云等，2020）。绿色采购可以从源头上满足企业绿色管理的需求，不仅有助于保证产品质量，降低成本（侯艳辉等，2021），还可以促进企业绿色产品和绿色工艺创新（伊晟、薛求知，2016）。最后，供应商也可以直接与制造商合作进行绿色创新（Chen and Wan，2014；王丽杰、郑艳丽，2014），供应商参与绿色创新有助于发挥供应商的技术和能力（Chae，Yan and Yang，2020），将其转化为实质性的绿色新产品（李勃等，2022）。此外，随着资源不断被消耗，生态环境建设逐渐推进，供应商地位逐渐提升，具有环保意识的供应商也能将环保理念逐渐传递给下游企业，放弃存在绿色危机的下游企业，从而推进绿色创新。

第五节　其他利益相关者视角

利益相关者理论强调，企业的战略决策应该权衡各利益相关者的利益以获得合法性并符合道德伦理。因此，利益相关者的环保需求和要求会影响企业绿色创新行为（Tariq et al.，2017）。社会公众、媒体以及社会组织的绿色需求，给排污企业和政府监管部门带来了巨大的压力，从而督促污染减排，达到保护环境的目的（Hettige et al.，1996）。该类压力是除政府环境政策约束外对企业经营行为的重要监督力量，对企业绿色创新产生间接影响（徐圆，2014），近年来得到我国政府的大力倡导（王班班、齐绍洲，2016）。这种由于"声誉"产生的心理满足感、社会认同感和个人成就感等心理效用成为激发高管努力工作的直接诱因（王旭、徐向艺，2015）。随着生态环境的恶化以及全球绿色化发展，利益相关者环保需求和要求成为推动企业采取环境保护措施的重要因素（Sarkis，Gonzalez-Torre and Adenso-Diaz，2010），正向影响企业绿色创新（王娟茹、崔日晓、张渝，2021）。这种非政府强加的，而是源自公众环保意识及其对生存本质追求的环境压力，被我国学者定义为公众/自愿型环境规制与监管（蔡乌赶、周小亮，2017；吴磊等，2020）。

一、社会公众

普通社会公众是许多产品的最终消费者，也是绿色生活方式的追求者。他们通过对绿色消费或绿色生活方式的追求来支持和推进绿色技术创新，并通过向政府部门表达环保诉求、媒介宣传等方式给企业带来治污压力，从而倒逼企业进行绿色技术创新（彭文斌、路江林，2017），且不仅仅局限于末端治理，更需要绿色技术创新，以降低企业污染（Chen，Cheng and Dai，2017）。公众监督和公众执法在环境治理和绿色创新方面发挥着显著的作用（Langpap and Shimshack，2010）。尤其是在信息化多媒体普及的现代社会，公众对绿色创新的促进作用不可忽视。市场导向已被学术界和企业界认为是企业必须遵循的行为准则，市场需求增加会使绿色创新更加活跃（Triguero，Moreno-Mondéjar and Davia，2013；Lin et al.，2014；李巧华、明凤、潘明清，2015）。

二、媒体

媒体作为一种外部监督机制（Craven and Marston，1997），对企业的污染行为有直接治理作用，政府倾向于基于官方媒体报道采取行动（Tang and Tang，2016）。公众通过负面消息可以更好地了解企业环境违规行为，能够采取举报、网络传播等相关行为维护绿色环境（Pfarrer，Pollock and Rindova，2010）；合作伙伴等会因为媒体负面报道对企业的绿色声誉与价值产生质疑，从而流失重要关系资源；这些压力迫使企业主动关注且进行绿色创新（Bimber，Flanagin and Stoh，2005）。已有研究发现，舆论压力能显著促进企业绿色创新（李大元等，2018）。媒体对企业监管强度越大，企业绿色创新的绩效越好（汪建成、杨梅、李晓晔，2021）。

另外，媒体作为信息沟通渠道，也有助于帮助企业树立良好的绿色形象，媒体报道会促进企业环境信息披露（沈洪涛、冯杰，2012）。正面媒体报道会促进企业绿色投资，且国有企业受媒体监督影响更大（张济建等，2016）。

但也有研究发现，媒体关注只是增加企业的环保投资而非绿色创新（王云等，2017）；媒体关注会促进重污染企业绿色并购，以转移舆论焦点，但并没有促进企业实质性的绿色转型（潘爱玲等，2019）；另外，或因媒体过度曝光，超过企业承受能力，阻碍企业绿色创新，甚至导致一些规模小、创新能力不足的企业破产倒闭（苏昕、周升师，2019）。

三、社会组织

行业协会、第三方认证机构等社会组织，通过倡导企业自愿参与或者不参与保护环境的协议、承诺、计划（如 ISO14001）等自愿型非正式环境规制，强化公众对政府和企业的监督作用（赵晓梦、陈璐瑶、刘传江，2021），促进企业自动参与环境污染治理。参与自愿型环境规制认证的企业，可以向利益相关者释放环境承诺的信号，降低沟通成本，并获取更多的资源，而绿色创新往往是获取相关资质认证的根本途径。另外，自愿型环境规制通常要求企业以全新的方式重新思考和构建现有生产经营模式，

主动参与环境污染治理（Ambec and Barla，2005），促进企业技术创新
（Jimenez，2005；Lim and Prakash，2014；彭星、李斌，2016；任胜钢、项
秋莲、何朵军，2018）。

ISO14001 环境管理体系是被研究较多的自愿型环境规制。阿姆贝克和
巴尔拉（Ambec and Barla，2005）研究发现，参与 ISO14001 环境管理体
系，企业会更主动参与环境治理，将更多的资金投入到环境保护中；林和
普拉卡什（Lim and Prakash，2014）发现参与 ISO14001 环境管理体系认证
有助于提高环境专利的申请量；卜茂亮等（Bu，Qiao and Liu，2020）发现
企业自愿进行 ISO14000 环境认证有利于提高其创新产出；任胜钢、项秋莲
和何朵军（2018）基于我国制造业企业的面板数据，也发现类似的结果。
此外，秦颖和孙慧（2020）发现自愿型环境规制有利于企业通过技术创新
实现可持续发展目标；郑敏娜和任广乾（2021）发现环保组织可以与企业
建立战略联盟，为企业塑造绿色形象，提高居民、员工和消费者的环保意
识，发现企业污染行为并举报或曝光，对企业污染行为构成外部约束力，
从而推动企业的绿色创新实践。

第六节　现有研究评述

（1）以企业绿色"达标"行为代表企业绿色行为，未充分关注绿色创
新。由于生态环境具有公共物品属性，长期以来，绿色创新被认为在改善
环境效益的同时不一定能创造经济增长点。因此，在严苛的环境规制下，
无论理论界还是实务界，均重"绿色"轻"创新"。这虽然可以在整个制
造业层面实现节能减排目标，但实质上只是促进了末端绿色技术和环保产
业的发展，并不能真正实现产业和企业的绿色转型，甚至会挤出绿色创新。
因此，我们的焦点亟须从"绿色达标"转移到"绿色创新"。

（2）以综合变量或代理变量计量环境规制，未充分关注异质性环境规

制。现有的研究，大量关注环境规制的经济后果，但这些研究，往往"一刀切"地采用某一个综合变量反映环境规制的强度，即使分类，也只是用一个代理变量来指征一类环境规制。例如，用环保投资占工业增加值的比重（任小静、屈小娥，2020）、环境法数量（蔡乌赶、周小亮，2017；张峰、宋晓娜，2019）代理命令型环境规制，以排污费征收总额表示市场型环境规制（蔡乌赶、周小亮，2017；张峰、宋晓娜，2019；任小静、屈小娥，2020），以环境信访来信总数/环境问题上访批次计量自愿公众型环境规制（蔡乌赶、周小亮，2017；张峰、宋晓娜，2019；任小静、屈小娥，2020），等等。一方面，可能混合了同时期其他环境政策的效应，无法有效识别环境规制影响企业绿色创新的机制与效应；另一方面，也忽略了环境规制工具的异质性。

（3）重命令型环境规制对环境管理的意义和效果，未充分关注被监管主体的主动性与积极性。面对这种非此即彼的环境规制和监管模式，企业难以以一个健全的市场主体的身份来承担自身的环境责任，而是以从属政府监管主体的方式来分担政府对于环境监管的责任（董阳，2017）。企业因此可能以消极方式应对这种外生的制度压力，倾向于选择"疗程短、见效快"的"末端治理"或"短期寻租"方式，而缺少能从根本上减少污染排放的绿色创新，甚至挤出绿色创新。市场型环境规制和公众自愿型环境规制在一定程度上有助于改善激励扭曲问题，但现有的监管理念，过多重视监管指标的实现和监管执行的刚性。缺少对被监管主体权利和自律的尊重与重视，缺少监管体系如何有效激发企业主动进行绿色创新的动机和热情的思考。

第三章

柔性监管与企业绿色创新

第一节　环境规制的含义及其发展

一、监管与规制

监管、规制、管制都是我国经济学界对英文"regulation"的中译文，在一般语义上，这三个概念的核心内涵基本相同，相互之间具有可替代性。

从中文语境角度看，"管制"更体现计划经济体制下传统的政府管理方式，具有统治、命令的印象，因此在环境的外部治理中，学者们基本只采用"环境规制"和"环境监管"两个概念来表述。

"规制"是通过制定和实施规则而实现对经济生活的调整和管理，隐含着公权力对市场的介入和干预，是国家对经济进行管理的方式，在法律上构成国家管理经济的制度。"监管"是监督和管理的简称。规制有"规"的内容，即立法机构和行政机关依法制定的法律、法规和规章。但规制的另一层含义——"治"与监管机构对被监管对象及其活动是否合规所进行的监察、督促、组织、协调、控制，基本上是一致的。"治"强调的是通过规则的贯彻实施来实现对经济的治理和管理；而监管强调的是通过监察、督促、组织、协调、控制等行为保证监管对象守规经营。规制与监管既有区分，也有重叠，但二者在实质效果上是相同的。如此，监管同规制可能交叉并用，不加区分（韩龙，2009）。

总体而言，在环境的外部治理中，虽然"环境规制"这一术语被用得更多，但学者们一般不对"环境规制"和"环境监管"加以区分。但也有少数学者的研究将两者区分，并在研究中同时涉及这两个概念。例如，刘朝和赵志华（2017）提出单纯提高环境规制强度对环境治理的作用越来越小，除了政府监管以外的第三方监管（媒体、公众、非政府环保组织以及其他独立的环保机构）不仅能够直接提高环境规制效率，还能够通过抑制政企合谋间接提高环境规制效率；马点圆、孙慧和秦颖（2021）分别以城市各类污染物排放量的综合指数、公众使用网页搜索"环境污染"百度指数的自然对数分别表征正式和非正式环境规制，以"中国污染源监管信息公开指数"衡量地方政府环境监督力度，发现环境监管对环境规制和重污染企业全要素生产率之间起到了显著的调节作用；孙正林等（2021）提出政府监管是碳税规制实施的重要保障，政府应加强对企业碳排放情况的监管，及时发现企业偷排行为，降低企业逃税、避税的可能性。可以发现，在区分"规制"和"监管"的环境治理研究中，"规制"往往特指以环境保护为目的而制订实施的各项政策与措施的总和，而"监管"更突出"监督、管理"。

综合而言，"规制"更具有依照规则行事的含义。随着国家对环境的日益重视，市场经济的逐步发展，社会公众环境需求和环境意识的不断提升，"以政府为主导、企业为主体、社会组织和公众共同参与"的环境治理体系在逐渐构建与形成中，环境规制不再局限于立法机构和行政机关通过依法制定的法律、法规和规章，展开对环境资源利用的直接或间接的干预。即不一定存在有形的、正式的"规"。因此，除本书第二章和本章中对前人研究综述与引用外，本书中将采用"监管"一词来表示生态环境的外部治理，但不对"监管"和"规制"做严格区分。

二、环境规制及其发展

环境规制是以环境保护为目的，以个体或组织为对象，以有形制度或无形意识为存在形式的一种约束性力量（赵玉民、朱方明、贺立龙，2009）。从广义上理解，环境规制（监管）包括统一监督与分部门、分级相结合的行政监管，以及立法机关、行政机关、司法机关组成的国家监督和政党、社会组织、公众、新闻媒体等组成的非国家监督（徐忠麟，2017）。但无论是实践过程中还是学术研究中，环境规制的含义有一个发展过程。

（一）命令型环境规制

早期，人们认为环境规制是政府以非市场途径对环境资源利用的直接干预，内容包括禁令、非市场转让性的许可证制度等（赵玉民、朱方明、贺立龙，2009）。这一阶段主要以政府对资源环境的干预为主（张峰、宋晓娜，2019），其制定和执行由政府行政当局一手包办。市场和企业在这种严格的行政管制中的参与空间极为有限（Porter and Linden，1995）。这一类环境规制被学者们定义为命令控制型环境规制。命令控制型环境规制是指国家和地方行政管理部门运用各级环境法律和规章制度，对生态环境有潜在影响的建设项目和企业组织进行直接的强制性干预（刘媛媛、黄正源、刘晓璇，2021）。政府通过制定环保法律、法规等，对破坏环境的经济主体进行强制约束，企业等经济主体并没有选择权，必须遵守政府制定的规定，否则将面临严厉的处罚（吴磊等，2020）。命令控制型环境规制包括环境保护法、排污标准、产品禁令等，能使环境业绩得到迅速可测的改善，但对政府监管有较高的要求，执行成本较高（赵玉民、朱方明、贺立龙，2009）。

在我国，对于环境问题的治理，可以追溯到计划经济时期。虽然此时我国并不存在环境规制一说，但国家也开展了一些治理工业废物、保护资源等行动。1973 年我国召开了第一次环境保护会议，1978 年首次将环境保护写入宪法，并在 1979 年通过了《环境保护法（试行）》，之后先后制定了《海洋环境保护法》《森林法》《草原法》《矿产资源法》等十余项法规。1989 年经过十年试行后正式颁布了《环境保护法》，同年提出了深化环境管理的新五项制度，并于 1990 年增加为八项制度。我国环境规制立法体系初步形成（张小筠、刘戒骄，2019）。

随着我国社会主义市场经济体制的正式确立，我国经济进入快速发展时期。与此同时，生态环境问题逐渐凸显。1993 年《中国环境与发展十大对策》与"九五"计划纲要，确立了可持续发展为国家基本战略，环境保护立法与环保机构改革加速，先后出台了《大气污染防治法》《水污染防治法》《环境噪声污染防治法》等政策法规，并出台了各种实施细则和管理条例，1997 年修订的刑法规定了破坏环境资源保护罪，形成了由人大立法监督、政府负责实施、环境行政部门统一监督的环境规制体系。进入 21 世纪，随着重化工业加速发展，资源浪费和环境污染日益严重，环境治理压力加大，我国环境规制迎来了重要战略转型，先后通过了《防沙治沙法》《清洁生产促进法》《环境影响评价法》《可再生能源法》《循环经济促进法》等政策法规，党的十七大首次提出了"建设生态文明"，环境保护战略地位和环境监管权威性不断提升。党的十八大以来，环境问题得到了空前重视，2014 年出台了"史上最严"的《环境保护法》，并于 2015 年开始实施。之后出台或修订了《大气污染防治法》《海洋环境保护法》《水污染防治法》等政策法规。生态文明体制改革的重大制度实现突破，《关于加快推进生态文明建设的意见》《生态文明体制改革总体方案》先后印发，构建了系统完整的生态文明制度体系。2018 年"生态文明"正式写入宪法，意味着我国基本形成环境保护与经济发展平衡、污染防治与生态防护并重的环境规制政策理念和体系（高世楫、王海芹，2018；张小筠、刘戒骄，2019）。

（二）市场型环境规制

1972 年，经济合作与发展组织（OECD）提出"污染者付费原则"并很快成为各国制定环境政策的指南和环境法的一项基本原则，以市场为基础的激励型环境规制因此引起关注（赵玉民、朱方明、贺立龙，2009）。市场型环境规制是指政府利用市场机制设计的，旨在借助市场信号引导企业排污行为，激励排污者降低排污水平，或使社会整体污染状况趋于受控和优化的制度。市场型环境规制突破了环境规制的手段，不再局限于行政法规，开始涵盖具有环境规制功能的经济手段和市场机制政策等，即包含政府对环境资源利用的直接或间接的干预（赵玉民、朱方明、贺立龙，2009）。具体而言，市场激励型环境规制旨在通过排污费征收、排污权交易、环境税、政府经济补贴等引导企业减少环境污染（吴磊等，2020；刘媛媛、黄正源、刘晓璇，2020）。这类环境规制使经济主体具有一定程度的选择和采取行动的自由，有助于促进企业采用先进的绿色技术。随着环境和生态文明日益受到各方重视以及我国市场经济的逐步发展，这些经济手段和市场机制的作用逐渐显现，成为环境规制的重要组成部分。

在我国改革开放初期，主要依靠命令控制型手段实现环境治理目标，但也开始试行水污染物排放指标有偿转让、耕地占用税等经济型手段。20世纪 90 年代，命令控制型手段更加严格，也开始试行污染物排放总量控制制度、排污许可证制度等。进入 21 世纪，生态环境治理的命令控制型制度继续实施，政府主导地位不断加强，与此同时，基于市场机制的政策工具快速发展（高世楫、王海芹，2018），颁布了大量关于绿色税费、财政、信贷政策以及绿色价格和生态补偿文件。2011 年后，市场激励型环境规制政策不断发展，涉及绿色投资、绿色财政、绿色证券、绿色信贷等（王海芹、高世楫，2016），其中，2016 年《环境保护税法》获得通过并于 2018年开始实施，同步配套了《环境保护税法实施条例》，我国实施了四十年的排污费征收制度被环保税取代，环保费改税正式完成（张小筠、刘戒骄，

2019）。

（三）公众自愿型环境规制

命令控制型环境规制与市场型环境规制以政府强制力为依托。20 世纪
90 年代后，随着收入水平的提高，社会公众对优质环境的需求度、对生态
环境问题的关注度及自愿参与环保活动的积极性不断提高，环境规制实现
了主体的突破，以公众自愿参与为主的非正式环境规制的作用日益显现
（任小静、屈小娥，2020）。

这一类环境规制初期主要是由行业协会、企业自身或第三方认证机构
倡导的保护环境的协议、承诺或计划，包括环境认证、生态标签、环境协
议等，企业可以参与也可以不参与，因此被称为自愿型环境规制，更多强
调的是企业和行业的主动性和主导作用（赵玉民、朱方明、贺立龙，2009；
秦颖、孙慧，2020），激发企业量力而行、从实际出发、由内向外创新
（秦颖、孙慧，2020）。自愿型环境规制不属于强制性规范压力（蔡乌赶、
周小亮，2017）。

之后，环境规制主体再次拓展，涵盖更普遍意义的社会公众，出现了
公众参与型环境规制的概念。公众参与型环境规制，并不是政府强加的，
而是取决于公众环保意识，来自对生存本质的追求（吴磊等，2020），主
要通过公众行使对环境的监督权从而纠正环境污染问题，被认为是社会公
众争取环境利益的有效方式。企业为了得到公众的支持，主动完成节能减
排的任务（刘媛媛、黄正源、刘晓璇，2020）。

自愿型环境规制和公众参与型环境规制往往被合称为公众自愿型环境
规制。

在我国，进入 21 世纪以来，随着公众环保意识的不断提升，生态环境
信息公开和公众参与制度开始得到发展。2005～2007 年国家环境保护总局
掀起三次"环保风暴"，保障公众在生态环境治理中的知情权、表达权和
监督权，促进公众参与环境治理（高世楫、王海芹，2018）。之后，为进

一步激励和规范群众参与环境治理，环保部门先后发布了《环保举报热线工作管理办法》（2011 年）、《环境监察执法证件管理办法》（2013 年）、《环境保护公众参与办法》（2015 年）。公众参与制度不仅有利于降低政府环境监管成本，而且有利于发挥公众环境保护的主观能动性，使各利益相关者的环保利益得到充分表达（张小筠、刘戒骄，2019）。

第二节　环境规制对企业绿色创新的影响分析

环境规制主要通过资源挤占效应、资源补偿效应、内部激励效应和外部压力效应等机制影响企业绿色创新。

一、资源挤占效应

环境规制会增加企业成本，是最直接且显而易见的。基于静态的视角，新古典学派假设技术、资源配置和消费者需求固定不变，提高环境规制强度将改变企业成本（Gray，1987；Simpson and Bradford，1996），包括因环境规制需要加大的环保投入和因环境规制施加的限制条件而增加其生产、销售、管理等活动的难度（赵细康，2006），并因此削弱企业生产效率、盈利能力和市场竞争力。

但环境规制对企业的影响，不仅仅在于环境遵循成本的增加及其因此带来的利润空间缩小，更可能挤占了企业可用于生产性投资和技术创新所需的资金（Walley and Whitehead，1994），从而降低企业技术创新的动机（Ramanathan，Black and Nath，2010）、降低企业创新投资（Kneller and Maderson，2012）。尤其在短期内，环保投资的主要受益方是社会而非企业，企业将有限的资金用于环保投资，将会增加成本降低利润（Clarkson and Richardson，2004）。因此，偏好当前确定利润与自身经济效益的理性企业家，难以主动将有限的财务资源用于短期经济效益低且不确定性大的环保投资（Orsato，2006；宋马林、王舒鸿，2013）。

相比普通技术创新，绿色创新要求技术难度更高、风险更大，需要大量资源的长期投入。尤其是绿色创新成本被认为是企业是否进行绿色创新行为的关键性变量（孙正林等，2021）。环境规制导致的企业资金负担，必然挤占企业用于绿色创新的资源（Palmer，Oates and Portney，1995；Petroni，Bigliardi and Galati，2019）。因此，企业或迎合政府意愿通过环保投资直接达到政府的环保要求（张琦、郑瑶、孔东民，2021）；或为实现环境治理"疗程短、见效快"的效果，采取"末端治理"方式（张峰、宋晓娜，2019）；或为"迎合"政府补贴的相关要求而选择低难度、低风险、低成本的"策略性"创新（黎文靖、郑曼妮，2016）；甚至刺激一些地方政府的机会主义和短视行为（沈坤荣、金刚、方娴，2017；董直庆、王辉，2019），出现"绿色悖论"，反而出现能源加速开采，从而加速温室气体的排放（Sinn，2008）。即环境规制并没有促进企业的绿色创新以应对环保约束，反而可能"挤出"绿色创新的数量或质量。

二、资源补偿效应

创新带来的知识溢出效应，以及可能带来的"搭便车"和机会主义行为（叶建亮，2001），使企业面临竞争优势丧失和竞争能力削弱的风险（魏江、叶波，2002），降低企业技术创新的积极性，可能使得企业创新陷入"囚徒困境"（叶建亮，2001；郁培丽等，2014）。存在技术溢出效应的背景下，如何进行有效的市场规制，促进企业进行技术创新是产业协同创新政策制定者关注的重点（郁培丽等，2014）。溢出效应越大，"搭便车"现象可能越严重。绿色创新的双重外部性，尤其是其社会、环境效益突出，更需要政府制定环境规制来对企业绿色创新进行外部激励（孙正林等，2021）。

因此，为弥补企业绿色创新的正外部性损失，政府还会通过环境规制手段对企业进行激励，在一定程度上弥补其绿色创新的正外部性损失。这种以直接激励为主的环境规制包括环保补助、税收优惠、创新激励、财政直接投资等，在一定程度上弥补了绿色创新所需要的长期的资源投入，缓解了资金匮乏的局面（Kleer，2010；Montmartin and Herrera，2015；李青原、肖泽华，2020），提升其研发风险规避能力，能够激发企业主动实施高难度但却能为企业赢得竞争优势的实质性绿色创新（Almus and Czarnitzki，2003），且能够推动企业进行绿色创新的演化速度（王伟、张卓，2019），实现经济绩效和环境绩效的双重提升（彭文斌、路江林，2017）。

另外，绿色创新活动具有保密性，信息不对称会导致其外部融资约束。而被补贴被奖励的企业或绿色创新领域，意味着政府的支持和良好的发展前景（梁亚琪、姜秀娟、高玉峰，2022），这种"信号传递"与"认证效应"，有助于向市场传递利好信息，提高企业在资本市场中的融资能力，从而间接补充创新资源（Feldman and Kelley，2006；Takalo and Tanayama，2010），缓解融资约束。

三、内部激励效应

作为利益的追求者，企业更关注的始终是经济利益。波特和范德林德（Porter and van der Linde，1995a）指出，传统观点认为环境目标和经济目标之间需要权衡，在静态的视角下，企业会做出尽量减少成本的选择，而环境规制则不可避免地增加成本，并可能减少企业的市场份额。但国际竞争的新范式是基于创新的动态范式，竞争优势源自创新或者变革的能力。制定合适的环境管制标准可以触发创新，并因此可以部分或全部抵消去遵守这些标准所需要的成本，包括可以创造出性能更好、质量更高、更安全、成本更低、用户使用处置成本更低的产品，也可以因为工艺更好、材料节省、减少能耗、废物利用等原因带来更高的资源利用效率。这一理论被称为弱波特假说。而进一步的强波特假说（Porter and van der Linde，1995b）认为设计合理的环境标准可以激发创新，使原材料、能源、劳动力使用更有效，不仅可以全部抵消与环境规制相关的成本，结束"扳手腕式"僵局，并可能最终提高公司竞争力。因此，适宜的环境规制通过"倒逼"企业绿色技术革新，形成超过环境规制成本的"补偿性收益"，减少对原有污染性生产方式的依赖，有效规避环境监管成本（Berrone et al.，2013），并生产出比竞争对手更具有绿色差异化的产品，从而获得新的市场份额，培养独特的绿色竞争优势（Barney，1991）。

另外，政府对相关领域绿色创新的支持和激励，也有助于减少管理者对创新活动不确定性的担忧（Stiglitz，2015），提升企业信心，积极反思企业自身绿色发展存在的不足（Grossman and Helpman，2018），并因此提升企业绿色创新意识和动机（Pigou，1992；赵一心、侯和宏、缪小林，2022），最终提升企业的绿色创新投入。

四、外部压力效应

绿色发展是利益相关者的现实需求，企业需要减轻对环境的负外部性，增强正外部性，满足社会期待并获得接纳认可，以获得环境合法性（Suchman，1995；汪建成、杨梅、李晓晔，2021），增强利益相关者对企业发展的信心（Buysse and Verbeke，2003）。否则，企业可能面临政府处罚、法律制裁、投资者撤资、供应商/客户/消费者拒绝等潜在风险。来自政府和利益相关者监管的外部环保压力，会迫使管理层权衡环境污染的后果，变革企业响应环境规制的范式（Henriques and Sadorsky，1996），促进企业绿色创新并获得环境合法性（Bansal and Clelland，2004；Berrone et al.，2013）。

来自政府监管的压力是显而易见的。政府通过推动环境规制政策的制定和执行，落实环境规制的监督与管理，完善环境信息披露制度，优化绿色创新环境，促进企业绿色创新。政府的监管力度越强，企业受到的正式环境合法性的压力越大，越有可能增加绿色创新（汪建成、杨梅、李晓晔，2021）。

供应链上的上下游不仅可以和企业共享绿色创新所需要的资源和知识，供应链上的关系网络和相互影响可以促使外生环境压力转化为内生治理压力，并向供应链深处传递（Chavez et al.，2016）。环保导向的客户，会将绿色压力传递给企业，促进企业绿色创新，否则客户可能会要求终止合作。绿色供应商可以直接提供环保材料、技术和知识。随着供应商地位提升，具有环保意识的供应商也可以将其环保理念下传，放弃与不符合要求的企业合作，从而促进企业绿色创新。

普通社会公众是许多产品的最终消费者，也是绿色生活的追求者，他们在绿色环境保护中的作用主要是以绿色消费或绿色生活方式来支持和推进绿色技术创新，也可以通过向政府部门表达环保诉求、通过媒介宣传等方式给企业带来治污压力，从而倒逼企业进行绿色技术创新（彭文斌、路江林，2017）。

媒体作为一种外部监督机制（Craven and Marston，1997），对企业的污染行为有直接治理作用，政府倾向于基于官方媒体报道采取行动（Tang and Tang，2016）；媒体对企业污染事件的曝光，会降低污染企业的社会信誉与形象，引发社会公众对企业的抗议并采取相关行为维护绿色环境（Pfarrer，Pollock and Rindova，2010），导致合作伙伴等对企业的绿色声誉与价值产生质疑，流失关系资源（苏昕、周升师，2019），这种外部的约束力迫使企业主动关注环境问题并进行绿色创新（Bimber，Flanagin and Stohl，2005）；媒体报道也可以帮助企业树立绿色形象，改变企业社会声誉，从而促使企业重视环境问题，促进绿色创新绩效（张济建等，2016；廖中举，2016）；媒体对企业监管强度越大，企业绿色创新的绩效越好（汪建成、杨梅、李晓晔，2021）。

由行业协会、第三方认证机构等社会组织倡导的，企业自愿参与或者不参与的保护环境的协议、承诺、计划（如 ISO14001）等自愿型环境规制，有助于企业向市场释放环境承诺的信号，协助企业树立绿色形象，强化公众对政府和企业的监督作用（赵晓梦、陈璐瑶、刘传江，2021），促使企业主动以全新的方式重新思考和构建现有生产经营模式，主动参与环境污染治理（Ambec and Barla，2005）。并且不仅仅局限于底层的末端治理，而基于企业长远发展来考虑战略计划、基于技术创新走可持续发展之路（秦颖、孙慧，2020），促进企业技术创新（Jimenez，2005；Lim and Prakash，2014；彭星、李斌，2016；任胜钢、项秋莲、何朵军，2018）。

第三节　企业绿色创新的柔性监管机制

一、柔性监管：治理理念下的监管

政府是绿色发展监管的直接主体，是最关键主体，这是不可否认的。由于市场经济的自发性和盲目性，自然资源等公共物品往往被过度开发而缺少保护，必须用公共权力加以防范和制约；作为公共权力的行使者和代表者，政府在社会绿色发展中能纵览全局，统筹谋划，并以国家强制力为保障实现有效监督和管理，从而最大程度地纠正市场调节机制无法补偿的生态环境领域的经济负外部效应（厉磊，2017）。

在中国由计划经济向市场经济的渐进式改革过程中，政府干预依旧一定程度存在于国民经济运行的各个环节（李四海、李晓龙、宋献中，2015）。政府的管控通过政策、命令、指示等方法施行，各级政府之间层级分明、令行禁止（谭英俊，2014）。这一背景下发展起来的环境监管，侧重于用约束、惩戒等命令控制型方式，监管形式正式、手段强制、程序严格，是强制的、凭借体制约束以及惩罚规则等手段进行的刚性治理（曹现强、张霞飞，2019）。

在这样的监管模式下，企业不是以一个健全的市场主体的身份来承担自身对于环境污染的责任，而是以从属政府监管主体的方式来分担政府对于环境监管的责任。尤其是政府掌握了关键性生产要素，企业对政府具有很强的资源依赖（李四海、李晓龙、宋献中，2015），其行动力基本上来自外生的制度压力，因此可能不得不以象征性行动回应（肖红军等，2013；缑倩雯、蔡宁，2015；董阳，2017）。

绿色创新技术含量高、投资大、风险高、回报周期长（Ambec et al.，2013；曹洪军、陈泽文，2017），但其社会收益可能高于创新者私人收益。秉承趋利动机的绿色创新基本主体——企业，因此缺乏绿色创新的内在动力。面对非此即彼的命令控制型的环境规制，企业可能通过减产等方式消极应对（崔广慧、姜英兵，2019）；或为实现环境治理"疗程短、见效快"的效果，倾向于采取"末端治理""短期寻租"方式（张峰、宋晓娜，2019），而缺少能从根本上减少污染排放的绿色创新（刘金科、肖翊阳，2020）；或因环保治理成本增加挤出绿色创新（Gray，1987）。

以命令控制型为主的环境规制政策（Wang et al.，2015），更多的是面向末端治理，"政府失灵"现象屡屡发生，且面临"寻租"问题。企业与生俱来的"利益最大化"动机，要求环境监管机制必须解决环境规制"寻租"所导致的激励机制扭曲问题（肖晓勇，2008），打破政府部门作为环境的单一治理主体和权力中心的"政府主导型"治理模式（刘丹鹤、汪晓辰，2017），将企业利益诉求和公共诉求实现统一（董阳，2017），激发治理伙伴与治理对象的内在潜力、主动性与创造性，从而实现善治的目标（谭英俊，2014）。

激励型监管是指行政主体使用经济诱因方式和手段间接引导市场主体作出或不作出一定的行为，以实现其既定的政策目标的行政活动方式（渠滢，2018；李沫，2009），也称为市场激励型环境监管。这里的激励，主要是指经济诱因的激励，例如，财政支持、税收优惠、投资倾斜、金融扶持等（李沫，2009）。相较于命令型环境规制，研究者普遍认为市场激励型环境规制能够提供更灵活、更有效的创新激励（Jaffe et al.，1995；Blackman，Li and Liu，2018；何欢浪，2015）。

然而，激励型环境监管依旧基于政府作为监管主体的视角。治理理念下的监管，重在积极探索企业自律模式，激发其进行自主创新从而实现环境管理的热情。它既包括有权迫使人们服从的正式制度和规则，也包括人们同意或认为符合其利益的各种非正式的制度安排：政治法律的、经济市场的、社会的、文化的方式和手段（代海军，2016）；既有效发挥行政命令控制型规制工具和市场机制激励型规制工具的互补作用，又适当辅以信息披露、公众参与等非正式规制工具（贾瑞跃、魏玖长、赵定涛，2013；刘丹鹤、汪晓辰，2017），从而解决激励机制扭曲问题（肖晓勇，2008）。回应多样的、动态的、复杂的社会问题的新模式，应该包括以前没有包括的伙伴，不仅关注市场，也要关注社会公众以及各种各样的管理伙伴。

这种治理理念下的监管，蒋建湘和李沫（2013）称之为柔性监管。柔性监管是指政府及第三方组织基于法律法规的授权、有权主体的委托以及组织成员的认可，采用协商、合同、激励、指导等不具有强制性的方式，引导被监管主体作出或不作出一定的行为并与被监管主体共同达成监管目的的活动。柔性监管尊重被监管主体的意志和权利，而不是简单地将被监管主体仅仅视作是被监管对象；注重激励、协商等柔性非强制性手段的运用，而不是生硬地使用命令和强制；注重被监管主体的参与，而不是结果控制（蒋建湘、李沫，2013）。柔性监管包含了良好治理的基本要素——透明性、责任性、法治、回应和有效（王艳艳等，2020）。

本书借用蒋建湘和李沫（2013）的"柔性监管"这一术语应用于环境治理和绿色创新中。环境治理中的柔性监管涵盖所有政府、市场、社会公众和社会组织通过非结果控制方式引导被监管主体主动创新参与环境治理以实现环境治理目标的监管范式。治理视角下的环境柔性监管具有以下三方面特点：

（1）尊重被监管主体的权利。柔性治理以人为本，打破行为者之间控制与被控制的关系，从单一向的自上而下的管治，转向平等互动、彼此合作、相互协商的多元关系（刘智勇，2008）。以本书研究对象——企业为例，企业是污染排放的主要来源，自然也成为污染减排的主体（范庆泉、张同斌，2018）。源于强制性的外生的制度压力，使得企业可能采取象征性行动回应（肖红军、张俊生、李伟阳，2013；缑倩、蔡宁，2015；董阳，2017），而柔性监管积极平衡政府强制和企业自律之间的关系，以激发企业主动绿色创新和环境治理的动机和热情。

（2）承认治理主体的多元化。环境治理的主体，除了政府和市场的平衡，还包括各种行业协会、社会组织、科研团体、社会个人等多元主体。多元主体参与的协作式治理模式逐渐成为环境治理研究的一个重要方向。绿色发展过程中产生的生态环境问题关乎公众的切身利益，因此公众对参与监管过程有饱满的热情及积极性（厉磊，2017）。包括社会公众在内的各方利益相关者是绿色发展监管的重要力量，他们的有效参与，不仅能增强其对监管的自觉接受和最大认同，还能通过公众的参与知晓诉求并及时予以回应（蒋建湘、李沫，2013）。我国《环境保护法》第五十三条规定："公民、法人和其他组织依法享有获取环境信息、参与和监督环境保护的权利。各级人民政府环境保护主管部门和其他负有环境保护监督管理职责的部门，应当依法公开环境信息、完善公众参与程序，为公民、法人和其他组织参与和监督环境保护提供便利"。党的十九大也提出要"构建以政府为主导、企业为主体、社会组织和公众共同参与"的环境治理体系。协同治理才是环境治理未来的方向（杜青龙、杨燕霞、郑一涵，2021）。

（3）注重监管方式的灵活性和柔和性，通过指导、激励、协商、自我监管等方式的运用提高监管的实效。既包括增加柔性监管形式的使用，也重视在传统政府监管的使用中融入柔性元素。基于环境治理主体的多元化和治理客体的复杂性，治理手段和方式也必然是多样化的。这些多样灵活的监管方式，更多的参与者不是被迫的、而是主动的，不是命令式的、而是协商的，不是孤立的、而是合作的，不是被阻止的、而是被鼓励的（刘智勇，2008）。

二、企业绿色创新的柔性监管：研究框架

企业履行环境责任，一方面是因为对合规性压力的屈服，另一方面则期望能通过环境责任的履行获得竞争优势。传统的环境规制重在以正式的、强制性的规则施以企业合规性压力。合规性压力固然能促进企业履行绿色环境责任，在一定程度上增加绿色创新，但大部分企业往往只是采取污染末端治理等结果导向型技术来实现低碳目标。这种迎合性的对策，看似在整个工业层面实现了节能减排，实质上只是促进了末端绿色技术和环保产业的发展，无法实现整体工业的产业升级和绿色转型，甚至出现污染转移、"漂绿"、政策"寻租"等"异象"。企业将环境问题纳入战略决策时，不应被动地迎合环境法规（Clarke et al.，1994），需要的是产品和技术的飞跃与突破性创新。企业低碳转型，其根本出路在于绿色创新，通过有利于环境可持续性的全新或改进的产品和工艺创新，实现低碳、节能、高效。

本书所认为的环境治理中的柔性监管，涵盖所有政府、市场和社会公众和社会组织通过非结果控制方式引导被监管主体主动创新参与环境治理以实现环境治理目标的监管范式。在本书中，我们并不限定环境监管的主体和手段。具体研究中，我们分别选取不同监管主体和不同监管手段的环境监管制度展开研究，包括政府导向型的绿色产业政策，政府利用市场机制设计的环保费改税制度，政府、行业组织和第三方中介合作的"绿色工厂"认定政策，以及第三方倡导的 ESG 评级制度。虽然监管主体和手段各不相同，但它们的目的都是通过相应的机制引导企业主动进行绿色创新实现环境治理，并因此获取竞争优势。

我国的绿色产业政策基于"五年规划"。由"五年规划"引导的国家产业政策具有至关重要的国家战略意义，在很大程度上决定了对企业的资源分配（Gao，Jin and Fu，2013）。从改革开放到 20 世纪末，发展经济始

终是主导基调，因此国家产业政策关注更多的是产业规模的发展。2006～2010 年执行的第十一个五年规划，首次提出建设资源节约型、环境友好型社会，初步将产业政策和环境政策结合起来；涵盖 2011～2015 年的第十二个五年规划以政府补贴和优惠信贷为辅助工具，大力促进节能和环保产业的发展；2016～2020 年发布的第十三个五年规划中，绿色发展已成为纲要的主基调，被列为确保我国全面建成小康社会的五大发展理念之一。这种将绿色发展纳入国民经济和社会发展规划的绿色产业政策，根据社会发展逐渐涵盖更广泛的可持续发展目标，保障经济效益的同时提高环境效益，纠正环境外部性带来的市场失灵，促进产业结构向绿色化发展，是政府激励和引导企业绿色发展的重要政策选择。

为应对环境污染治理问题，我国早在 1979 年实施排污收费试点政策，并于 1982 年正式践行。四十多年来，排污收费制度对我国经济发展初期的环境治理具有重要意义。但随着生态文明的持续推进，我国排污费制度不再适应污染治理和环境保护的新趋势。2016 年 12 月 25 日，沿用了四十多年的排污收费制度改为更具法律刚性的《环境保护税法》，并于 2018 年 1 月 1 日正式施行。环境税的征收能够使排污者为其损害环境和污染行为承担相应的成本，发挥税收杠杆的绿色调节作用，推进资源节约与生态环境保护，是协调经济发展与生态环境保护的重要手段。

"绿色工厂"概念于 2015 年由国务院首次提出，并将建设"绿色工厂"列为"绿色制造工程"的核心内容。工业和信息化部于 2016 年指导各省全面开展"绿色工厂"认定工作，通过联合各行业组织，制定具有一定专业技术属性的综合性绿色标准体系，结合第三方中介独立评价，筛选出"用地集约化、原料无害化、生产洁净化、废物资源化、能源低碳化"的"绿色工厂"，并给予专项资金、绿色信贷等政策支持。作为首个基于企业全生命周期视角制定的综合性环境标准体系，"绿色工厂"认定是自愿型环境规制政策在我国制度环境下的创新性应用。

环境、社会和公司治理（ESG）是企业可持续发展的重要手段和国际社会衡量企业绿色可持续发展水平的重要标准（Michelson et al.，2004；Nekhili et al.，2021）。ESG 评级被认为是衡量企业竞争优势、社会声誉以及经营绩效的客观方法，能够让投资者、管理者以及利益相关者真实了解并区分企业间的差异。ESG 评级作为第三方机构倡导的自愿型环境监管机制，有助于缓解信息不对称，缓解融资约束，并向外部利益相关者传达企业管理层对绿色投资的态度。同时，也使得企业的环境外部性内部化，提高企业管理层环保意识，由被动治理转向主动防治的绿色创新，积极制定绿色创新战略，主动推进绿色转型。

本书在验证绿色创新的价值创造效应的基础上，分别选取旨在引导企业主动进行绿色创新的绿色产业政策、环保费改税制度、"绿色工厂"认定政策和 ESG 评级制度，探讨这些监管主体和监管手段各不相同的柔性监管制度的绿色创新效应及其作用机制。本书的总体研究逻辑如图 3 - 1 所示。

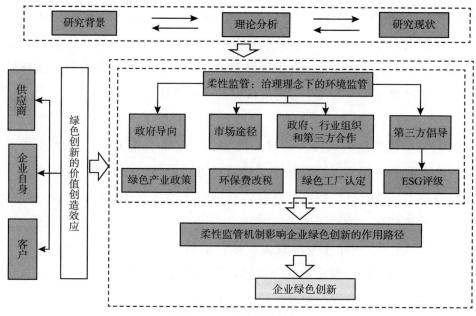

图 3 - 1　本书研究框架

第四章

绿色创新与企业高质量发展

第一节　企业高质量发展与全要素生产率

根据增长核算理论，一个经济体的产出增长主要来源于资源投入的增加和全要素生产率的增长。中国经济曾长期处于依靠要素投入和投资驱动的粗放型增长模式，造成了资源过度耗费、环境日益恶化，以及结构性矛盾突出等隐患（吴静桦等，2021）。随着全球产业结构的转型升级和深度调整，中国经济在经历了高速增长后增速逐渐放缓。曾支撑中国经济持续高速增长的人口红利、投资红利和资源红利，改革开放带来的技术落差后发优势和市场化改革释放的体制转轨红利等逐渐减少（胡亚茹、陈丹丹，2019）。

全要素生产率是指总产出中不能被资本、劳动等生产要素投入增长解释的剩余，是经济高质量发展的核心源泉和重要指标（胡德龙、石满珍，2023）。党的十九大报告明确指出，"我国经济已由高速增长阶段转向高质量发展阶段"，正处在转变发展方式、优化经济结构、转换增长动力的攻坚期；党的二十大报告强调，"高质量发展是全面建设社会主义现代化国家的首要任务"。而加快建设现代化经济体系，必须坚持质量第一、效益优先，以供给侧结构性改革为主线，推动经济发展质量变革、效率变革、动力变革，提高全要素生产率。而以"创新起主导作用，摆脱传统经济增长方式、生产力发展路径，具有高科技、高效能、高质量特征，符合新发展理念的先进生产力质态"——新质生产力，是以全要素生产率大幅提升为核心标志。[①] 全要素生产率是经济持续增长的唯一源泉（Solow，1957），提升全要素生产率对实现中国经济高质量发展战略目标至关重要（吴静桦等，2021），经济的持续增长必须依靠全要素生产率的提高（肖文、薛天航，2019）。

基于企业视角，企业高质量发展是指企业在经营发展过程中经济价值实现的高水平、高附加值和高效率。全要素生产率全面考虑了各种投入要素对企业产出的贡献，提升全要素生产率是现阶段企业高质量发展的核心源泉（刘志彪、凌永辉，2020）和重要特征（黄速建、肖红军、王欣，2018；李小青等，2022）。全要素生产率的提高来源于技术升级、管理模式改进、产品质量提高等方面（潘毛毛、赵玉林，2020）。

研究者们从宏观层面和微观企业层面，对影响全要素生产率的因素进行了研究。宏观层面上，增值税税率（崔惠玉、王宝珠、王伟同，2023）、所得税税率（郑宝红、张兆国，2018）、减税降费（晏国菀、夏雪，2023；田磊、陆雪琴，2021）、贷款市场利率市场化改革（吴静桦等，2021）、产业政策（钱雪松等，2018；戴小勇、成力为，2019）等会影响企业全要素生产率。微观企业层面，技术创新水平和资源配置效率的提升是提高全要素生产率的重要原因（Comin and Hobijn，2010；曹伟等，2022；晏国菀、夏雪，2023），采用先进技术相对较慢、不能有效使用和运营技术（Aghion and Howitt，1992；Parente and Prescott，1999），以及资源错配（Banerjee and Duflo，2005；刘宗明、吴正倩，2019）等因素会降低企业全要素生产率。此外，有证据表明管理效率（李唐、董一鸣，2018）、数字经济（胡

---

① 2024年1月31日，习近平总书记在中共中央政治局第十一次集体学习时提出。

德龙、石满珍，2023）、ESG 履责（李甜甜、李金甜，2023；喻骅、葛军、陈良华，2023）等也会影响企业全要素生产率。

在中国经济实践中，受制于市场制度不完善等因素，企业创新能力不强，资本 - 劳动力等要素投入组合也有待优化，这导致中国企业的全要素生产率偏低（Hsieh and Klenow，2009；杨汝岱，2015；钱雪松等，2018）。因此，深入探索影响我国企业全要素生产率提升的因素及其作用路径，对我国建设现代化经济体系，推进经济高质量可持续发展，具有重要的意义。

绿色创新被定义为遵循生态经济规律，节约资源和能源，能避免、消除或者减轻生态环境污染和破坏的技术创新活动，对解决经济增长和环境保护这一相悖命题起到关键作用（武力超等，2021）。生态文明视角下，绿色创新被视为企业实现高质量可持续发展的关键力量。虽然武力超等（2021）、姬新龙和董木兰（2023）关注到了企业绿色创新对其高质量发展具有积极的促进作用，但缺乏对绿色创新影响企业全要素生产率的效应及其路径的深入探讨。基于上述考虑，本章试图回答以下问题：企业绿色创新是否能提升企业全要素生产率和可持续发展能力？绿色创新质量和绿色创新数量对全要素生产率的影响是否有所不同？绿色创新对企业全要素生产率的影响路径是什么？哪些因素会影响绿色创新对企业高质量发展的促进作用？

第二节　绿色创新能促进企业高质量发展吗？

企业既是碳排放的源头也是环境治理主体，其绿色发展对推动社会整体绿色转型，促进生态可持续发展具有至关重要的作用，也是企业自身高质量发展的重要特征与战略基点。党的二十大报告明确指出，"推动经济社会发展绿色化、低碳化是实现高质量发展的关键环节"。绿色创新是促进经济转型升级和实现环境可持续的必然选择（刘海曼、龙建成、申尊焕，

2023）。

作为一种有助于实现环境－经济－社会协调发展的创造性活动（张钢、张小军，2013），绿色创新有助于降低能源消耗、减少污染排放、改善生态环境，实现人与自然和谐（Oltra and Saint，2009）。但很长一段时间内，绿色创新被认为是一项困难多、门槛高、投入大、不确定性高的活动（Tseng，Huang and Chiu，2012；Reilly and Hynan，2014），可能会影响企业价值和竞争力（Alpay，Buccola and Kerkvlie，2002；Chang and Chen，2013；杨静、施建军，2015），导致许多企业为追求短期利润而过度依赖高消耗高污染的发展方式。

随着全球对环境的日益重视，越来越多的企业意识到绿色创新不仅仅可以提升环境绩效（李杰义、张汞、谢琳娜，2019；李婉红、李娜，2023；胡汉辉、申杰，2023）和社会绩效（解学梅、朱琪玮，2021），它还可以通过提高资源利用率和产品生产率，降低生产成本，进而提高经济绩效（Eder，2003；Przychodzen and Przychodzen，2015；Qing et al.，2022；解学梅、罗丹、高彦茹，2019；曾江洪、刘诗绮、李佳威，2020；赵树宽、张铂晨、蔡佳铭，2022；何佳蔚，2023），并提升企业声誉，有利于企业把握和提升竞争优势（Chen，Lai and Wen，2006；Dangelico，2010；Ryszko，2016；Long et al.，2017；陈泽文、曹洪军，2019）。

然而现有研究往往只关注到了企业绿色创新的短期经济效应，以企业的短期获利能力或股票收益率来探讨企业绿色创新的经济效应，未考虑企业绿色创新对其长期高质量可持续发展的影响。个别研究证明绿色创新对企业全要素生产率具有显著的促进作用（武力超等，2021；姬新龙、董木兰，2023），但未深入其中的作用机制。本书认为，企业绿色创新可以通过缓解融资约束和降低非效率投资，提升企业全要素生产率。

首先，基于融资约束视角，企业绿色创新有助于缓解融资约束（许林等，2021），促进企业全要素生产率水平的提升。融资约束会对企业研发投资等活动产生抑制作用（蔡晓陈、陈静宇，2023），企业往往只能放弃或推迟有利的投资机会，或者企业以更高的成本进行融资，从而导致资源配置扭曲（任曙明、吕镯，2014；Levine and Warusawitharana，2021），抑制企业全要素生产率（任曙明、吕镯，2014；陈熙、朱玉杰，2020；陈奉先、光云霞，2023）。而进行绿色创新的企业，在内，一方面绿色技术、工艺、产品及其管理模式的采用可以降低能源消耗（Crabbé et al.，2013；Qing et al.，2022），另一方面可以通过绿色创新促进经营效率、提高销售收入（Lin et al.，2019；Li et al.，2021），从而提升财务绩效；在外，绿色创新的企业不仅可能直接获得政府补贴、税费减免等创新激励，并因为合规而减少违规成本（陈泽文、曹洪军，2019）从而缓解融资约束，也会因其绿色创新带来绿色形象，良好的绿色形象使企业赢得更多的消费者和投资者的青睐，形成绿色产品溢价和品牌口碑（Dangelici and Pontrandolfo，2015），从而增加资金供给者对企业的信心，降低债权人和投资者的决策风险，企业也可以因此从资本市场以及金融机构中获得更多的投资。财务绩效的提升与外部各种资金的流入，有助于企业缓解融资约束，使企业有资源按最佳方式展开经营活动，从而提高全要素生产率（宋清华、吕泰亨，2023）。因此，本书预期企业绿色创新可以通过缓解融资约束，促进全要素生产率的提升。

其次，基于投资效率视角，企业绿色创新有助于降低非效率投资（廖果平、王文华，2023），促进企业全要素生产率水平的提升。很显然，投资过度和投资不足均会导致企业全要素生产率的降低，非效率投资对企业的全要素生产率具有抑制作用（卜洁文等，2023；张辽、范佳佳，2022；蒋长流等，2020）。一方面，绿色创新除了有助于企业从内外部获取更多资金，缓解融资约束，从而提升投资效率；另一方面，企业绿色创新具有自身"累积"效应，可以持续促进企业以较少的资源去生产环保高效的产品，提高资源利用率并减少治理环境的成本（张钢、张小军，2013）。此外，因为绿色创新引发的外部关注压力也有助于促使企业将资金投向更高能效的项目（程新生等，2012）。因此，绿色创新有助于降低非效率投资，优化资源配置效率，并因此提升企业全要素生产率（龚关、胡关亮；2013）。

由此本章提出以下假设：

H4 – 1：*绿色创新可以显著促进企业全要素生产率。*

图 4 – 1 为整合了上述假设和后续进一步分析的理论框架，据以验证企业绿色创新对企业高质量发展的作用路径和异质性分析。

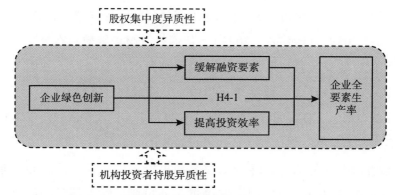

图 4 – 1 绿色创新与企业高质量发展的研究框架

第三节 研究样本与变量设计

一、研究样本

本书选取 2008～2022 年我国沪深 A 股上市公司年度数据作为研究样本，在此基础上剔除以下样本：第一，金融行业的样本；第二，ST、*ST 和 PT 的样本；第三，主要数据缺失的样本。最终得到包含 37453 个观测样本的非平衡面板数据。绿色创新的数据来自中国国家知识产权局（CNIPA），其他数据来自万得数据库（Wind）和国泰安数据库（CSMAR）。为避免极端值的影响，对所有连续变量进行了上下 1% 的缩尾（winsorize）处理。

二、变量设计

本章主要研究变量及其定义，如表 4 – 1 所示。

表 4 – 1 　　　　　　　　　　本章研究变量及其定义

变量名称	变量符号	变量定义
全要素生产率	TFP_FE	全要素生产率，采用 FE 法测算
绿色创新水平	GI	ln（绿色发明专利和绿色实用新型专利独立申请数量 + 1）
绿色创新质量	GI_In	ln（绿色发明专利独立申请数量 + 1）
绿色创新数量	GI_Ut	ln（绿色实用新型专利独立申请数量 + 1）
营业收入增长率	Growth	当年营业收入/上年营业收入 – 1
流动资产比率	Liquid	流动资产/总资产
上市年限	Age	ln（当年年份 – 上市年份 + 1）
产权性质	SOE	国有企业取 1，非国有企业取 0
董事人数	Board	董事会人数取自然对数
独立董事比例	Indep	独立董事人数/董事人数
两职合一	Dual	董事长与总经理是同一个人为 1，否则为 0
股权制衡度	Balance1	第二大股东持股比例/第一大股东持股比例

（一）因变量

全要素生产率。全要素生产率是总产出中不能被要素投入解释的"剩余"部分，与技术贡献、知识水平、管理技能、制度环境等要素密切相关，是衡量企业发展的常用指标。估算全要素生产率（TFP）的方法较多。考虑到 FE 法关注的是多个生产要素的综合利用情况，而非仅仅关注某一个或几个要素，在实际情况中应用得更加广泛。因此本章将借鉴鲁晓东和连玉君（2012）的研究，采用 FE 法对其进行估计，并在稳健性检验时使用 OLS 法测得的全要素生产率做替代指标。其中 FE 法估计全要素生产率的基本模型如下：

$$\ln Y_{i,t} = \alpha_0 + \beta_k \ln K_{i,t} + \beta_l \ln L_{i,t} + \beta_m \ln M_{i,t} + \sum_m \delta_m Year_m$$

$$+ \sum_n \lambda_n Reg_n + \sum_k \xi_k Ind_k + \varepsilon_{i,t} \qquad (4-1)$$

其中，$Y_{i,t}$ 表示企业 i 在 t 年的总产出，K、L 和 M 分别为企业固定资产、从业人员规模和中间投入[①]，$Year$、Reg 和 Ind 分别是代表企业年份、地区和行业的虚拟变量。ε 表示在生产函数中无法体现的随机干扰以及测量误差等因素。由此可以得到 $TFP\_FE_{i,t}$ 绝对水平值：

$$TFP\_FE_{i,t} = \ln Y_{i,t} - \beta_k \ln K_{i,t} - \beta_l \ln L_{i,t} \qquad (4-2)$$

（二）自变量

企业绿色创新水平（GI）、绿色创新质量（GI_In）、绿色创新数量（GI_Ut）。借鉴黎文靖和郑曼妮（2016）研究，本书将绿色发明专利和绿色实用新型专利独立申请数量加 1 后取自然对数得到的 GI 度量绿色创新总体水平；同时，发明专利独立申请数量加 1 后取自然对数获得 GI_In，衡量绿色创新质量；将绿色实用新型专利独立申请数量加 1 后取自然对数获得 GI_Ut，作为对比性指标衡量绿色创新数量。[②]

（三）控制变量

本书选取了已有文献中证实可能会影响企业全要素生产率的因素作为控制变量。

---

① Y 的计算：$Y = \ln$（营业收入/10000 + 1）；K 的计算：$K = \ln$（固定资产净额/10000 + 1）；L 的计算：$L = \ln$（员工人数 + 1）；M 的计算：$M = \ln[$（营业成本 + 销售费用 + 管理费用 + 财务费用 − 折旧摊销 − 支付给职工以及为职工支付的现金 + 1）/10000 + 1]。

② 基于我国《专利法》的定义以及相关规定："发明专利"是指对产品、方法或者其改进所提出的新的技术方案，需要具备"突出的实质性特点和显著的进步"；"实用新型专利"是指对产品的形状、构造或者其结合所提出的适于实用的新的技术方案，只需具备"实质性特点和进步"。申请过程中，对实用新型专利只进行初步审查，而对发明专利还需要额外进行实质审查，因此，实用新型专利的创造性水平要求比发明专利要低。

三、模型构建

为了探索企业绿色创新是否能提升企业全要素生产率，实现高质量发展，本章构建如下模型进行回归分析：

$$TFP\_FE_{i,t} = \alpha_0 + \beta_1 GI_{i,t} + \beta_i \sum Controls_{i,t} + Year + Ind + \varepsilon_{i,t} \quad (4-3)$$

其中，$TFP\_FE_{i,t}$ 为本书的被解释变量，表示企业 i 在 t 年的全要素生产率，$TFP\_FE_{i,t}$ 值越大，则表明其全要素生产率越高。在模型中，本书还控制了行业和年份固定效应（Ind 和 $Year$）。

第四节　实证研究与结果

一、描述性统计

主要变量的描述性统计如表 4 - 2 所示。

表 4 - 2　　　　　　　　本章主要变量描述性统计

变量	观测值	均值	标准差	最小值	中位数	最大值
TFP_FE	37453	11.351	1.326	8.636	11.211	14.954
GI	37453	0.321	0.725	0.000	0.000	3.497
GI_In	37453	0.214	0.569	0.000	0.000	2.996
GI_Ut	37453	0.185	0.501	0.000	0.000	2.565
$Growth$	37453	0.164	0.392	- 0.561	0.105	2.370
$Liquid$	37453	0.566	0.200	0.100	0.580	0.946
Age	37453	2.174	0.773	0.693	2.303	3.367

续表

变量	观测值	均值	标准差	最小值	中位数	最大值
SOE	37453	0.362	0.481	0.000	0.000	1.000
Board	37453	2.128	0.200	1.609	2.197	2.708
Indep	37453	0.376	0.054	0.313	0.364	0.571
Dual	37453	0.275	0.446	0.000	0.000	1.000
*Balance*1	37453	0.359	0.288	0.009	0.277	0.994

根据表 4 - 2，全要素生产率（*TFP_FE*）的均值（11.351）与中位数（11.211）比较接近，但最小值是 8.636，最大值是 14.954，标准差为 1.326，这表明不同企业的全要素生产率存在明显差异。企业绿色创新各数据的均值和中位数均有一定差异，存在右偏分布现象，这说明少数企业较高的绿色创新水平提高了样本的绿色创新水平的均值。与企业绿色创新实用新型专利独立申请的数量相比（*GI_Ut*），企业绿色创新发明专利独立申请数量（*GI_In*）更高。

二、回归结果分析

表 4 - 3 反映了企业绿色创新水平与全要素生产率的基本回归结果。

表 4 - 3　　　　　企业绿色创新与全要素生产率基本回归结果

变量	全要素生产率（*TFP_FE*）					
	（1）	（2）	（3）	（4）	（5）	（6）
GI	0.387 *** (15.174)	0.336 *** (15.089)				
GI_In			0.493 *** (15.615)	0.417 *** (14.876)		

续表

变量	全要素生产率（TFP_FE）					
	（1）	（2）	（3）	（4）	（5）	（6）
GI_Ut					0.435 *** （12.712）	0.391 *** （13.295）
Growth		0.459 *** （27.470）		0.459 *** （27.432）		0.457 *** （27.197）
Liquid		0.570 *** （5.744）		0.556 *** （5.611）		0.603 *** （6.004）
Age		0.370 *** （15.820）		0.364 *** （15.618）		0.372 *** （15.655）
SOE		0.349 *** （7.862）		0.343 *** （7.749）		0.368 *** （8.194）
Board		1.394 *** （14.435）		1.399 *** （14.490）		1.424 *** （14.609）
Indep		2.826 *** （8.688）		2.816 *** （8.675）		2.884 *** （8.765）
Dual		− 0.077 *** （− 2.748）		− 0.079 *** （− 2.819）		− 0.076 *** （− 2.647）
Balance1		− 0.036 （− 0.673）		− 0.041 （− 0.771）		− 0.034 （− 0.639）
常数项	11.226 *** （592.181）	5.922 *** （19.670）	11.245 *** （608.021）	5.956 *** （19.783）	11.270 *** （600.891）	5.841 *** （19.225）
Year	Yes	Yes	Yes	Yes	Yes	Yes
Ind	Yes	Yes	Yes	Yes	Yes	Yes
观测值	37453	37453	37453	37453	37453	37453
Adjust_R^2	0.243	0.370	0.245	0.369	0.228	0.360

注：***、***、* 分别代表 $p < 0.01$、$p < 0.05$、$p < 0.1$；（ ）内为 T 值。

根据表 4 – 3 列（1）和列（2），无论是否加入控制变量，企业绿色创新对变量全要素生产率（TFP_FE）的回归系数均在 1% 水平上显著为正，这表明企业绿色创新水平越高，企业的生产活动在一定时间内效率越高，即全要素生产率越高，检验结果与假设预期一致。列（3）至列（6）的结果显示，将绿色创新分为绿色创新质量（GI_In）和绿色创新数量（GI_Ut）后发现，其对全要素生产率的回归系数依旧均在1%水平上显著为正，这表明企业绿色创新质量和数量均可以促进企业全要素生产率的提高，假设4-1得到验证。

三、稳健性检验

（一）替换自变量

以企业独立获得的专利数替代独立申请的专利数来重新计量自变量。其中绿色创新水平（lnDHG）使用企业独立获得的绿色专利数量加1后取自然对数量来衡量，绿色创新质量（lnDHGF）用企业独立获得的发明型绿色专利数量加1后取自然对数来衡量，绿色创新数量（lnDHGS）用企业独立获得的实用新型绿色专利数量加1后取自然对数衡量。表4-4中列（1）至列（3）的回归结果显示，系数均在1%水平上显著为正。替换自变量绿色创新的度量指标后，本章的研究结论依然成立。

表4-4　　绿色创新促进企业全要素生产率的稳健性检验结果（一）

变量	（1）TFP_FE	（2）TFP_FE	（3）TFP_FE	（4）TFP_OLS	（5）TFP_OLS	（6）TFP_OLS
lnDHG	0. 367 *** （14. 190）					
lnDHGF		0. 555 *** （12. 931）				
lnDHGS			0. 375 *** （13. 099）			

续表

变量	（1）	（2）	（3）	（4）	（5）	（6）
	TFP_FE	*TFP_FE*	*TFP_FE*	*TFP_OLS*	*TFP_OLS*	*TFP_OLS*
GI				0.315*** (15.005)		
GI_In					0.391*** (14.821)	
GI_Ut						0.366*** (13.219)
控制变量	Yes	Yes	Yes	Yes	Yes	Yes
Year	Yes	Yes	Yes	Yes	Yes	Yes
Ind	Yes	Yes	Yes	Yes	Yes	Yes
观测值	37453	37453	37453	37453	37453	37453
Adjust_R^2	0.366	0.361	0.360	0.372	0.372	0.362

注：***、**、*分别表示在1%、5%、10%水平上显著；（）内为T值。

（二）替换因变量

使用OLS法对全要素生产率进行重新度量并进行检验。表4-4列中列（4）至列（6）的回归结果显示，系数均在1%水平上显著为正。替换因变量全要素生产率的度量方法后，本章的研究结论依然成立。

（三）考虑滞后效应

基准回归显示企业绿色创新水平越高，对全要素生产率的提升作用越明显，这一结果有可能因为全要素生产率高的企业具有主动提升绿色创新水平的意愿。为了避免反向因果导致的内生性问题，基于滞后期解释变量不易受到当期全要素生产率（*TFP_FE*）的反向影响，以滞后二期的绿色创新为解释变量进行检验。*GI2*、*GI_In2*、*GI_Ut2*分别表示滞后二期的绿色创新水平、绿色创新质量和绿色创新数量。表4-5中列（1）至列（3）的回归结果显示，系数均在1%水平上显著为正，与基准回归结果一致。

表 4 - 5　　　绿色创新促进企业全要素生产率的稳健性检验结果（二）

变量	考虑滞后效应			换基准回归模型缓解遗漏变量		
	（1）	（2）	（3）	（4）	（5）	（6）
	TFP_FE	TFP_FE	TFP_FE	TFP_FE	TFP_FE	TFP_FE
GI				0.040 *** （4.815）		
GI2	0.331 *** （13.580）					
GI_In					0.051 *** （5.085）	
GI_In2		0.423 *** （13.667）				
GI_Ut						0.035 *** （3.130）
GI_Ut2			0.376 *** （11.777）			
控制变量	Yes	Yes	Yes	Yes	Yes	Yes
Ind	Yes	Yes	Yes	No	No	No
Firm	No	No	No	Yes	Yes	Yes
Year	Yes	Yes	Yes	Yes	Yes	Yes
观测值	34206	34206	34206	36932	36932	36932
Adjust_R^2	0.349	0.350	0.340	0.885	0.885	0.885

注：***、**、*分别表示在1%、5%、10%水平上显著；（）内为T值。

（四）估计个体固定效应模型缓解遗漏变量问题

对于模型中可能存在不随时间变化且不可观测的遗漏变量，加入个体固定效应，即以双向固定效应模型取代基准回归中"行业＋时间"固定效应模型（Firm）。表4-5中列（4）至列（6）的回归结果，所有的回归系数均在1%的水平上显著为正。因此，企业绿色创新对其全要素生产率具有显著的正向影响，本章的研究结论依然不变。

（五）工具变量法检验

尽管基础回归纳入了一系列的控制变量，但仍可能存在遗漏变量。针对这一问题，借鉴底璐璐等（2020）与张新民、叶志伟和胡聪慧（2021）的做法，本章选取采用同年度同地区企业绿色发明专利和绿色实用新型专利独立申请数量和加一取自然对数的均值（*IMGI*）来衡量绿色创新水平，同年度同地区企业绿色发明专利独立申请数量加一取自然对数的均值（*IMGI_In*）来衡量绿色创新质量，同年度同地区企业绿色实用新型专利独立申请数量加一取自然对数的均值（*IMGI_Ut*）来衡量绿色创新数量。在统计上确认工具变量满足外生性条件的前提下，采用工具变量法进行两阶段回归的结果如表 4 - 6 所示，回归结果显示企业绿色创新提高了其全要素生产率，而且通过了显著性检验，因此，本章的研究结论稳健。

表 4 - 6 　　　　　　　　　　工具变量法检验结果

变量	第一阶段	第二阶段	第一阶段	第二阶段	第一阶段	第二阶段
	GI	*TFP_FE*	*GI_In*	*TFP_FE*	*GI_Ut*	*TFP_FE*
IMGI	0. 338 *** （10. 42）					
GI		2. 595 *** （9. 69）				
IMGI_In			0. 290 *** （8. 28）			
GI_In				4. 653 *** （8. 23）		
IMGI_Ut					0. 284 *** （8. 14）	
GI_Ut						3. 141 *** （7. 15）
F 值	86. 84		60. 65		58. 29	
控制变量	Yes	Yes	Yes	Yes	Yes	Yes
Year	Yes	Yes	Yes	Yes	Yes	Yes
Ind	Yes	Yes	Yes	Yes	Yes	Yes

注：***、**、*分别表示在1%、5%、10%的水平上显著；（ ）内为T值，第二阶段（ ）内为Z值。

四、机制检验

根据前文研究，本部分进一步探讨企业绿色创新对其全要素生产率的影响机制。一方面，企业进行绿色创新可以降低成本、增加收入、获取外部补贴、吸引投资者的投资，从而缓解融资约束，使企业有资源按最佳方式展开经营活动，提高全要素生产率；另一方面，进行绿色创新的企业，可能因为自身的"累积"效应和外部的关注压力，将资金流向高能效和高资源配置的投资项目，从而优化资源配置效率、降低非效率投资、提升全要素生产率。借鉴江艇（2022）的研究，本部分通过重点考察核心解释变量来检验对机制变量的影响，探究企业绿色创新如何通过缓解融资约束和抑制非效率投资影响企业全要素生产率。结果如表4－7所示。

表4－7　　　　绿色创新影响企业全要素生产率的机制检验结果

变量	缓解融资约束（SA）			降低非效率投资（Abinvest）		
	（1）	（2）	（3）	（4）	（5）	（6）
GI	−0.026 *** （−5.319）			−0.001 *** （−3.391）		
GI_In		−0.034 *** （−5.358）			−0.002 *** （−2.840）	
GI_Ut			−0.032 *** （−5.046）			−0.002 *** （−2.940）
控制变量	Yes	Yes	Yes	Yes	Yes	Yes
Year	Yes	Yes	Yes	Yes	Yes	Yes
Ind	Yes	Yes	Yes	Yes	Yes	Yes
观测值	37453	37453	37453	33522	33522	33522
Adjust_R^2	0.418	0.419	0.417	0.126	0.126	0.126

注：***、**、*分别表示在1%、5%、10%水平上显著；（）内为T值。

（一）缓解融资约束

表 4 - 7 中列（1）至列（3）反映了缓解融资约束的回归结果。其中因变量为融资约束。借鉴哈德洛克和皮尔斯（Hadlock and Pierce，2010）的研究，使用企业规模（Size）和企业年龄（Age）两个随时间变化不大的变量构成 SA 指数：$SA = 0.737 \times Size^2 - 0.040 \times Age$，然后对 SA 指数取绝对值来表示融资约束（SA），该值越大，则企业面临的融资约束越强。结果显示，绿色创新各维度与融资约束显著负相关，这一结果表明，企业进行绿色创新之后，会缓解企业面临的融资约束，增强企业借款等的能力，能够将更多的资金投入生产活动中，进而提高其全要素生产率。

（二）降低非效率投资

借鉴陈效东等（2016）、李甜甜和李金甜（2023）的研究，构建投资效率模型，分年份对模型进行 OLS 回归求得残差，将残差的绝对值设置为非效率投资程度的代理变量（Abinvest），该值越大，表明非效率投资程度越高。回归结果如表 4 - 7 中列（4）至列（6）所示，GI、GI_In 和 GI_Ut 对 Abinvest 的回归系数均在 1% 的置信水平下显著为负。这表明绿色创新能够降低非效率投资，提高资源的配置效率，进而提高其全要素生产率。

五、异质性分析

（一）股权集中度异质性分析

当企业股权集中度较高时，控股股东可以利用手中控制权通过关联交易及其他方式进行公司资金转移或者滥用，导致资源配置不充分（李飞等，2021；李志斌，2013），不能让资金流向高能效和高资源配置的投资项目；

股权集中度较高，使得管理层容易因创新投资风险高而减弱创新投资，甚至放弃创新（张栓兴等，2017）；股权集中度较高，也容易造成小股东的"搭便车"，不愿意为企业付出太多的成本，失去监督研发活动的热情与动力，从而削弱企业绿色创新投资的动机与效率（姬新龙、董木兰，2023）。因此企业绿色创新对企业全要素生产率的促进效应会因股权集中而削弱。

本章使用前五大股东持股比例（*TOP5* = 前五大股东持股数量/总股数）衡量股权集中度。企业绿色创新影响全要素生产率的股权集中度异质性分析结果如表4－8的列（1）至列（3）所示。结果发现，绿色创新水平和绿色创新数量与股权集中度（*TOP5*）的交乘项系数显著为负。这表明股权集中度在绿色创新水平、绿色创新数量与企业全要素生产率之间具有负向调节作用。但绿色创新质量对全要素生产率的促进作用不受股权集中度的影响。

表4－8　　　　企业绿色创新影响全要素生产率的异质性分析结果

变量	（1）	（2）	（3）	（4）	（5）	（6）
$GI \times TOP5$	-0.314 ** （-2.300）					
$GI\_In \times TOP5$		-0.250 （-1.481）				
$GI\_Ut \times TOP5$			-0.399 ** （-2.241）			
$GI \times INST$				0.134 ** （1.970）		
$GI\_In \times INST$					0.216 ** （2.544）	
$GI\_Ut \times INST$						0.164 * （1.784）
控制变量	Yes	Yes	Yes	Yes	Yes	Yes

变量	（1）	（2）	（3）	（4）	（5）	（6）
Year	Yes	Yes	Yes	Yes	Yes	Yes
Ind	Yes	Yes	Yes	Yes	Yes	Yes
样本量	37453	37453	37453	37448	37448	37448
Adjust_R^2	0.405	0.404	0.395	0.418	0.417	0.410

注：***、**、*分别表示在1%、5%、10%水平上显著；（）内为T值。

（二）机构投资者持股水平异质性分析

机构投资者因其专业能力，可以有效参与公司决策，发挥监督和治理职能，从而改善公司治理（陈晓珊、刘洪铎，2019），并吸引外部中小投资者的关注和投资，降低融资成本并缓解融资约束，从而改善财务状况，使企业有资源按最佳方式展开经营活动，从而促进全要素生产率的提升。

借鉴周方召、潘婉颖和付辉（2020）的方法，按照证券投资基金持股比例、QFII持股比例、券商持股比例、保险基金持股比例、社保基金持股比例和信托持股比例相加求和计算得到机构投资者持股比例（*INST*）。异质性分析的回归结果如表4-8中列（4）至列（6）所示。结果表明，绿色创新水平、质量和数量与机构投资者持股比例的交乘项的系数均显著为正，机构投资者持股比例正向调节了企业绿色创新水平、绿色创新质量和绿色创新数量对其全要素生产率的促进作用。

六、进一步研究

企业高质量发展的另一重要表现为发展的可持续性。绿色创新对经济、生态保护和社会责任有重要影响（Tang，Yue and Ma，2022；Liu et al.，

2022），既具有提高企业生产效率和竞争力的经济特性，又具有环境保护的社会特性，是摆脱经济困难、应对环境危机和推进创新驱动型国家建设的中坚力量（刘海曼、龙建成、申尊焕，2023），有助于环境、经济和社会责任三重底线的可持续发展。因此，本章进一步将经济、环境和社会可持续发展能力纳入绿色创新的回归模型，检验绿色创新对企业高质量发展的影响。具体地，借鉴杨旭东、彭晨宸和姚爱琳（2018）、徐怀宁和董必荣（2023）的相关研究，按照范霍恩（Van Horne）可持续发展模型构建企业经济可持续发展指标（*EconGrow*），如公式（4－4）所示；借鉴李颖、吴彦辰和田祥宇（2023）使用华证公司发布的 ESG 中 E 得分作为环境可持续发展指标（*EnvirGrow*）；借鉴陈丽蓉、韩彬和杨兴龙（2015），以上交所在 2008 年发布的《关于加强上市公司社会责任承担工作的通知》中关于每股社会贡献值，作为企业社会可持续发展指标（*SocGrow*），如公式（4－5）所示。在回归中，分别选取了已有文献中已经证实影响经济和环境可持续发展能力的变量作为控制变量，包括：营业收入增长率、董事人数、上市年限、资产收益率、两职合一、股权制衡度、独立董事比例、第一大股东持股比例；影响社会可持续发展能力的控制变量，包括：资产负债率、营业收入增长率、资产周转率、应收账款占比、独立董事比例、成立年限、无形资产比重、总资产与营业收入比值。回归结果如表4－9所示。

$$经济可持续发展能力 = 销售净利率 \times 收益留存率 \times (1 + 产权比率)$$
$$/[1/总资产周转率 - 销售净利率 \times 收益留存率$$
$$\times (1 + 产权比率)] \qquad (4-4)$$

$$每股社会贡献值 = (净利润 + 所得税费用 + 税金及附加 + 财务费用$$
$$+ 应付职工薪酬年末数 - 应付职工薪酬年初数$$
$$+ 支付给职工以及为职工支付的现金 + 公益性捐赠)$$
$$/年末总股数 \qquad (4-5)$$

表 4 - 9   绿色创新与企业可持续发展能力回归结果

变量	(1)	(3)	(5)
	EconGrow	*EnvirGrow*	*SocGrow*
GI	0.004 *** (5.002)	1.660 *** (14.462)	0.181 *** (6.995)
控制变量	Yes	Yes	Yes
Year	Yes	Yes	Yes
Ind	Yes	Yes	Yes
观测值	32865	27697	32790
Adjust_R^2	0.584	0.168	0.219

注：*** 、** 、* 分别表示在 1%、5%、10% 水平上显著；( ) 内为 T 值。

表 4 - 9 中，绿色创新（*GI*）对企业经济、环境和社会可持续发展能力的回归系数均在 1% 置信水平上显著为正，表明绿色创新的提高不仅能提升企业全要素生产率，也能够提高企业经济、环境和社会的可持续发展能力。

第五节　本章小结

一、主要结论

党的二十大强调我们积极推动绿色发展，加快发展方式绿色化，也逐步建立了绿色低碳发展体系，推动了经济高质量可持续发展。但环境保护与经济收益共同发展历来被认为是两难问题（Porter and van der Linde，1995）。赢得环境社会责任"面子"的同时能赢得经济效应的"里子"才是驱动企业绿色创新的内在动力。因此本章首先检验绿色创新对企业发展的影响效应。

本章以 2008～2022 年中国 A 股上市公司为样本，探讨了绿色创新与企业全要素生产率之间的关系。研究发现，企业绿色创新显著提高了全要素生产率。机制分析表明，绿色创新主要通过缓解融资约束和降低非效率投资这两条路径来提高全要素生产率。异质性分析表明，股权集中度在绿色创新与企业全要素生产率之间起负向调节作用，而机构投资者持股比例在绿色创新与企业全要素生产率之间起正向调节作用。进一步的研究发现，绿色创新不仅能促进企业全要素生产率提升，也能显著提高企业经济、环境和社会可持续发展能力。

二、政策建议

新质生产力摒弃了损害生态环境的发展模式，而创新驱动是企业推进形成绿色生产力，促进高质量发展的重要支撑。然而，传统的观点普遍认为绿色创新需要更高的成本，具有高度不确定性，可能影响生产效率、降低利润，削弱企业竞争力。然而，本书的研究说明，企业绿色创新不仅有助于全要素生产率的提升，进而提高企业经济、环境和社会的可持续发展能力，促进企业长期可持续发展。持续推动企业进行绿色创新，不仅有助于国家"加快发展方式绿色转型""加快建设现代化经济体系，着力提高全要素生产率"的中国式现代化战略布局，也是企业提升自身核心竞争力、促进经济增长的重要引擎。企业应转变理念，充分认识到绿色创新的潜力，高度重视绿色创新在企业发展中的重要意义，积极主动地开展绿色创新战略，让绿色文化贯穿企业和战略、让绿色技术融入企业生产经营、让绿色成为产品价值的重要组成部分，以绿色口碑吸引投资者、以绿色形象赢得消费者，逐渐形成企业独特的、难以模仿和替代的绿色竞争优势。

第五章

绿色创新与供应链企业高质量发展

第一节　绿色创新的供应链效应分析

经济全球化和产业分工不断细化背景下，供应链上下游企业之间从传统买卖关系逐渐演化为新型合作伙伴关系，作为一个整体对外竞争（Kotabe，Martin and Domoto，2003；唐松、谢雪妍，2021），供应链系统因此突破传统的内部供应链管理边界，孕育出一种介于市场与企业之间的外部治理模式，横向一体化产业模式逐渐被供应链治理模式所取代。不同于以链内企业业务流程为起点采取措施从而实现链内企业经营目标的"供应链管理"（李维安等，2016），供应链治理通过关系约束、声誉保障、监控和审计、信息和资源共享等机制约束和协调上下游的竞合关系，抑制成员企业合作中的机会主义，从而成为介于市场与企业之间的第三种治理机制，提升供应链价值（Panigrahi and Rao，2018；Govindan，Mina and Alavi，2020；Quintana-García，Benavides-Chicón and Marchante-Lara，2021；李维安、李永健、石丹，2016；陈正林、王雪丽、汪苗，2019）。而在中国，关系网络在企业决策和行为中可能具有更突出的影响效应，中国市场供应商/客户关系型交易模式普遍存在（李增泉，2017），企业经营大多依赖其主要供应商、客户进行日常的采购与销售活动，企业也因此会激励主要供应商、客户进行大量的关系专用性投资（张勇，2019），这使得供应链上下游企业想要长远地发展，必须将相互关系从传统的利润争夺战转为可持续发展的合作共赢。"一荣俱荣，一损俱损"的供应链关系下，供应链治理与协同发展日益重要。

随着全球对生态环境的重视，供应链治理思想也应用于企业的低碳转型和绿色发展（Chaabane，Ramudhin and Paquet，2012；Micheli et al.，2020；李勇建等，2020）。

一、绿色创新的供应链协作

绿色创新需要供应链上下游的合作协同。绿色创新不仅具有普通创新活动的知识外溢正外部性，而且可以减少环境负外部性。这种双重外部性（Rennings，2000）导致绿色创新的社会收益高于私人收益，且其技术含量高、投资大、风险高、回报周期长，尤其是初始阶段难以获得市场青睐。因此，单一企业往往缺乏绿色创新的资源和动力，需要多组织的共同努力与价值共创。作为一种典型的协作模式，供应链协作是企业绿色创新的重要战略资源。其成员企业之间除了业务交易，还在信息、技术、资金、人员等方面存在多维的交流与合作（李维安、李永健、石丹，2016）。外部的环境规制、竞争压力和终端消费者需求，通过供应链传导内化为供应链成员企业绿色创新的激励和压力，并通过链内信息、技术、资源等协作实现绿色创新并共享收益；上下游企业之间的战略合作是企业低碳转型和绿色创新的关键，供应链上下游合作可以促进企业可持续发展（Wang et al.，2020；Peng et al.，2020）。

基于供应商企业视角，商业化成功才是真正的创新成功（Teece，1986；Hall and Clark，2003）。市场和下游客户的需求，是企业绿色创新的一个重要推动因素（Kesidou and Demirel，2012；Chen，Cheng and Dai，2017），甚至可能是最重要的驱动因素（Hojnik and Ruzzier，2016），使绿色创新更加活跃（Triguero，Moreno-Mondéjar and Davia，2013；Lin et al.，2014；李巧华、明凤、潘明清，2015）。客户环保导向被认为能积极地推动企业的环保创新（Hojnik and Ruzzier，2016；焦俊、李垣，2011；侯艳辉等，2021）；而客户提供的专有信息和资源将会弱化企业技术创新面临的风险，助力企业更有针对性地进行产品创新（孟庆玺、白俊、施文，2018），或进行绿色合作（Joshi and Sharma，2004；Chen and Wan，2014；Zhao，Feng and Shi，2018）。

基于客户企业视角，企业与供应商良好合作，也可以提升企业环保投资，有效促进企业环保技术创新（Geffen and Rothenberg，2000）。供应商可以提供绿色创新所需要的新知识和技术（Dangelico，2016；侯艳辉等，2021）；供应商可以更为直接地提供绿色创新所需要的创新环保材料（Dai，Cantor and Montabon，2015；Dangelico，2016；魏洁云等，2020），从源头上满足企业绿色发展的需求；供应商也可以直接与制造商合作进行绿色创新（Chen and Wan，2014；王丽杰、郑艳丽，2014）。

二、企业行为的供应链溢出效应

溢出效应是指一个组织某项活动的效果会传播到其他组织、人或社会（Durnev and Mangen，2020）。供应链上的客户和供应商通常有着明晰的契约关系，两者之间为"一荣俱荣，一损俱损"的利益共同体。密切的"客户–供应商"关系是资本市场信息传播的重要渠道，供应链成员企业行为和信息都会沿供应链扩散，快速传染其上下游企业，并对整个供应链系统产生影响。

基于供应商企业视角，伴随着供应链上下游关系的日益密切，客户对供应商企业而言，可能发挥供应链整合、外部治理等正向积极效应（Itzkowitz，2013），主要客户经营发展情况逐渐成为了影响供应商企业进行经营决策的重要维度（底璐璐等，2020）。研究表明，客户可以通过优化企业的资本配置效率对供应商全要素生产率产生正向溢出效应（鲍群等，2023）；针对供应商的产业政策可以对下游企业创新产生积极影响（白茜等，2023）；客户数字化转型可以显著提高供应商创新水平（杨金玉、彭秋萍、葛震霆，2022）；供应链下游企业为了提高企业生产率所采取的创新行为可以提高供应商企业创新水平和生产率（焦小静，2021）；客户企业社会责任能促进供应商企业的社会责任实践（Dai，Liang and Ng，2021）；客户企业持股金融机构可以缓解主要供应商的融资约束（唐松、谢雪妍，2021）；客户年报信息高质量披露可以削弱供应商存货与客户供需波动的偏离度（杨志强、唐松、李增泉，2020）；客户盈余公告对供应商股价具有纵向的溢出效应（魏明海、衣昭颖、李晶晶，2018），客户超出预期的盈余公告，会增加供应商企业的自愿性信息披露（Cho，Kim and Zang，2020）；客户稳定的业绩预告则促进供应商增加投资（Nelson，2018）。

但客户和供应商之间也可能因"近墨者黑"而存在负向消极效应。研究发现，核心客户的财务困境和财务风险会传染到其供应商企业（Lian，2017；徐晓燕、孙燕红，2008；孙雅妮，2023），导致供应商资金流短缺（许江波、卿小权，2019）；供应商可以采取公司治理提升策略和信息披露质量改善等策略应对风险传染（孙雅妮，2023）；主要客户陷入困境或者进行破产申请会影响供应商股价（Hertzel et al.，2008），导致供应商贷款成本增加（Houston，Li and Zhu，2016），甚至引发供应商破产风险（Jacobson and Schedvin，2015）。此外，股价崩盘风险（彭旋、王雄元，2018）、企业经营状况不佳（王雄元、高曦，2017）、大客户盈余管理（殷枫、贾竞岳，2017）、客户股权质押（张静、付玉梅，2022）或出现其他负面事件（Nunes，2018）均会向供应商溢出，影响供应商决策、股价与业绩。

基于客户企业视角看，大量研究关注了下游客户对上游供应商的影响，却忽略了供应链供给端信息"自上而下"传递时可能发挥的功效（杨雨馨、廖义刚，2022）。在现实经济中，供应商企业通过影响原材料供给与定价，决定着客户企业的经营绩效（Lee，Padmanabhan and Whang，1997）。

同时，商业信贷是中国企业获取外部融资的重要来源（曾艺、周小昶、冯晨，2023）。而且从中国纵向产业组织特征来看，往往产业链上游厂商数量较少，而下游厂商数量较多、产能分散（郭树龙、葛健、刘玉斌，2019），供应商行为必然对下游客户产生影响。蔡宏波、汤城建和韩金镕（2023）的研究发现，减税激励对企业的积极效应会沿着供应链向下传导和外溢，但不具有向上传导的效应；刘胜、温锡峰和陈秀英（2023）的研究发现，供应商数字化转型通过增强客户的开发性创新能力和降低成本费用促进了客户生产效率提升；唐松和谢雪妍（2021）的研究发现，企业持股金融机构可以通过减少客户抵押贷款比率，缓解其主要客户的融资约束。在负面溢出效应方面的研究发现：供应商企业未能遵守社会和环境标准，买方客户的声誉就会受损（Dhingra and Krishnan，2021）；供应商的环境管理问题和社会丑闻会增加客户的声誉风险，并导致股价下跌（Kalkanci and Plambeck，2020；Dai，Liang and Ng，2021）。

在碳达峰、碳中和的政策背景下，绿色经济日益成为经济发展的主流，现有研究大量关注企业绿色创新对其自身的效应，本书上一章也验证绿色创新对企业自身的高质量可持续发展具有显著的促进作用，但现有研究忽略了企业进行绿色创新这一行为可能带来的外部溢出效应。本章将进一步验证绿色创新对其供应链上下游企业发展的影响，并试图回答以下问题：企业进行绿色创新对其供应链上下游企业全要素生产率是否产生影响？如果是，企业绿色创新影响其上下游企业的作用机制是什么？客户对供应商和供应商对客户的作用机制是否有所不同？供应商和客户的关系稳定性、经济依存度和市场地位不同是否会对这种影响产生不同的效应？

第二节　绿色创新能促进供应链上下游企业高质量发展吗？

经济网络中的企业并非孤立运营，存在经济关联的其他企业经营情况发生变化时，企业会受到直接的影响。而供应链上的客户与供应商更是互为重要的利益相关者，它们不仅仅是合作伙伴，更是信息链、风险链、利益链（李宛、陈良华、迟颖颖，2023），基于物流、信息流、资金流组成了纵向价值创造链（鲍群等，2023）。供应链上下游企业之间这种密切的关联，使得供应链某个环节的收益和风险，都会通过供应链渠道传导和放大（Hertzel et al.，2008）。任何一个节点绩效的改善或损失产生都会为其供应商和客户带来机遇或风险（卞泽阳、李志远、徐铭遥，2021；曾艺、周小昶、冯晨，2023）。而处于转型经济中的中国企业，大多选择基于关系网络上，依赖少数几个主要供应商、客户进行采销活动的供应商/客户关系型交易模式（方红星、张勇，2016；李增泉，2017），这种沿着供应链扩散和蔓延的溢出效应更值得关注。

企业创新在资源获取和外部支持上均与供应链上的合作伙伴密切相关（Li，Xia and Zajac，2018），绿色创新技术含量高、投资大、风险高、回报周期长，单一企业往往缺乏绿色创新的资源和动力，更需要供应链上多组织的共同努力与价值共创，并通过绿色创新供应链上的支持、协作和溢出，继而促进供应链上下游企业的高质量发展。

一、技术溢出视角

企业绿色创新具有供应链的技术和知识溢出效应，促进供应链上下游企业的高质量发展。

首先，企业创新能力的提升，需要供应链上不同环节的良好合作和支持活动，从而推动供应商/客户企业提高研发投入和创新能力。研究发现，为了满足客户企业的创新需求，供应商企业需要打破路径依赖，从而提升创新能力（杨金玉、彭秋萍、葛震霆，2022）；而供应商网络给下游企业创造了接触外部创新知识的机会，新思路、新实践和新模式等创新信息得到快速传播，从而为下游企业创新能力提升提供了可能（Gao，Xie and Zhou，

2015）。因此，企业的绿色创新，将有助于促进供应链上下游企业的技术创新动力和能力提升。

其次，协同创新已经成为供应链企业应对日趋激烈的行业竞争的新选择。创新需要异质性资源，但任何企业所掌握的创新资源是有限的，需要交换来获取创新所需资源。供应链关系中的上下游企业往往拥有互补的资源和优势，而投入品到最终品的技术需要逐层对接（焦小静，2021），因此上下游企业具有天然的研发和创新合作的优势和动机。研究发现，客户进行创新后，通过知识溢出、关系互动和网络信任等途径帮助供应商企业打破路径依赖，从而不断提升上游供应商创新能力（Isaksson，Simeth and Seifert，2016；杨金玉、彭秋萍、葛震霆，2022）。另外，供应商也可能参与下游企业的新产品开发，这种参与对下游企业创新起到了强有力的推动作用（白茜等，2023）。绿色创新技术含量高、投资大、风险高、回报周期长，往往更需要供应链上的共同努力和研发合作，以实现资源要素互补和研发风险共担，形成技术关联（Leitner，2005），创造并共享技术和知识。供应链企业绿色创新合作可以促进上下游企业绿色创新能力和效率的提升。

最后，基于合作和信任的供应链企业之间互动学习，高频率、高质量面对面地交流，拓宽了企业知识和信息获取的途径，提高了企业知识和信息搜寻效率，企业的绿色创新所创造的技术和知识可以沿着供应链溢出。研究发现，供应商可以将从客户企业学习到的技术和经验运用到自己的生产中（Liker and Choi，2004），促进供应商的生产效率（Javorick，2004；Serpa and Krishnan，2018），提升供应商创新水平（焦小静，2021）。而客户与供应商的交流可以使客户企业获取大量的隐性知识，模仿供应商的创新思路，汲取成功经验和失败教训（Gao，Xie and Zhou，2015），提高创新成功概率（Johnsen et al.，2006），并共同提升整个供应链竞争力。

综合而言，供应链网络给上下游企业创造了接触与创造新技术和知识的动力、能力和效率，企业的绿色创新及其所创造新技术和新知识具有供应链的溢出效应，并促进供应链企业绿色创新能力和水平的提升，促进供应链企业高质量发展。

二、资金溢出视角

企业绿色创新具有供应链的资金溢出效应，可以缓解供应链企业融资约束，降低供应链企业财务风险，促进供应链上下游企业的高质量发展。

首先，由于信息不对称的存在，企业和各利益相关者之间存在一定的认知偏差。供应链是企业间风险和收益溢出的重要渠道，为投资者、债权人、分析师以及银行等第三方补充传递了关于企业财务和非财务信息（Pandit, Wasley and Zach, 2011；彭旋、王雄元，2018），进而影响其决策（鲍群、毛亚男，2020）。研究发现，大客户具有信息中介作用，能够帮助银行有效筛选和监控借款人；良好的"供应商–客户"关系有助于获得更多银行贷款（王迪、刘祖基、赵泽朋，2016）。企业的供应商/客户的经营业绩和声誉，会形成银行等利益相关者对企业未来业绩稳定的预期，并因此做出决策。企业绿色创新也是企业向资本市场和监管部门传递经营信息的重要信号，有助于缓解企业与各利益相关者之间的信息不对称。正如本书第四章所验证，绿色创新有利于改善企业的经营状况、促进高质量发展，并因此向市场传递企业产品的市场需求和未来发展潜力的积极的信号，向外界传递出企业绿色环保的良好形象，改善企业与利益相关者的良好互动。这不仅有助于帮助企业自身获取资本、市场、环境、资源等要素，这种积极良好的信号，会沿着供应链溢出，向市场利益相关者传递供应链企业的积极信号，获得资本市场的信赖，从而有利于供应链上企业获取更多的关键性资源，帮助供应链上企业增加市场份额，降低企业的权益资本成本和债务成本，缓解供应链企业融资约束，降低财务风险，促进供应商企业可持续高质量发展。

其次，基于客户企业视角，供应商是企业进行产品开发和产品改进的重要信息来源，与供应商良好合作，不仅意味着稳定的高品质的原材料来源，也可以增强企业运作弹性，提高企业市场适应性，降低企业经营风险（Nieto and Santamaría，2007）。同时，中国供应链企业关系型交易主导的交易模式，使得商业信用这一融资渠道在客户企业融资过程中发挥了重要作用（白茜等，2023），供应商为避免失去大客户、巩固市场地位，有动机向重要大客户提供大额、持续性的商业信用（Fisman and Raturi，2004；余明桂、潘红波，2010；白茜等，2023；蔡宏波、汤城建、韩金镕，2023；曾艺、周小昶、冯晨，2023）。当然这种商业信用的提供，上游企业必然结合自身财务状况。供应链企业绿色创新，有助于促进企业可持续高质量发展，也为其向下游客户企业提供流动性资金支持奠定了基础。

最后，下游客户作为上游供应商绩效的重要源泉，其经营绩效必然影响供应商的生存与发展（Pandit，Wasley and Zach，2011；李瑶琴，2022）。下游客户企业的绿色创新，在提升自身财务绩效的基础上，也因此成为供应商未来发展前景的关键所在。同时，作为商业信用的接受方，下游企业应付账款周转速度取决于自身经营状况和资金充裕度（曾艺、周小昶、冯晨，2023），下游企业基于绿色创新的良性发展，也有助于商业信用的良性流转，缓解供应商企业的融资约束。

综合而言，供应链上下游企业的绿色创新，不仅有助于塑造企业自身和供应链合作者的良好形象，获取外部资金支持，也有助于供应链上下游企业的良性发展与资金流转，缓解融资约束，降低财务风险，促进供应链企业高质量发展。

三、绿色创新能促进供应链上下游企业高质量发展：假设提出

正如前文分析，绿色创新有助于促进企业高质量可持续发展，促进经营状况和盈余表现。研究表明，经营状况越好，越有利于供应链企业之间

形成较为稳定、密切的关系（Kim，Song and Zhang，2015；彭旋、王雄元，2018），企业之间的信息交流和共享程度越高，越有利于供应链上下游企业的高质量发展。

首先，在密切的供应链关系下，企业的绿色创新，可能促使企业上下游加大研发投入或与企业展开绿色创新合作，或通过企业员工尤其是研发人员之间的交流与分享，促进技术和知识在供应链上的溢出，提升供应链企业的创新动机、能力、水平与效率，并促进供应链企业高质量发展。

其次，绿色创新作为实现企业可持续发展目标的重要途径，其重要性与日俱增。不仅有助于企业自身发展，帮助企业自身获取资本、市场、环境、资源等要素，缓解企业经营风险；使得企业有动机有能力为上下游企业提供绿色创新所需要的互补资源；同时企业这种积极良好发展的信号，会沿着供应链溢出，向投资者、债权人、消费者市场利益相关者传递供应链企业的积极信号，获得资本市场的信赖，从而有利于供应链上企业获取更多的关键性资源，缓解融资约束，降低财务风险，促进供应链企业高质量发展。

综合而言，企业的绿色创新还可能会通过供应链技术溢出和资金溢出对上游供应商/下游客户全要素生产率产生积极影响。由此本章提出如下假设：

H5 - 1：客户企业绿色创新对上游供应商企业的全要素生产率有显著的正向影响。

H5 - 2：供应商企业绿色创新对下游客户企业的全要素生产率有显著的正向影响。

图 5 - 1 为整合了上述假设和后续进一步分析的理论框架，据以验证企业绿色创新对上下游企业高质量发展的作用路径和异质性分析。

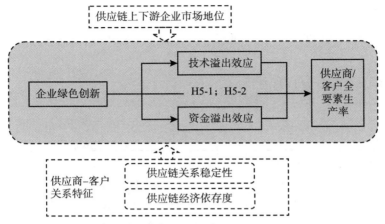

图 5 - 1　绿色创新影响供应链企业高质量发展的研究框架

第三节　研究样本变量设计

一、研究样本

本书选取 2012~2022 年沪深两市全部 A 股上市公司所披露的前五大供应商和客户，并针对初始样本，按照如下标准进行筛选：第一，剔除非上市的供应商和客户样本；第二，剔除金融类公司；第三，剔除 ST、*ST、PT 的公司；第四，剔除主要数据缺失的样本。此外，为避免互为供应商和客户样本对因果关系的干扰，剔除了互相为供应商和客户的样本；同时，为避免极端值对回归结果的影响，对连续变量在 1% 和 99% 分位上进行缩尾（winsorize）处理。其中企业绿色创新的数据来自中国国家知识产权局（CNIPA），ESG 的数据来自华证数据库，其他数据来自万得数据库（Wind）和国泰安数据库（CSMAR）。

二、变量设计

本章主要研究变量及其定义，如表 5 - 1 所示。

表 5 - 1 　　　　　　　　　　　　　**主要变量定义**

变量名称	变量符号	度量方式
全要素生产率	*TFP_FE*	全要素生产率，采用 FE 法测算
绿色创新	*GI*	ln（绿色发明专利和绿色实用新型专利独立申请数量 + 1）
绿色创新质量	*GI_In*	ln（绿色发明专利独立申请数量 + 1）
绿色创新数量	*GI_Ut*	ln（绿色实用新型专利独立申请数量 + 1）
营业收入增长率	*Growth*	当年营业收入/上年营业收入 - 1
流动资产比率	*Liquid*	流动资产/总资产
上市年限	*LitAge*	ln（当年年份 - 上市年份 + 1）
产权性质	*SOE*	国有企业取 1，非国有企业取 0
董事人数	*Board*	董事会人数取自然对数
独立董事比例	*Indep*	独立董事人数/董事人数
两职合一	*Dual*	董事长与总经理是同一个人为 1，否则为 0
股权制衡度	*Balance*1	第二大股东持股比例/第一大股东持股比例

（一）因变量

全要素生产率（*TFP*），其计量方法同第四章。

（二）自变量

企业绿色创新水平（*GI*）、绿色创新质量（*GI_In*）、绿色创新数量（*GI_Ut*）。

（三）控制变量

参考现有相关研究，本部分控制了其他对全要素生产率可能产生影响的变量。

三、模型构建

为了研究企业绿色创新是否有助于提高其主要供应商和客户的全要素生产率，本章构建如下模型进行回归分析：

$$TFP\_FE_{i,t} = \alpha_0 + \beta_1 GI_{i,t} + \beta_i \sum Controls_{i,t} + Year + Ind + \varepsilon_{i,t} \quad (5-1)$$

其中，$TFP\_FE_{i,t}$为本书的被解释变量，表示供应商或客户企业 i 在 t 年的全要素生产率，$TFP\_FE_{i,t}$值越大，则表明其全要素生产率越高。在模型中，本章还控制了行业和年份固定效应（Ind 和 $Year$）。

第四节　实证研究与结果

一、描述性统计

客户企业绿色创新影响供应商全要素生产率模型的主要变量描述性统计如表 5-2 所示；供应商企业绿色创新影响客户企业全要素生产率模型的主要变量描述性统计如表 5-3 所示。

表 5-2　　客户企业绿色创新影响供应商全要素生产率的描述性统计

变量	观测值	均值	标准差	最小值	中位数	最大值
TFP_FE	1027	12.728	1.458	9.637	12.660	15.472
GI	1027	0.272	0.653	0.000	0.000	3.091
GI_In	1027	0.170	0.496	0.000	0.000	2.639
GI_Ut	1027	0.158	0.448	0.000	0.000	2.303

续表

变量	观测值	均值	标准差	最小值	中位数	最大值
Growth	1027	0.152	0.303	−0.344	0.105	1.591
Liquid	1027	0.533	0.205	0.140	0.528	0.908
LitAge	1027	2.398	0.680	0.693	2.565	3.332
SOE	1027	0.540	0.499	0.000	1.000	1.000
Board	1027	2.211	0.223	1.609	2.197	2.833
Indep	1027	0.375	0.052	0.333	0.364	0.571
Dual	1027	0.245	0.431	0.000	0.000	1.000
*Balance*1	1027	0.331	0.294	0.007	0.241	0.996

表 5 – 3   供应商企业绿色创新影响客户全要素生产率的描述性统计

变量	观测值	均值	标准差	最小值	中位数	最大值
TFP_FE	1382	13.230	1.492	9.906	13.367	15.501
GI	1382	0.228	0.584	0.000	0.000	3.135
GI_In	1382	0.143	0.446	0.000	0.000	2.639
GI_Ut	1382	0.136	0.412	0.000	0.000	2.303
Growth	1382	0.129	0.283	−0.366	0.095	1.591
Liquid	1382	0.551	0.227	0.081	0.561	0.945
LitAge	1382	2.425	0.696	0.693	2.639	3.332
SOE	1382	0.586	0.493	0.000	1.000	1.000
Board	1382	2.216	0.211	1.792	2.197	2.708
Indep	1382	0.382	0.058	0.333	0.364	0.571
Dual	1382	0.183	0.387	0.000	0.000	1.000
*Balance*1	1382	0.340	0.282	0.005	0.268	0.993

根据表 5 – 2，全要素生产率（*TFP_FE*）的最大值和最小值分别是 15.472 和 9.637，相差较大，而且标准差为 1.458。对于上市公司对应的前五大上市供应商而言，全要素生产率差异较大。而根据表 5 – 3，全要素

生产率（*TFP_FE*）的最大值和最小值分别是 15.501 和 9.906，相差较大。对于上市公司对应的前五大上市客户而言，全要素生产率差异较大。此外，根据表5-2和表5-3，不同企业的绿色创新存在明显差异，且有两极分化的趋势。

二、回归结果分析

（一）客户企业绿色创新影响供应商全要素生产率的回归分析

表5-4反映了客户企业绿色创新与供应商全要素生产率的基本回归结果。

表5-4　客户企业绿色创新与供应商全要素生产率基本回归结果

变量	全要素生产率（*TFP_FE*）					
	（1）	（2）	（3）	（4）	（5）	（6）
GI	0.166 *** (2.591)	0.143 *** (2.645)				
GI_In			0.173 ** (1.967)	0.161 ** (2.242)		
GI_Ut					0.237 *** (2.639)	0.206 *** (2.610)
Growth		0.598 *** (4.751)		0.591 *** (4.697)		0.601 *** (4.784)
Liquid		-0.636 *** (-2.729)		-0.638 *** (-2.738)		-0.635 *** (-2.725)
LitAge		0.511 *** (8.668)		0.512 *** (8.699)		0.512 *** (8.687)
SOE		0.445 *** (5.114)		0.451 *** (5.189)		0.442 *** (5.072)

续表

变量	全要素生产率（TFP_FE）					
	（1）	（2）	（3）	（4）	（5）	（6）
Board		1.402 *** (7.909)		1.403 *** (7.910)		1.404 *** (7.917)
Indep		3.394 *** (5.213)		3.377 *** (5.178)		3.382 *** (5.216)
Dual		0.189 ** (2.251)		0.192 ** (2.289)		0.188 ** (2.237)
*Balance*1		−0.072 (−0.561)		−0.061 (−0.474)		−0.071 (−0.553)
常数项	12.691 *** (347.277)	7.088 *** (12.422)	12.707 *** (361.114)	7.092 *** (12.395)	12.699 *** (357.100)	7.090 *** (12.450)
Year	Yes	Yes	Yes	Yes	Yes	Yes
Ind	Yes	Yes	Yes	Yes	Yes	Yes
观测值	1022	1022	1022	1022	1022	1022
Adjust_R^2	0.474	0.598	0.472	0.597	0.474	0.598

注：***、**、*分别表示在1%、5%、10%水平上显著；（）内为 T 值。

根据表 5-4，无论是否加入控制变量，客户企业绿色创新的回归系数均显著大于 0。其中，列（1）、列（3）、列（5）为单变量回归结果，可以发现客户企业绿色创新（*GI*）、绿色创新质量（*GI_In*）和绿色创新数量（*GI_Ut*）的回归系数分别通过了 1%、5% 和 1% 水平的显著性检验。列（2）、列（4）、列（6）则是添加控制变量后的回归结果，可以发现，客户企业绿色创新（*GI*）与上游供应商的全要素生产率的正向关系仍然没有发生改变，并且通过了 1% 水平的显著性检验，验证了本章假设 5-1；而区分绿色创新质量（*GI_In*）和绿色创新数量（*GI_Ut*）的回归系数分别通过了 5% 和 1% 水平的显著性检验。综合而言，客户企业进行绿色创新会通过供应链影响到上游供应商，最终促进上游供应商全要素生产率的提高，其中企业绿色创新的数量对上游的供应商全要素生产率的促进作用强于客户企业绿色创新的质量。

（二）供应商企业绿色创新影响客户全要素生产率的回归分析

表 5 – 5 反映了供应商企业绿色创新与客户全要素生产率的基本回归结果。

表 5 – 5　　供应商企业绿色创新影响客户全要素生产率的回归分析

变量	全要素生产率（TFP_FE）					
	（1）	（2）	（3）	（4）	（5）	（6）
GI	0. 172 *** (3. 258)	0. 112 ** (2. 317)				
GI_In			0. 211 *** (3. 215)	0. 135 ** (2. 179)		
GI_Ut					0. 210 *** (2. 698)	0. 146 ** (2. 160)
Growth		0. 412 *** (3. 555)		0. 411 *** (3. 547)		0. 413 *** (3. 554)
Liquid		0. 310 (1. 384)		0. 311 (1. 387)		0. 323 (1. 443)
LitAge		0. 335 *** (6. 236)		0. 338 *** (6. 308)		0. 336 *** (6. 239)
SOE		0. 473 *** (6. 158)		0. 474 *** (6. 164)		0. 475 *** (6. 185)
Board		1. 127 *** (7. 030)		1. 124 *** (7. 006)		1. 133 *** (7. 057)
Indep		3. 543 *** (6. 064)		3. 501 *** (6. 004)		3. 564 *** (6. 103)

续表

变量	全要素生产率（TFP_FE）					
	（1）	（2）	（3）	（4）	（5）	（6）
Dual		0.256 *** （2.634）		0.258 *** （2.650）		0.255 *** （2.628）
Balance1		0.735 *** （6.113）		0.739 *** （6.143）		0.737 *** （6.129）
常数项	13.203 *** （429.428）	7.751 *** （13.658）	13.212 *** （439.971）	7.773 *** （13.705）	13.213 *** （442.688）	7.725 *** （13.609）
Year	Yes	Yes	Yes	Yes	Yes	Yes
Ind	Yes	Yes	Yes	Yes	Yes	Yes
观测值	1374	1374	1374	1374	1374	1374
Adjust_R^2	0.504	0.579	0.504	0.578	0.503	0.578

注：*** 、** 、* 分别表示在1%、5%、10%水平上显著；（）内为T值。

根据表5-5，无论是否加入控制变量，供应商企业绿色创新的回归系数均显著大于0。其中，列（1）、列（3）、列（5）为单变量回归结果，可以发现供应商企业绿色创新（GI）、绿色创新质量（GI_In）和绿色创新数量（GI_Ut）的回归系数均通过了1%的显著性检验。列（2）、列（4）、列（6）则是添加控制变量后的回归结果，可以发现，供应商企业绿色创新（GI）、绿色创新质量（GI_In）和绿色创新数量（GI_Ut）与下游客户的全要素生产率的正向关系仍然没有发生改变，并且均通过了5%水平的显著性检验，验证了本章假设5-2。综合而言，供应商企业进行绿色创新会通过供应链影响到下游客户，最终促进下游客户全要素生产率的提高。

三、稳健性检验

（一）替换自变量

以企业独立获得的专利数替代独立申请的专利数来重新计量自变量。

其中绿色创新水平使用企业独立获得的绿色专利数量加 1 后取自然对数量来衡量，绿色创新质量用企业独立获得的发明型绿色专利数量加 1 后取自然对数来衡量，绿色创新数量用企业独立获得的实用新型绿色专利数量加 1 后取自然对数衡量。回归结果如表 5 - 6 所示，列（1）和列（4）的回归系数分别在 1% 和 5% 水平上显著为正。替换自变量绿色创新的度量指标后，本章的研究结论依然成立。

表 5 - 6　　　　　　　　　　替换企业绿色创新指标的回归结果

变量	客户企业绿色创新的影响效应			供应商企业绿色创新的影响效应		
	（1）	（2）	（3）	（4）	（5）	（6）
	TFP_FE	*TFP_FE*	*TFP_FE*	*TFP_FE*	*TFP_FE*	*TFP_FE*
GI	0.167 *** (2.625)			0.142 ** (2.527)		
GI_In		0.248 ** (2.210)			0.227 ** (2.333)	
GI_Ut			0.180 ** (2.328)			0.153 ** (2.299)
控制变量	Yes	Yes	Yes	Yes	Yes	Yes
Year	Yes	Yes	Yes	Yes	Yes	Yes
Ind	Yes	Yes	Yes	Yes	Yes	Yes
观测值	1022	1022	1022	1374	1374	1374
Adjust_R^2	0.598	0.596	0.598	0.579	0.578	0.579

注：***、**、* 分别表示在 1%、5%、10% 水平上显著；（）内为 T 值。

（二）替换因变量

使用 OLS 法对全要素生产率进行重新度量并进行检验。回归结果如表 5 - 7 所示，替换因变量全要素生产率的度量方法后，本章的研究结论依然成立。

表 5 – 7   替换全要素生产率指标的回归结果

变量	客户企业绿色创新的影响效应			供应商企业绿色创新的影响效应		
	(1)	(2)	(3)	(4)	(5)	(6)
	TFP_OLS	TFP_OLS	TFP_OLS	TFP_OLS	TFP_OLS	TFP_OLS
GI	0.132 *** (2.592)			0.103 ** (2.279)		
GI_In		0.148 ** (2.181)			0.125 ** (2.163)	
GI_Ut			0.190 ** (2.563)			0.132 ** (2.094)
控制变量	Yes	Yes	Yes	Yes	Yes	Yes
Year	Yes	Yes	Yes	Yes	Yes	Yes
Ind	Yes	Yes	Yes	Yes	Yes	Yes
样本量	1022	1022	1022	1374	1374	1374
Adjust_R^2	0.594	0.593	0.594	0.578	0.578	0.577

注：***、**、*分别表示在1%、5%、10%水平上显著；（）内为T值。

（三）工具变量法检验

采用两阶段最小二乘法缓解可能存在的遗漏变量偏误问题。借鉴底璐璐等（2020）与张新民、叶志伟和胡聪慧（2021）的做法，本章采用同年度同行业企业绿色发明专利和绿色实用新型专利独立申请数量加1取自然对数的均值（IMGI）来衡量。在逻辑上，同行业的企业面临着相似的经营环境，基于同行学习理论、行业竞争和趋势避害（吴育辉等，2022），企业会依据同行业内其他企业的绿色创新行为，调整自身净经营决策，因而IMGI这个变量与企业绿色创新水平有一定的相关性。采用工具变量法进行两阶段回归的结果如表5-8所示，回归结果显示客户企业绿色创新提高了上游供应商全要素生产率，供应商企业绿色创新提高了下游客户全要素生产率，而且通过了显著性检验，因此，本章的研究结论依然成立。

表 5 – 8　　　　　　　　　　　　工具变量法检验

变量	客户企业绿色创新的影响效应		供应商企业绿色创新的影响效应	
	第一阶段	第二阶段	第一阶段	第二阶段
	GI	TFP_FE	GI	TFP_FE
IMGI	0.952 *** (19.32)		0.987 *** (12.19)	
GI		0.194 ** (2.44)		0.014 ** (2.45)
F 值	656.07		12.60	
控制变量	Yes	Yes	Yes	Yes
Year	Yes	Yes	Yes	Yes
Ind	Yes	Yes	Yes	Yes

注：***、**、* 分别表示在 1%、5%、10% 水平上显著；（）内为 T 值。

四、机制检验

根据前文研究，本部分进一步探讨企业绿色创新对供应链上下游企业全要素生产率的影响机制。首先，供应链网络给上下游企业创造了接触与创造新技术和知识的动力、能力和效率，企业绿色创新，需要供应链上下游的支持甚至直接参与，不仅促进了技术和知识的供应链溢出，也推动了上下游企业的研发创新能力，从而促进供应链企业高质量发展。其次，供应链上下游企业的绿色创新，不仅有助于塑造企业自身和供应链合作者的良好形象，获取外部资金支持，也有助于供应链上下游企业的良性发展与资金流转，缓解融资约束，降低财务风险，促进供应链企业高质量发展。借鉴江艇（2022）的研究，本部分通过重点考察核心解释变量来检验对机制变量的影响，探究企业绿色创新如何通过技术溢出机制和资金溢出机制影响上下游企业的全要素生产率。

（一）技术溢出机制

借鉴孔东民、徐茗丽和孔高文（2017）、权小锋和尹洪英（2017）的研究，使用创新效率检验技术溢出机制。创新效率（$InnoEff1$）＝ ln（专利申请数量＋1）/ln（研发支出＋1），变量数值越大，表明上下游企业的创新效率越高，即技术溢出能力越强。结果如表5－9中列（1）和列（2）所示。表5－9中列（1）结果表明，客户企业的绿色创新对供应商的创新效率的回归系数为正，且在1%的水平上显著，这表明客户企业进行绿色创新之后，通过技术和知识方面的溢出，能够提高上游供应商创新效率，促进上游供应商的技术创新动力和能力提升，技术溢出机制得以验证。这一结果表明，客户企业进行绿色创新会通过技术和知识溢出，促进上游供应商提高创新效率，从而提高上游供应商的全要素生产率。但表5－9中列（2）结果表明，供应商企业绿色创新影响客户全要素生产率的技术溢出机制不成立。

表5－9　　　　　企业绿色创新供应链效应的机制检验结果

变量	技术溢出机制（$InnoEff1$）		资金溢出机制（SA）	
	客户企业绿色创新的影响效应	供应商企业绿色创新的影响效应	客户企业绿色创新的影响效应	供应商企业绿色创新的影响效应
	（1）	（2）	（3）	（4）
GI	0.010*** (2.856)	0.005 (1.343)	－0.048*** （－3.404）	－0.041*** （－2.756）
控制变量	Yes	Yes	Yes	Yes
$Year$	Yes	Yes	Yes	Yes
Ind	Yes	Yes	Yes	Yes
观测值	989	1231	1022	1374
Adjust_R^2	0.397	0.421	0.741	0.651

注：***、**、*分别表示在1%、5%、10%水平上显著；（）内为T值。

（二）资金溢出机制

借鉴哈德洛克和皮尔斯（Hadlock and Pierce，2010），使用融资约束（*SA*）检验资金溢出机制，结果如表 5 - 9 中列（3）和列（4）所示。根据表 5 - 9 中列（3），客户企业绿色创新对供应商融资约束的回归系数显著为负，客户企业绿色创新影响供应商全要素生产率的资金溢出机制成立。列（4）结果表明，供应商企业绿色创新（*GI*）对客户的融资约束（*SA*）的回归系数显著为负，供应商企业进行绿色创新能够缓解下游客户的融资约束，资金溢出机制得以验证。结果表明，客户/供应商企业绿色创新，可以缓解上游供应商/下游客户的融资约束，使其能够拥有足够的资金，进而提高其全要素生产率。

五、进一步研究

（一）供应链关系稳定性的异质性分析

供应商与客户建立长期的商业伙伴关系能够提升二者相互信任和合作关系，避免逆向选择和道德败坏，减少供应链合作过程中的监督激励成本（陈耀、生步兵，2009）；而供应链关系的变动则会提高企业经营风险，并抑制企业创新绩效（曹伟、姚振晔、赵璨，2019）。因此，本章预期：随着供应链关系日益稳定，企业绿色创新对供应链上下游企业全要素生产率的促进作用越强。

本章借鉴蔡贵龙等（2022），分别使用上游供应商出现在客户企业前五大供应商的次数（*SRStability*）和下游客户出现在供应商企业前五大客户的次数（*CRStability*），衡量供应商与客户企业之间关系的稳定程度，进行异质性分析，结果如表 5 - 10 所示。研究结果表明，企业绿色创新、绿色创新质量和绿色创新数量与供应链关系稳定程度的交互项中，除 *GI_Ut* × *CRStability*，其他系数均显著为正。说明供应链关系越稳定，企业绿色创新对客户/供应商全要素生产率的支持效应更强。

表 5 - 10 绿色创新影响供应链企业发展的供应链关系稳定性的异质性分析结果

变量	客户企业绿色创新的影响效应			供应商企业绿色创新的影响效应		
	（1）	（2）	（3）	（4）	（5）	（6）
	TFP_FE	*TFP_FE*	*TFP_FE*	*TFP_FE*	*TFP_FE*	*TFP_FE*
GI × SRStability	0.059 *** (3.333)					
GI_In × SRStability		0.079 *** (2.852)				
GI_Ut × SRStability			0.069 *** (2.936)			
GI × CRStability				0.022 ** (2.032)		
GI_In × CRStability					0.030 ** (2.519)	
GI_Ut × CRStability						0.027 (1.155)
控制变量	Yes	Yes	Yes	Yes	Yes	Yes
Year	Yes	Yes	Yes	Yes	Yes	Yes
Ind	Yes	Yes	Yes	Yes	Yes	Yes
样本量	1022	1022	1022	1374	1374	1374
Adjust_R^2	0.599	0.599	0.598	0.577	0.578	0.577

注：*** 、** 、* 分别表示在 1%、5%、10% 水平上显著；（ ）内为 T 值。

（二）供应链经济依存度的异质性分析

供应商与客户之间的经济依存度越强，则供应商与客户之间越会相互依赖，全要素生产率受对方影响越大。钟等（Zhong，Ma and Tong，2021）研究发现，供应商和客户之间的依赖程度越高，供应商会重视客户战略决策和创新；而蔡贵龙等（2022）发现，供应商和客户的经济依存度越高，供应商的经营绩效受到客户的影响越大，客户对供应商的支持效应越强。因此，本章预期：随着供应商与客户之间的经济依存度越高，企业绿色创新对供应链上下游企业全要素生产率的促进作用越强。

本章借鉴蔡贵龙等（2022），分别使用客户企业向供应商采购比例（*SEDependence*）和供应商的客户销售比例（*CEDependence*）衡量供应商与客户企业之间的经济依存度进行异质性分析，回归结果如表 5 – 11 所示。研究结果显示，绿色创新、绿色创新质量和绿色创新数量与经济依存度的交互项系数均显著为正，说明供应链经济依存度越高，企业绿色创新对客户/供应商全要素生产率的支持效应更强。

表 5 – 11　　绿色创新影响供应链企业发展的供应链经济依存度异质性分析结果

变量	客户企业绿色创新的影响效应			供应商企业绿色创新的影响效应		
	（1）	（2）	（3）	（4）	（5）	（6）
	TFP_FE	*TFP_FE*	*TFP_FE*	*TFP_FE*	*TFP_FE*	*TFP_FE*
$GI \times SEDependence$	0.912 *** (2.713)					
$GI\_In \times SEDependence$		1.178 ** (2.307)				
$GI\_Ut \times SEDependence$			0.827 ** (2.140)			
$GI \times CEDependence$				0.738 *** (3.596)		
$GI\_In \times CEDependence$					0.715 *** (3.169)	

续表

变量	客户企业绿色创新的影响效应			供应商企业绿色创新的影响效应		
	（1）	（2）	（3）	（4）	（5）	（6）
	TFP_FE	*TFP_FE*	*TFP_FE*	*TFP_FE*	*TFP_FE*	*TFP_FE*
GI_Ut × CEDependence						1. 047 *** (3. 507)
控制变量	Yes	Yes	Yes	Yes	Yes	Yes
Year	Yes	Yes	Yes	Yes	Yes	Yes
Ind	Yes	Yes	Yes	Yes	Yes	Yes
观测值	1009	1009	1009	1298	1298	1298
Adjust_R^2	0. 607	0. 607	0. 606	0. 581	0. 580	0. 581

注：***、**、*分别表示在1%、5%、10%水平上显著；（）内为T值。

（三）企业市场地位的异质性分析

企业市场份额越大，表明这个企业市场地位高，产品质量较好，因此能够赢得消费者的青睐，规模效应能够达到降低成本，最终企业有更多的资金投入到技术、创新以及其他资源的配置等，并因此提升竞争能力和企业绩效。研究发现，市场份额对企业价值的正强化作用显著（朱佳俊、周方召，2017），对财务绩效、市场绩效有比较显著的正面影响（黄晓波、龚新颖、韩欢，2019）。因此，本章预期：随着企业市场地位增加，企业绿色创新对供应链上下游企业全要素生产率的促进作用越强。

本章分别采用供应商市场份额和客户市场份额（*SCM/CCM* = 营业收入/行业总收入）衡量供应商和客户的市场竞争地位进行异质性分析，回归结果如表5 – 12所示。结果表明，绿色创新、绿色创新质量和绿色创新数量与市场份额的交互项系数均显著为正，说明企业市场地位越高，企业绿色创新对客户/供应商全要素生产率的支持效应更强。

表 5 – 12   绿色创新影响供应链企业发展的供应链市场份额的调节作用

变量	客户企业绿色创新的影响效应			供应商企业绿色创新的影响效应		
	（1）	（2）	（3）	（4）	（5）	（6）
	TFP_FE	*TFP_FE*	*TFP_FE*	*TFP_FE*	*TFP_FE*	*TFP_FE*
$GI \times SCM$	2.156 *** (2.601)					
$GI\_In \times SCM$		1.901 * (1.955)				
$GI\_Ut \times SCM$			4.510 *** (3.868)			
$GI \times CCM$				1.419 *** (3.847)		
$GI\_In \times CCM$					1.480 *** (3.250)	
$GI\_Ut \times CCM$						1.908 *** (3.743)
控制变量	Yes	Yes	Yes	Yes	Yes	Yes
Year	Yes	Yes	Yes	Yes	Yes	Yes
Ind	Yes	Yes	Yes	Yes	Yes	Yes
观测值	1022	1022	1022	1374	1374	1374
Adjust_R^2	0.604	0.599	0.609	0.586	0.583	0.585

注：***、**、*分别表示在1%、5%、10%水平上显著；（）内为T值。

第五节   本章小结

一、主要结论

经济全球化和产业分工的不断细化，供应链上下游企业协作愈发重要与密切，供应链成员企业之间的行为和信息因此沿供应链快速扩散，并对整个供应链系统产生重要影响。

本章以 2012～2022 年沪深两市全部 A 股上市公司所披露的前五大供应商和客户数据，研究了企业进行绿色创新对其供应链上下游企业全要素生产率的影响及其机制。研究发现，客户企业绿色创新能够通过技术溢出机制和资金溢出机制提高上游供应商的全要素生产率；而供应商企业绿色创新则主要通过资金溢出机制提高下游客户的全要素生产率；供应链关系稳定性、经济依存度和市场地位对企业绿色创新的供应链溢出效应起正向调节作用。

二、政策建议

企业开展绿色创新，不仅有助于企业自身发展，也可以显著提高供应链上下游企业的全要素生产率，促进供应链系统整体发展。因此，企业应充分重视与客户企业的合作与交流，充分利用合作伙伴的多元化知识，拓宽创新知识和信息的来源途径。尤其是需要与主要客户之间建立更为紧密的创新网络和知识流动渠道，向主要客户学习绿色创新的技术和知识，沟通市场的信息与需求，更好地满足市场和客户的需求，提升企业创新效率与效益。企业也应充分重视与供应商良好合作，保证稳定的和高品质的原材料的来源，增强企业运作的弹性，提高企业市场适应性，降低企业的经营风险。上下游企业密切交流与合作，一方面，有助于促进供应链商业信用的可持续良性流转；另一方面，有助于获得资本市场的信赖，降低企业的权益资本成本和债务成本，缓解企业融资约束，促进企业绿色创新与高质量发展。

第六章
绿色产业政策的企业绿色创新效应研究

第一节　绿色产业政策的制度背景

当前，经济发展面临着严峻的资源与环境的约束，传统的粗放型经济发展方式受到制约，如何协调经济与生态环境之间的矛盾是我国乃至全球经济可持续发展的重要挑战。基于当前经济发展中存在的问题，国家需要构建具有前瞻性的可持续发展政策来引导整个市场的绿色投资行为（Harrison, Martin and Nataraj, 2017）。绿色产业政策是介于产业政策和环境管理之间的概念，包括经济结构和可持续发展相辅相成的政策措施。在本章中，我们结合了阿尔滕伯格和罗德里克（Altenburg and Rodrik, 2017）、哈里森等（Harrison, Martin and Nataraj, 2017），以及李晓萍、张亿军和江飞涛（2019）的研究将绿色产业政策定义为具有环境目标的产业政策，其政策目标是调整经济发展方式的同时实现经济和环境相统一，旨在纠正市场失灵以保护环境效益。就政策设计来看，绿色产业政策发展目标是能够在政策体系中激励和引导企业在经济发展和环境保护之间实现达到平衡。

自从 20 世纪发达国家遭遇几次能源危机后，美国、欧盟、日本等国家（地区）率先关注以绿色能源为代表的绿色新兴产业，相继制定了绿色经济发展战略（Rodrik，2014），将政府干预与市场主导有机结合，并不断调整政策以精准施策。通过在催生新业态、新模式的绿色产业发展过程中，有效衔接好部分高污染高能耗的落后技术和产能的传统产业退出，以减少绿色产业发展的不确定性，这对引领发展中国家实施绿色产业政策提供了重要经验借鉴（Shapiro and Walker，2015）。然而，发展中国家和发达国家之间的阶段差距仍然明显，市场机制虽有所改善，但依旧不够强大，很难快速成熟。特别是发展中国家创新驱动的绿色产业在发展初期高度依赖政府的合理干预，因此根据产业基础和经济发展状况制定绿色产业政策至关重要。

我国关于绿色产业政策方面的研究起步较晚，作为新的产业政策理念，是对传统产业政策忽视环境带来的不利影响的修正和发展。以"五年规划"为主导的产业政策是中国经济重要特点，对微观企业的资源配置有极大导向作用，具有至关重要的国家战略意义（Gao，Jin and Fu，2013）。政策中明确提出政府在未来五年将大力鼓励和扶持的行业，但制定的支持政策很容易引起市场活动中各个参与主体之间的争议，出现资本配置不当或掠夺和寻租行为，使得资源配置偏离最优均衡状态，虽带动经济发展但引发了一系列环境问题（Chen，Li and Xin，2017）。《2020 年全球环境绩效指数（EPI）报告》显示，在参评的 180 个国家中，我国环境质量排名第120 位，这与中国的世界第二大经济体这样的经济地位形成鲜明对比。近年来，国家已充分认识到产业在多个方面的严重脆弱性以及绿色节能工作的重要意义，经济和环境政策目标之间的协调性日益受到重视，各层级政府部门针对产业的可持续发展出台了大量政策，专门针对企业在"五年规划"中增加了一系列环境保护规定。这种将绿色发展纳入国民经济和社会发展规划的绿色产业政策，根据社会发展逐渐涵盖更广泛的可持续发展目标，保障经济效益的同时提高环境效益，纠正环境外部性带来的市场失灵，促进产业结构向绿色化发展，是政府引导绿色发展的重要政策选择。

本质上，我国绿色产业政策属于选择性政策，政府引领产业绿色升级以实现企业向低碳型转型的思想，主要体现在国家的"五年规划"。"五年规划"中明确了各产业的关键节能环保任务及产业化方向，着重强调了高污染高耗能行业节能减排的规定，并通过研发支持、投资税收抵免、补贴信贷或债务、政府采购中的优先购买权等引导产业实现可持续发展。我国在2006年已充分认识节能工作的重要意义，2006~2010年执行的"十一五"规划，首次提出建设资源节约型和环境友好型社会，对环境管理的执法力度有所加大，初步将产业政策和环境政策结合起来。2011~2015年发布的"十二五"规划，提出开征环保税缓解环境压力，以政府补贴、信贷优惠为辅助工具，大力推动了节能环保产业的发展；对于绿色产业政策支持的产业，从强化目标责任、加大节能技术改造力度、加快淘汰落后设备和生产工艺、健全节能激励约束机制等方面加强节能监管，对能效达标的产品和设备给予鼓励性政策，实施节能技术改造的以奖代补给予奖励，以实现节约能源的预期。2016~2020年发布的"十三五"规划，绿色发展已成为纲要的主基调，被列为确保我国全面建成小康社会的五大发展理念之一。"生态环境质量总体改善"的目标，将绿色发展贯穿各产业各环节，这在一定程度上能够有效减缓能源的消耗以及污染气体的排放，从而优化生态环境。作为引导国民经济绿色发展的重要政策，"十三五"规划涵盖了政府对重工业企业做出具体环境治理的规定，其中一个重要部分是积极淘汰有害技术，尽可能把对环境污染物的排放消除在生产过程之中，鼓励使用绿色技术，以减排废水、废气、固体废弃物的"工业三废"为主要目标，彰显了政府治理环境的决心。在"五年规划"下，政府要求重污染行业积极采用清洁生产技术，使用具备先进性、适用性、无害或低害的新工艺、新技术，降低原材料和能源消耗，实现少投入、高产出、低污染，以系统地引导我国相关行业投资向经济社会可持续方向发展（Wang, Wijen and Heugens, 2018）。总的来说，受绿色产业政策支持的重污染企业在政府部门严格监管下会注重污染减排，同时政府利用补助、金融支持、市场培育等一系列措施推动绿色产业政策实施，促进节能环保、新能源等产业发展，支持企业引进先进的节能核心，激励企业积极进行绿色创新以符合绿色经济发展。

从源头上看，重污染企业是生态环境污染到环境治理演进链条中的重要责任主体，进行绿色发展必须以重污染行业为突破口，对其污染活动承担高度责任（Walter and Chang，2020）。重污染行业转型的长期性增加了绿色产业政策的实施难度，在推动绿色技术创新时会面临更高的成本，正确引导重污染企业改造落后产能，实现产业绿色升级，是国家推动绿色、低碳、循环经济发展的重要手段。中国绿色产业政策与企业环境绩效的约束制度化，会对重污染企业绿色创新决策产生重要影响，促使全行业为实现绿色产业目标创造新的可持续发展道路，推动绿色技术创新发展。本章试图回答以下问题：中国的绿色产业政策能否有效促进重污染企业的绿色创新？如果能，绿色产业政策促进企业绿色创新的影响机制是什么？绿色产业政策对不同产权和不同地区的绿色创新有差别效应吗？了解绿色产业政策的微观经济后果，为政策制定者反思和调整中国产业政策方向提供了理论和实践价值。

第二节　绿色产业政策促进了重污染企业绿色创新吗？

绿色产业政策是政府治理生态环境污染的重要政策导向（Harrison，Martin and Nataraj），也是促进企业革新生产技术，开展绿色生产经营的基本门槛，其核心在于推动技术创新（李晓萍，2019）。绿色产业政策除了应对环境外部性以外，还要促进经济的可持续发展，需要的是长期的根本性转变，即引导变革性技术的突破，使得绿色技术创新在未来的市场上占有主导地位（Altenburg and Rodrik，2017）。波特假说已在发达国家多次得到验证，表明合理设计的环境监管政策可以促进企业生产技术和生产流程的创新，从而产生创新补偿效应并推进绿色创新（Porter，1991）。

高度的不确定性和环境外部性是阻碍绿色创新的主要因素（Kemp and Pontoglio，2011），而绿色产业政策的支持降低了企业创新方向选择的风险，有助于坚定企业开展绿色创新的决心。政府通过绿色产业政策引导经济发展，限制了部分不符合国家绿色产业政策指引的重污染企业的项目审批以及融资空间，对符合绿色发展的环保企业给予激励性的辅助政策。企业的逐利性会激励企业重估未来市场的发展前景，依照国家政策来进行绿色创新决策，最大限度地降低重污染企业绿色创新的风险（Hemmelskamp，1997）。绿色产业政策主要通过资源效应获得政府补贴以及积极信号传递得到的信贷融资两个方面对企业绿色创新行为产生影响。

（1）资源效应。获得绿色产业政策支持的企业，可以获得政府补助，这有助于减轻绿色创新的成本，降低企业的风险负担，引导企业追求绿色创新（Song，Wang and Zhang，2020），表现为"资源效应"。根据资源依赖理论，企业的发展需要各种资源的支持，绿色创新具有高度的风险性和不确定性，容易受到企业资源的限制（Pan et al.，2021）。尤其是现阶段，中国的重污染企业可能无法从技术发展和市场机会中获得利润，在市场资源配置方面也存在局限性。除非能保证必要的补充投资，否则企业不会承担投资风险（Dodds et al.，2015）。绿色产业政策的实施旨在解决环境市场失灵，为绿色研发和创新提供必要的政策补偿（Ma，Zhang and Chai，2019）。政府将企业绿色创新的私人利益与社会享有的更广泛利益联系起来，根据污染行业发展前景及各产业的不同需求而制定合理公正的资源分配政策，鼓励企业投资绿色创新，有效降低企业对政策不确定性的担忧，稳定企业绿色创新的外部宏观环境预期，从而增加绿色创新产出（Wen and Zhao，2021）。

（2）信号效应。受到绿色产业政策支持的企业被认为更具投资价值和市场潜力，这是向金融机构发出了积极信号（Aghion et al.，2015）。企业能得到绿色产业政策以及国家的支持，是一种与投资决策相关的信息资源（Rodrik，2014），可以缓解资金供求之间的信息不对称，克服金融市场的缺陷和外部性（Boeing，2016；Wang and Zou，2018），并提高投资认可度和企业获取金融资源的能力（李莉、高洪利、陈靖涵，2015），从而提高企业进行绿色创新的动力（Chen，Li and Xin，2017），表现为"信号效应"（Meckling and Nahm，2019）。与其他行业相比，钢铁、水泥等多数污染行业负债率较高，难以从银行等金融部门获得融资，而绿色产业政策的支持意味着向金融机构发出积极的信号，降低企业与银行机构之间的信息不对称程度，降低企业绿色创新的财务门槛，增加银行贷款的支持（车嘉丽、薛瑞，2017），间接为企业带来社会投资的跟进，引导信贷资金向节能环保的新兴产业发展；促进企业在绿色转型过程中调整产能，推动企业朝着符合国家政策指引的生产研发中去。既避免重污染企业错失发展机会，也促进了重污染企业绿色创新，使经济发展与环境保护相互协调。

由此本章提出以下假设：

H6 - 1：绿色产业政策有助于促进重污染企业绿色创新。

图 6 - 1 为整合了上述假设和后续进一步分析的理论框架，据以验证绿色产业政策促进重污染企业绿色创新的作用路径和异质性分析。

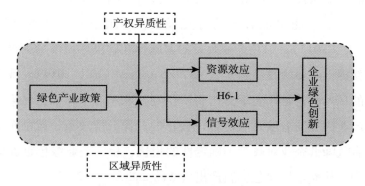

图 6 - 1　绿色产业政策与企业绿色创新关系的研究框架

第三节　研究样本与变量设计

一、研究样本

本章以我国"十二五"规划和"十三五"规划中颁布的产业政策为研

究对象，采用了 2011～2020 年我国 A 股重污染行业上市公司的专利数据和相应的经济数据。污染行业选自环境保护部发布的《上市公司环保核查行业分类名录》中重点管控的重污染行业，涵盖火电、钢铁、水泥、化工、有色、石化等 11 个行业。绿色专利数据来自国家知识产权局（CNIPA）[①]的数据，其他经济数据来自国泰安数据库（CSMAR）。对样本进行筛选如下：第一，剔除金融行业的上市公司；第二，剔除发行 B 股和 H 股的上市公司；第三，剔除 ST、*ST 以及财务数据缺失的相关数据。为避免极端值的影响，对所选取的变量均在 1% 和 99% 水平上进行缩尾（winsorize）处理。

二、变量设计

本章主要研究变量及其定义，如表 6-1 所示。

表 6-1   **本章研究变量及其定义**

变量名称	变量符号	度量方式
绿色创新	GI	企业绿色专利申请数
绿色产业政策	IP	受"十二五"规划和"十三五"规划的省级与中央绿色产业政策支持的企业样本，取值为 1，否则为 0
股权集中度	$Top1$	第一大股东持股占比
公司规模	$Size$	总资产自然对数
资产回报率	Roa	净资产收益率
财务杠杆	Lev	资产负债率
上市年数	Age	当前年度减去公司的上市年度
二职兼任	$Dual$	若上市公司总经理兼任董事长，取值为 1，否则为 0
董事会规模	$Board$	董事会人数的自然对数
独立董事	$Indep$	独立董事占比
企业发展	$TobinQ$	股票总市值与债务账面价值之和除以总资产账面价值

[①] 国家知识产权局专利检索及分析系统。

（一）因变量

企业绿色创新（*GI*）。绿色创新指标衡量方法有很多，例如，工业废气排放量、单位能耗的新产品销售收入等，但绿色专利数量被认为是最常见和最广泛认可的创新衡量指标（Li et al.，2017）。本章根据重污染企业特点，参照李楠博（2019）的研究，采用企业绿色专利申请数量来衡量企业绿色创新能力。世界知识产权组织（WIPO）于 2010 年推出了国际专利分类绿色清单（IPC Green Inventory），清单依据《联合国气候变化框架公约》对绿色专利进行了七大分类：交通运输类、废弃物管理类、能源节约类、替代能源生产类、行政监管与设计类、农林类和核电类。本章依照上述划分标准和上市公司名称为关键词，从 CNIPA 的专利检索网站手工整理企业每年绿色专利的相关标识号，核算企业每年的绿色专利授权数量，作为衡量企业绿色专利创新的核心衡量指标，并进行后续研究。

（二）自变量

绿色产业政策支持（*IP*）。通过手工搜集和关键词筛选方法，对中央和各省级政府颁布的《国民经济和社会发展第十二个五年（2011～2015 年）规划纲要》和《国民经济和社会发展第十三个五年（2016～2020 年）规划纲要》的内容进行分析，逐项、逐年检索产业政策文件的具体内容，分析中央和地方政府颁布的"五年规划"。根据政策文件的内涵和实施时间，明确界定企业层面的绿色产业政策支持变量。具体而言，借鉴崔广慧和姜英兵（2019）的研究方法，如果内容包含某些中文关键词，如"环境保护""绿色""脱硫""生态""新材料""清洁""能源"，以及"鼓励""支持""发展"等字样，则被认为表明该行业是绿色产业政策支持的行业，取值1，否则取值0。

（三）控制变量

参考现有相关研究，本章控制了其他对绿色创新可能产生影响的变量。

三、模型构建

为了探索绿色产业政策与重污染企业绿色创新之间的关系，本章构建了普通最小二乘（OLS）回归模型，如下所示：

$$GI_{i,t} = \alpha_0 + \alpha_1 IP_{i,t} + \alpha_2 Controls + \mu_1 Year + \mu_2 Ind + \varepsilon_{i,t} \qquad (6-1)$$

为了解决绿色产业政策与企业绿色创新之间的内生性问题，本章利用"五年规划"中对重污染行业激励政策的调整，选取实验组和对照组，构建了如下的 DID 估计模型检验绿色产业政策对绿色创新的促进作用。

$$GI_{i,t} = \beta_0 + \beta_1 IPF \times Post + \beta_2 IPF + \beta_3 Post + Controls + \mu_1 Year + \mu_2 Ind + \varepsilon_{i,t}$$

$$(6-2)$$

其中，行业是否受到"十三五"绿色产业政策支持（IPF）为虚拟变量。获得支持的 IPF 取值 1 为实验组，即代表"十三五"绿色产业政策鼓励的产业；否则取 0 作为对照组，代表"十三五"绿色产业政策不鼓励的产业。产业政策调整的事件冲击时间是"五年规划"实施的年份，实施之后 $Post$ 等于 1，实施之前等于 0。在该模型中，主要关注系数为 β_1，衡量激励型产业政策对企业绿色创新的影响。

第四节　实证研究与结果

一、描述性统计

主要变量的描述性统计如表 6-2 所示。

表 6 - 2 本章主要变量描述性统计

变量	观测值	均值	中位数	最小值	最大值	标准差
GI	5059	0.1392	0.0000	0.0000	3.4011	4.0780
IP	5059	0.7543	1.0000	0.0000	1.0000	0.4305
Top1	5059	0.3520	0.3322	0.0905	0.7306	0.1464
Size	5059	22.3845	22.1730	19.7600	25.8440	1.3642
Roa	5059	0.0386	0.0352	-0.2038	0.2068	0.0587
Lev	5059	0.4484	0.4519	0.0565	0.8940	0.2099
Age	5059	2.8783	2.9444	1.6094	3.4657	0.3278
Dual	5059	0.2220	0.0000	0.0000	1.0000	0.4156
Board	5059	2.1568	2.1972	1.6094	2.7081	0.1972
Indep	5059	0.3710	0.3333	0.3333	0.5714	0.0501
TobinQ	5059	1.7890	1.4552	0.8833	7.8095	1.0415

根据表 6 - 2，样本企业的绿色创新（GI）平均值为 0.1392，最小值为 0.0000，最大值为 3.4011，表明不同企业的绿色创新存在明显差异，且有两极分化的趋势。绿色产业政策（IP）的平均值为 0.7543，表明超过一半的企业受到绿色产业政策的支持。在控制变量方面，公司规模、上市年数、资产负债率等特征值更符合上市公司的实际情况。

二、回归结果分析

（一）基本回归结果

表 6 - 3 反映了基本回归的实证结果。

表 6 – 3 　　　　　　　绿色产业政策与企业绿色创新基本回归结果

变量	绿色创新（GI）	
	（1）	（2）
IP	0. 1039 *** （4. 4584）	0. 0820 *** （3. 6035）
*Top*1		0. 0724 * （1. 7535）
Size		0. 0748 *** （11. 9643）
Roa		− 0. 2692 ** （ − 2. 4290）
Lev		− 0. 1695 *** （ − 4. 6777）
Age		− 0. 0842 *** （ − 4. 2450）
Dual		− 0. 0303 ** （ − 2. 2302）
Board		0. 2369 *** （6. 5902）
Indep		0. 4519 *** （3. 4488）
TobinQ		0. 0206 *** （3. 1327）
常数项	0. 6931 *** （11. 4719）	− 1. 5222 *** （ − 8. 6687）
Year	Yes	Yes
Ind	Yes	Yes
样本量	5059	5059
Adjust_R^2	0. 0634	0. 1183

注：*** 、** 、* 分别表示在 1% 、5% 、10% 水平上显著；（ ）内为 T 值。

根据表 6 - 3 中列（1），在没有任何控制变量的情况下，绿色产业政策对企业绿色创新的回归系数在 1% 的水平上是显著的。而列（2）将企业特征变量作为控制变量后，回归结果显示绿色产业政策的系数为 0.0820，在 1% 水平上显著，这表明在一定程度上，绿色产业政策对绿色创新的影响不随控制变量而变化，绿色产业政策支持与企业绿色创新之间存在显著的正相关关系。这种积极的促进作用在统计和经济意义上都是显著的，结果支持假设 6 - 1。回归模型中所有变量的方差膨胀因子（VIF）的最大值为 3.95，远小于 5，这表明变量之间不存在严重的共线性。

（二）双重差分结果分析

在符合同趋势假设的前提下，本章使用 DID 模型检验绿色产业政策支持对重污染企业绿色专利申请数量的影响，结果如表 6 - 4 所示。

表 6 - 4　　　　绿色产业政策与企业绿色创新的双重差分检验结果

变量	全样本 DID	PSM-DID
	（1）	（2）
IPF × Post	0.0749 ** （2.1881）	0.1145 *** （2.9867）
IPF	0.0230 * （1.7716）	0.0338 ** （2.3174）
Post	− 0.0267 （− 0.6345）	− 0.0657 （− 1.4206）
Top1	0.0646 （1.5623）	0.0266 （0.5983）
Size	0.0755 *** （12.0627）	0.0752 *** （11.4979）
Roa	− 0.2662 ** （− 2.4004）	− 0.2768 ** （− 2.3376）

续表

变量	全样本 *DID*	*PSM-DID*
	（1）	（2）
Lev	− 0. 1709 *** （ − 4. 7104）	− 0. 1673 *** （ − 4. 3556）
Age	− 0. 0876 *** （ − 4. 4201）	− 0. 0913 *** （ − 4. 3653）
Dual	− 0. 0300 ** （ − 2. 2064）	− 0. 0297 ** （ − 2. 0210）
Board	0. 2339 *** （6. 5063）	0. 2539 *** （6. 6614）
Indep	0. 4437 *** （3. 3836）	0. 5160 *** （3. 7567）
TobinQ	0. 0205 *** （3. 1173）	0. 0207 *** （2. 9348）
常数项	− 1. 4638 *** （ − 8. 3540）	− 1. 3951 *** （ − 7. 5508）
观测值	5059	4523
Adjust_R^2	0. 1178	0. 1307

注：***、**、*分别表示在1%、5%、10%水平上显著；（）内为 T 值。

表6－4 中列（1）报告了全样本 DID 模型的结果。研究结果发现，*IPF* 与 *Post* 之间的交互项系数显著为正，表明受绿色产业政策鼓励的企业比不受绿色产业政策鼓励的企业有更多的绿色创新。

DID 模型分析要求实验组和对照组是随机的。为了进一步保证实证结果的稳健性，对模型进行了倾向得分匹配（PSM），找出与实验组匹配的绿色产业政策不支持的重污染企业作为对照组，并利用模型（6－2）对保留的匹配样本进行回归，回归结果如表6－4 中列（2）所示。结果表明，PSM 样本中重污染企业的 *IPF* × *Post* 的回归系数为0. 1145，在1%水平上显著，研究结果进一步证实了绿色产业政策能够显著促进企业进行绿色创新。

三、稳健性检验

（一）Heckman 两阶段分析

为了检验样本选择偏差的问题，本部分使用了 Heckman 两阶段估计量来进一步确保研究的稳健性（Heckman，1979）。第一阶段用 Probit 方程根据所有控制变量估计绿色产业政策的决定因素，据此获得逆米尔斯比率（Lambda）；然后将 Lambda 代入原模型中。表 6 – 5 中列（1）的结果显示，在控制了 Lambda 后，绿色产业政策（IP）对绿色创新（GI）回归系数仍在1% 水平上显著为正，说明绿色产业政策对绿色创新的促进效果仍然显著。

表 6 – 5　　　绿色产业政策和企业绿色创新关系的稳健性检验结果

变量	两阶段法	考虑滞后效应	更换因变量	排除其他政策影响	增加控制变量
	GI	GI_{t+1}	GI_1	GI	GI
	（1）	（2）	（3）	（4）	（5）
IP	0.7556 *** (3.8790)	0.0798 *** (3.1160)	0.0786 ** (2.3294)	0.0868 *** (3.5643)	0.0983 *** (4.1906)
Lambda	- 0.3826 *** (- 3.4817)				
常数项	- 1.7875 *** (- 9.3469)	- 1.5323 *** (- 7.8908)	- 2.4472 *** (- 9.4025)	- 1.4894 *** (- 8.0890)	- 1.6516 *** (- 8.1374)
控制变量	Yes	Yes	Yes	Yes	Yes
Year	Yes	Yes	Yes	Yes	Yes
Ind	Yes	Yes	Yes	Yes	Yes
Province	No	No	No	No	Yes

续表

变量	两阶段法	考虑滞后效应	更换因变量	排除其他政策影响	增加控制变量
	GI	GI_{t+1}	GI_1	GI	GI
	（1）	（2）	（3）	（4）	（5）
观测值	5059	4264	5059	4597	5059
Adjust_R^2	0.1204	0.1264	0.1455	0.1143	0.1560

注：*** 、** 、* 分别表示在1%、5%、10%水平上显著；（ ）内为 T 值。

（二）考虑滞后效应

为了能够避免解释变量与被解释变量存在双向影响的问题，且政策实施可能会对企业绿色创新产生一定的滞后影响，在模型（6-1）的基础上，以滞后一期的绿色创新（GI_{t+1}）为被解释变量，其余解释变量与控制变量仍采用当期值。表6-5中列（2）的结果显示，绿色产业政策（IP）对绿色创新（GI_{t+1}）的回归系数在1%水平上显著为正，再次表明绿色产业政策实施促进了企业的绿色创新，与基准回归结果一致。

（三）更换因变量

参考于连超（2019），本章选择当年授予的绿色专利数量 GI_1 作为绿色创新的另一个替代变量进行稳健性检验。表6-5中列（3）结果显示，其结果与基准回归结果一致，绿色产业政策对企业绿色创新的回归系数在5%的水平上显著为正，表明绿色产业政策支持的实施促进了绿色创新，进一步验证了研究结果。

（四）排除其他政策影响

中国于2015年1月开始实施《中华人民共和国环境保护法》，这可能对检验的结果产生影响。为了使本章的结论更加稳健，本章通过剔除2015

年的样本，进一步排除该政策的影响，重新进行回归分析。表6－5中列
（4）结果表明绿色产业政策与企业绿色创新之间的系数在1%的水平上仍
然显著为正，研究结果稳健。

（五）增加控制变量

使用OLS估算的绿色产业政策和绿色创新之间的正相关性可能会因内
生性或遗漏变量而出现偏差。因此，本部分增加了更多的省级控制变量，
包括GDP平减指数和人口，并控制了更严格的省级固定效应，重新利用基
准模型进行分析。表6－5中列（5）的结果表明，绿色产业政策系数在
1%的水平上仍然显著为正，说明基准检验的回归结果具有相对较高的稳
健性。

四、机制检验

参考前文理论研究，本部分进一步检验绿色产业政策通过资源效应
和信号传递效应促进重污染企业绿色创新是否成立。一方面，当企业受
到绿色产业政策扶持时，得到大量的政府补贴（宋凌云、王贤彬，
2017），为企业绿色创新提供必要的资金支持，这一绿色产业政策带来的
政府补贴影响企业绿色创新的路径，本章定义为资源效应。另一方面，
当企业受到绿色产业政策扶持时，可以缓解企业与金融机构之间信息不
对称，提升外部对企业绿色创新的认可，并因此获得外部贷款资金支持，
保障企业进行绿色创新，本章将绿色产业政策带来的银行贷款增加从而
影响企业绿色创新的路径定义为信号传递效应。借鉴江艇（2022），本章
通过重点考察核心解释变量来检验对机制变量的影响，探究绿色产业政
策如何通过以上资源效应渠道和信号效应渠道影响企业绿色创新。结果
如表6－6所示。

表 6 - 6　　　　　　绿色产业政策影响企业绿色创新的机制检验结果

变量	资源效应（GS）	信号效应（Loan）
	（1）	（2）
IP	0.2860 * （1.6926）	0.0088 * （1.7250）
控制变量	Yes	Yes
Year	Yes	Yes
Ind	Yes	Yes
观测值	5059	5059
Adjust_R^2	0.3953	0.6860

注：*** 、** 、* 分别表示在 1% 、5% 、10% 水平上显著；（）内为 T 值。

（一）资源效应

表 6 - 6 中列（1）反映了资源效应的回归结果。其中，因变量为政府补贴。政府补贴（GS）= ln（1 + 企业获得政府补助额），结果显示绿色产业政策支持与政府补贴系数显著正相关，表明绿色产业政策支持显著促进了政府补贴，资源效应得以验证。政府补助在绿色产业政策推动重污染企业绿色技术创新方面发挥着重要作用，同时也弥补了由环境外部性带来的收益差距，提高了企业在绿色创新方面的积极性。

（二）信号效应

表 6 - 6 中列（2）反映了信号效应的回归结果。其中，因变量为企业的银行贷款。银行贷款（Loan）= 信贷借款/企业总资产。可以看出，绿色产业政策与银行贷款的系数显著为正，这表明银行贷款随着绿色产业政策的支持而增加，信号效应得以验证。中国绿色产业政策不仅引导重污染企业进行绿色投资和创新，而且还释放信号引导银行等金融机构的资源配置。

中国大型国有商业银行会根据国家产业政策释放的信号，来制定相应的信贷政策，对受政策支持的企业优先提供贷款支持，发放优惠贷款，从而能更有效地进行绿色创新（钟宁桦、温日光、刘学悦，2019）。

五、进一步研究

（一）产权异质性分析

绿色产业政策是国家长期规划的发展方向，政府在"五年规划"中发挥"助手"的作用，促进政策的实施。基于产权理论，国有企业和非国有企业进行绿色创新时，其追求利润和服务于社会福利的目标有所不同（Gerber et al.，2009）。与非国有企业相比，国有企业不仅承担经济和政治责任，还承担更多绿色发展的政策责任（许东彦、佟孟华、林婷，2020）。因此，重污染行业的国有企业可能会更加积极地响应绿色产业政策。国有企业的管理人员在政治上更加敏锐，因此，在制定企业战略时更可能符合政府的政策决定，按照国家颁布的绿色产业政策的要求，对投资方向和规模做出相应的调整（Harrison，Martin and Nataraj，2017）。特别是，国有企业更容易获得绿色产业政策提供的优惠条件、贷款补贴和其他金融支持，获得地方政府对重大绿色创新项目的支持，从而促进国有企业增加绿色创新的积极性，对可持续发展产生积极作用。

本章依照产权性质，将企业分为国有企业和非国有企业两组样本。绿色产业政策影响企业绿色创新的产权异质性分析结果如表6-7中列（1）和列（2）所示。回归结果表明，绿色产业政策对国有企业绿色创新的系数为0.1126，在1%水平上具有显著性，也就是说，受绿色产业政策支持的国有企业对绿色创新有显著的促进作用。而非国有企业组的回归系数不显著，说明与非国有企业相比，受到绿色产业政策支持的国有企业会更多地投入于绿色创新。

表 6 - 7　　　　绿色产业政策影响企业绿色创新的异质性分析结果

变量	产权性质		区域划分		
	国有企业	非国有企业	东部	中部	西部
	（1）	（2）	（3）	（4）	（5）
IP	0.1126 ***	0.0012	0.0669 **	-0.0402	-0.0390
	（3.1583）	（0.0401）	（2.0777）	（-0.6826）	（-0.9164）
控制变量	Yes	Yes	Yes	Yes	Yes
Year	Yes	Yes	Yes	Yes	Yes
Ind	Yes	Yes	Yes	Yes	Yes
观测值	2144	2915	2546	1028	919
Adjust_R^2	0.2358	0.0364	0.1534	0.0782	0.1162

注：***、**、* 分别表示在1%、5%、10%水平上显著；（）内为 T 值。

（二）区域异质性分析

中国区域经济发展不平衡，绿色产业政策在区域之间表现不同，东部地区借助地理优势在改革开放的浪潮中得到迅猛发展，大力推行工业化进程并取得了显著的经济成效。但随着东部地区工业化的进一步发展，一系列资源与环境问题也伴之而生，那些曾为东部地区经济腾飞发挥了关键性作用的庞大重污染产业，其生存与发展空间不断受到限制（吴伟平，2015），更需要进行绿色创新与转型。另外，绿色产业政策对企业绿色转型的推动依赖于各地区经济状况和政策执行程度。东部地区经济状况、创新环境、市场化程度、行业发展水平、政策执行等总体优于中西部欠发达地区，企业不仅可以从绿色产业政策中获得更多创新资源，而且企业能够在更公平的环境中获取绿色产业政策优惠，市场力量能够根据绿色产业政策优惠所释放出的信号对资源进行更有效的配置（Wurgler，2000），从而使资源流向绿色环保更好的企业，因此东部地区绿色产业政策对企业绿色创新正向影响就越强。

根据经济分析的划分标准①，北京、上海、天津、辽宁、河北、山东、江苏、海南、浙江、福建、广东和广西等省份被归类为东部；山西、吉林、黑龙江、安徽、江西、河南、湖北和湖南被归类为中部；内蒙古、陕西、甘肃、青海、宁夏、新疆、四川、云南、贵州、西藏和重庆等省份被归类为西部。表 6 – 7 列（3）至列（5）的结果显示，东部地区组绿色产业政策（IP）对企业绿色创新（GI）的回归系数为 0.0669，在 5% 的置信水平上显著，而中西部地区的分组回归均未通过显著性检验。说明相较于中西部地区，受到绿色产业政策支持的东部地区的重污染企业对绿色创新促进作用更显著，绿色产业政策对绿色创新的促进作用因地域而异。

第五节　本章小结

一、主要结论

随着近年来全球环境问题的日益严峻，对发展中国家的绿色转型提出了更高的要求。目前关于绿色产业政策在发展中国家的有效性的研究仍然缺乏。本章构建了我国绿色产业政策影响重污染企业绿色创新的分析框架，以检验绿色产业政策在发展中国家的有效性，并为促进政策提供现实的指导。

基于"十二五"和"十三五"期间我国重污染行业上市企业的数据，本章研究发现，绿色产业政策对重污染企业的支持能够有效促进绿色创新。这种绿色产业政策对重污染企业绿色创新的促进作用主要通过资源效应和信号效应实现。但绿色产业政策对绿色创新的支持主要体现在国有重污染企业和东部地区，而对非国有重污染企业和中西部地区企业的影响不显著。

---

① 本书研究分析样本不含我国港澳台地区。

二、政策建议

（1）政府应重视绿色产业政策的顶层设计，从国家战略层面支持企业绿色创新，为企业实现可持续绿色创新提供及时、长期的政策承诺。在中央政府的顶层规划下，绿色产业政策可以成为引导重污染企业进行绿色创新的有效手段。政府应着力制定前瞻性的绿色产业政策，协调经济与环境发展，推动重污染企业绿色转型。各级政府在设计系统时需要衡量其科学性，并考虑关键利益方的需求，制定结合国家可持续发展战略意图的切实可行的绿色产业政策。同时，在制度实施过程中，政府应通过对市场主体的调查，及时推动企业的绿色创新。通过这些努力，绿色产业政策可以激励和引导重污染企业实现绿色创新发展。

（2）政府应重视绿色产业政策的主导作用，加大对产业的补贴支持，并提供实时监管，保证资金的有效使用。同时，在实施绿色产业政策的过程中，政府应引导金融机构对重污染企业绿色创新行为的投资意愿，通过培育金融市场降低投资风险，并提高企业和金融机构的回报，从而有效解决重污染企业的资金限制，刺激企业绿色创新。

（3）政府应根据区域条件和产权异质性，加快制定有针对性的差异化绿色产业政策。研究发现绿色产业政策对改善绿色创新的影响存在地区和产权的差异性，欠发达的中西部地区和民营企业从绿色产业政策中获得的创新资源相对不足。因此，政府应继续推进行政精减和权力下放，构建公平的商业环境，扩大民营企业的融资渠道，并消除国有企业和民营企业的差别待遇。此外，中央政府应针对不同地区政府制定差异化的绿色产业政策，适当加大对中西部地区的政策支持，并利用财政转移支付来补充经济落后地区发展环境中的资金短缺，从而激发绿色产业政策对中西部地区的企业绿色创新的激励作用。

第七章

环境保护费改税的企业绿色创新效应研究

第一节 环保费改税的制度背景

为应对环境污染治理问题，我国早在 1979 年实施排污收费试点政策，并于 1982 年正式践行。四十多年来，排污收费制度在我国得到了不断完善，并通过对企业污染环境的行为收费促使企业加强环境治理并减少污染排放，在我国经济发展初期的污染源治理、排污单位经营管理、为污染防治提供专项资金方面具有重要意义。但随着生态文明的持续推进，我国排污费制度不再适应污染治理和环境保护的新趋势，缺陷日益显露。第一，排污收费标准设定过低。理论上，只有当排污费的标准高于污染治理的费用时，才能有效迫使企业进行生产工艺改进和污染治理。然而，虽然几经上调，排污收费设定标准仍远低于企业治污成本，导致企业宁愿交纳排污费也不积极进行污染治理。且排污费收入虽逐年增加，但用于环境污染治理部分的资金并未随之增加，甚至不增反降，出现排污费被挤占挪用的情况。第二，从法律层级看，排污费的征收缺乏强有力的法律保障。排污收费政策只是行政层面的法律制度，缺乏法律刚性，难以规范执法行为。对于需要跨区域的环境问题无法进行宏观调控，缺乏强制性和权威性。对不按照规定缴纳排污费的行为既未明确处罚种类，也缺乏有效的法律手段，导致征收效率低下并且缺乏足够的强制性和规范性，少缴费甚至不缴费现象较为普遍。第三，征收程序复杂，征管问题频发。排污费的征收首先需要排污者自觉进行申报，再由环境保护行政主管部门核查确定每一个排污者污染物的类型、数量和排污费金额，成本高昂，缺乏准确性与可行性。环保部门也缺乏对不实申报造成少缴排污费的追缴和处罚的法律手段，导致不实申报、少缴现象屡见不鲜。第四，从地方干预看，排污费可能存在过度的地方干预。个别地方存在"协商收费"，为招商引资将排污费作为优惠政策而予以减免。而排污企业为建立和维系这种"人情费"等成本，可能会挤占企业研发资源从而抑制其创新（袁建国、后青松、程晨，2015）。

作为政府调控环境污染行为的重要手段，环境保护税在促进节能减排、推动绿色发展方面发挥着举足轻重的作用。20 世纪 70 年代以来，随着西方发达国家对环境保护的重视和可持续发展理念的深入，根据"污染者付费原则"已经形成了一套比较成熟的环境税制体系（张安军，2022）。清费立税，设立具有更大强制性、更能发挥调节约束作用的环境保护税法成为我国极其紧迫的任务。2016 年 12 月 25 日，沿用了四十多年的排污收费制度改为更具法律刚性的《环境保护税法》，2018 年 1 月 1 日，《中华人民共和国环境保护税法》正式施行。通过"谁污染谁缴税"的税制设计，环境税的征收能够使排污者为其损害环境和污染行为承担相应的成本，体现"多排多征，少排少征，不排不征"，发挥税收杠杆的绿色调节作用，推进资源节约与生态环境保护。与排污收费制度相比，我国这首部"绿色税法"具有几个显著的优势：第一，税负标准合理。环保税将大气污染物和水污染物的税额下限整体提高为排污费的两倍，上限设定为不超过低标准的十倍等。税率水平的设定更加合理，既有效约束企业排污行为，又考虑排污者税收负担。第二，税收减免增加。环保税在税收减免方面比排污收费增加了一档优惠，即污染物污染浓度值低于规定排放标准30%的减免25%，浓度值低于50%的减免力度增大到50%，并取消了加倍征收的条款。环保税将约束与激励相结合，税收优惠力度更大，更注重发挥对企业治污减排的激励作用。第三，税收征管规范。环保税开启了纳税人申报、税务机关征收、生态环境主管部门监测的征管新模式，且征税对象、征税范围、税率、加征或减免政策等方面均相对明确。这种征管模式减轻了环保部门的负担，有助于保障税款及时足额入库，提高征收效率。在可持续发展的全球战略背景下，环保税作为协调经济发展与生态环境保护的重要手段，对我国的可持续发展意义重大。

针对费改税这一制度改进，学者们对这一制度改进的必要性和经济后果两个层面进行了关注。首先，在必要性方面，大多学者认为，环保费改税政策对我国实现可持续发展目标影响重大，在相当程度上克服了排污费制度在污染治理和环境保护方面存在的缺陷，我国实施环保费改税政策是必要且可行的，并且应当在配套法规、信息共享平台、税额标准等方面完善环境税制（司言武、李珺，2007；葛察忠等，2017）。其次，经济后果层面，大部分学者的研究表明政策对企业具有正向的经济效应。环保费改税政策实现了污染治理环境保护效应（Li and Deng，2021），能激发企业提高化石能源使用效率和末端降低污染排放的绿色创新活动（刘金科、肖翊阳，2022）；增大了污染企业的预防性环保投资（田利辉等，2022），促进了重污染企业的绿色转型（于连超等，2021），显著促进了企业产能利用率，并且这一促进作用随时间推移不断增强（于连超等，2021）；通过加强税收政策的刚性而有效推动去产能过程中的供给侧结构性改革进程以实现产业转型（Ji and Zeng，2022）显著抑制了企业金融化（于连超等，2022），提高经济效率、增加社会就业（Fullerton and Metcalf，1998；Ciaschini et al.，2012）。但我国费改税实施时间较短，可能存在政策上的滞后影响。例如，费改税对企业绩效的影响在短期内尚未产生预期效应（金友良、谷钧仁、曾辉祥，2020）；会负向影响企业环境信息披露质量（孔东民、韦咏曦、季绵绵，2021）；推进了产业结构升级但尚未实现优化产业结构（黄纪强、祁毓，2022）；环境税率仍然较低，对企业主动开发绿色生产技术的激励不足（Hu et al.，2020）。因此费改税政策仍需要持续有效推行并进一步完善和改进。

环境保护费改税政策是深入学习贯彻习近平生态文明思想、践行绿色发展理念的重大战略举措，也是我国现代环境治理体系的重要组成部分，学者们对其实施的必要性和可行性展开了充分讨论，但基于微观视角实证检验环保费改税对企业层面的绿色创新效应的文献仍然较为匮乏。基于上述考虑，本章试图回答以下问题：环保费改税能否对企业绿色创新产生促进效应？如果存在促进作用，又是通过何种机制施加影响？在不同场景下，环保费改税对绿色创新的促进作用有何不同？这些都成为当前亟须探讨的问题，也是本部分需要回答的问题。

第二节　环保费改税促进了企业绿色创新吗？

根据"波特假说"，严格且恰当的环境规制能够促进企业开发创新型技术，带来补偿效应，能够部分甚至完全抵销遵循环境规制的成本，长期来看能够提高企业的生产效率和竞争力。在缺乏有效约束的情况下，环境资源的公共产品属性会导致自然资源的过度耗用。环境保护费改税政策以税收手段对企业的污染行为进行调控，整体提高了环境税的征收标准，以更具刚性的法律为保障、实行了税收征管新模式，并减少了地方施加的干预，更好体现"谁污染、谁付费"的柔性引导机制。税收负担的增加能够更有效地内部化企业外部的污染成本，追求自身利益最大化的企业，会在环保投资与污染排放行为之间权衡，从而迫使企业增加环保投资，开展兼顾生态效益的绿色创新。而税收优惠激励的增加能够抑制环保投资的公共性特征导致的低回报，基于长远视角，能够使企业享受税收优惠并提高自身竞争力，获取竞争优势，有效激励企业增加环保投资和绿色研发进行节能减排。而环保投资的增加一方面向社会传递出企业经营良好和积极承担社会责任的利好信息，另一方面也满足了消费者、投资者等利益相关者的绿色需求，有助于为企业绿色创新活动获得更多资金和资源支持，缓解企业融资约束，实现经济效益与环境效益的最大化。

首先，环保费改税政策建立了约束与激励并存的税收机制，有利于吸收资金向绿色环保的领域流动。在中国环境污染治理实践中，许多企业在污染物排放数量、资源不完全利用带来的成本和危害等方面认识不够；或在减少污染物排放、消除有害废物排放的领域经验较少；或对环保投资是否有价值的认知不确定（刘金科、肖翊阳，2022）。环境税法综合考虑了环保要求和企业税负因素，一方面，沿用了排污费中大气和水污染物的税额下限，并设定了十倍的税额上限，提高了应税污染物的排放征收标准。重污染企业税收负担的加重，增加了污染者承担环境治理的成本，使得企业认识到环境保护不再是一个空洞的口号，企业可能必须淘汰或改造高耗能产品或技术，否则可能面临相应的高额环境税，并影响企业长远发展，从而促使重污染企业增加污染控制与治理的研发投入以降低税负。另一方面，环境税法增加了一档减税优惠，税收优惠力度的增大，引导企业通过升级生产技术实现绿色转型发展，激励企业减少污染以享受减税政策。

从短期看，环境税的征收，可能确实提高了企业的税收负担，且企业进行环保技术改造或技术开发的环保投资还需要有较大投入。但长远看，企业的环保投资不仅仅可以用于末端治理技术投资，抑制排放，直接改善企业节能减排问题，使企业免于缴纳超标环境税费和行政罚款，减轻企业的经济负担（Lee，Park and Kim，2015）；也会进一步促进企业环保研发投入，提供资金购置绿色产品工艺技术设备、生产设备或对传统工艺技术及设备进行绿色改造与升级；或研发出节能环保的产品，并因此提高产品质量，减少污染，满足利益相关者的绿色需求，实现经济效益与环境效益的最大化。因此，环境税的征收，不仅可能促使企业进行短期的、迎合性的环保投资以实现政府和社会公众对企业环境合法性的要求，也有可能进行研发型的环保投资，从而改良生产工艺提升生产效率和资源使用效率，或研发出更优质更绿色的产品，提升企业绿色创新能力和绿色创新产出，增强企业的市场竞争力。

其次，根据利益相关者理论，各利益相关者日益关注环境合法性（于连超等，2021）。政府对企业存在的超标排污行为可以酌情予以罚款、停产整治处罚，情节严重的责令其停业、关闭，若其违法排放污染物行为构成犯罪的，还应依法处以行政拘留；企业污染引致的潜在环境违法风险不利于企业的价值增加和长远发展（Krüger，2015），因此投资人、金融机构等也日益关注企业的环境合法性，而不仅仅是经济效益；生态环保意识的提高增加了消费者对绿色产品的日益需求，因此企业有压力也有动力提升环境表现以满足更大的环境合法要求。而正如前文分析，排污收费除了排污收费设定标准远低于企业治污成本外，其缺乏严格的法律效力和执法刚性，难以规范执法并容易受到地方干预。环保费改税后，环境税收具备严格的法律约束力和执法刚性、更高的规范性和较少的地方干预行为，使排污企业难以通过不合规的手段逃避应当负担的污染成本，增强了企业的环境合法性压力。第一，从法律层级来看，费改税后，环境税收的征收依据为法律，与排污费相比具有更高的规范性和法律刚性，有效规范执法行为。第二，从征收管理来看，费改税后，环境税的征管主体为税务部门，由环保部门进行核定。若存在纳税人不实申报，税务机关有权依法追缴并予以处罚，逾期不申报也被视为偷税漏税，可能被实施强制执行措施和保全措施。环保费改税以强有力的法律手段作为税收征管的保障，能够有效克服排污费制度存在的征管效率低下、不缴或少缴和排污费被挤占等问题，增加企业的污染成本和环境压力。第三，从地方干预来看，费改税后，环境税收具有更高的规范性，以法律手段保障申报和缴纳依法进行，征收环境更加透明，有助于减少地方干预。

环境费改税政策的实施，增加了企业的环境合法性压力，因此企业良好的环境表现，将向利益相关者传递良好信号，并因此降低融资成本，缓解融资约束，从而促进企业绿色创新。第一，企业的环境表现日益成为企业融资时投资人和金融机构关注的重点。可持续发展理论认为，良好的环境表现通常表明企业能长期持续稳健运营，虽然短期内会带来成本的增加，但长期来看对于企业提升经营效率和获取竞争优势具有积极影响，因此，环境表现良好的企业更容易获得资金来源。第二，基于信号传递理论，良好的社会责任表现和公司治理水平作为重要的信号传递行为，能够减少信息不对称导致的委托－代理问题（沈洪涛、冯杰，2012），从而有效降低企业融资成本。第三，我国的市场环境也逐渐为环境表现良好的企业提供了融资优势（陈国进等，2021），环境合法性良好的企业可能可以获得更多的补贴、激励和融资机会，例如，绿色金融的发展正逐渐将资金引入资源节约和环境保护的绿色创新领域。第四，环境表现良好的企业更容易获得社会公众的认同，有助于其从金融机构获取资金支持。当企业融资能力增强，面临的融资约束得到有效缓解时，更易于获取足够的资金支持，从而能够将更多的资金和资源投入创新活动，生产开发绿色技术，实现企业经济增长与生态环境保护的协调增长，促进企业绿色创新。

由此本章提出以下假设：

H7－1：环境保护费改税有助于促进企业绿色创新。

图7－1为整合了上述假设和后续进一步分析的理论框架，据以验证环保费改税政策促进企业绿色创新的作用路径和异质性分析。

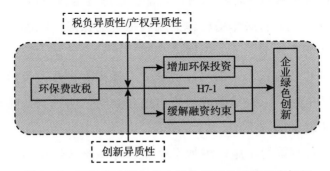

图7－1　环保费改税与企业绿色创新关系的研究框架

第三节　研究样本与变量设计

一、研究样本

《中华人民共和国环境保护税法》于 2018 年 1 月 1 日起正式实施，故本章选取 2014～2020 年沪深两市上市公司的 A 股面板数据作为研究对象，并经过如下筛选：第一，剔除在样本期间内交易状态为 ST、*ST 类非正常交易状态上市公司的样本；第二，为了避免异常值的影响，保持数据的可比性，剔除金融保险行业上市公司的样本；第三，剔除关键变量存在缺失的样本；第四，为避免极端值的影响，对所有连续变量在上下 1% 的分位进行缩尾（winsorize）处理。

二、变量设计

本章主要研究变量及其定义，如表 7-1 所示。

表 7-1　　　　　　　　　　　本章研究变量及其定义

变量名称	变量符号	度量方式
企业绿色创新	GI	企业当年绿色专利申请数量与 1 之和取自然对数
时间虚拟变量	$Post$	虚拟变量，反映政策实施时间。2018 年及以后时，赋值为 1；2018 年之前时，赋值为 0
分组虚拟变量	$Treat$	虚拟变量，反映企业是否受到政策影响。当企业属于重污染行业时则为实验组，赋值为 1；不属于重污染行业则为对照组，赋值为 0
偿债能力	Lev	负债总额与资产总额之比

变量名称	变量符号	度量方式
企业年龄	Age	企业自成立至今年数取自然对数
董事会规模	Board	董事会人数与 1 之和的自然对数
独立董事比例	Indep	独立董事人数占董事会人数的比例
两职合一	Dual	董事长兼任 CEO 时赋值为 1，否则赋值为 0
前十大股东持股	Top10	前十大股东持股比例
产权性质	Nature	国有企业赋值为 1，非国企则取值为 0
两权分离率	Seper	实际控制人拥有上市公司控制权与所有权作差
盈利能力	Roa	净利润与期末资产平均总额之比
托宾 Q	TobinQ	市值与总资产的比值
企业规模	Size	企业年末总资产与 1 之和的自然对数
成长能力	Growth	本期营业收入与上期营业收入之差与上期营业收入的比例
盈亏性质	Loss	当年净利润为负数时赋值为 1，否则赋值为 0
现金持有量	Cash	货币资金占资产总额的比例

（一）因变量

企业绿色创新（GI），以企业绿色专利申请数量加 1 的自然对数进行衡量。

（二）自变量

鉴于环保费改税对重污染企业影响较大，因此设立分组虚拟变量（Treat），若样本属于重污染行业企业，赋值为 1，表示企业受到费改税政策的影响，否则取 0。时间虚拟变量（Post）反映政策是否在 2018 年实施，在 2018 年当年及以后赋值为 1，否则取 0。

（三）控制变量

参考现有相关研究，控制了其他对绿色创新可能产生影响的变量。

三、模型构建

本章构建了 DID 模型以考察我国费改税政策对企业绿色创新的影响。《上市公司环境信息披露指南（征求意见稿)》《上市公司环保核查行业分类管理名录》《上市公司行业分类指引》界定了 16 个重污染行业。由于重污染行业的企业更可能受到费改税政策的影响，本章依据企业所属行业是否属于重污染行业，将属于重污染行业的企业划分为处理组，其他行业的企业为对照组，以 2018 年政策实施前后为依据进行进一步划分。构建如下计量模型：

$$GI_{i,t} = \alpha + \beta_1 Treat_i + \beta_2 Post_t + \beta_3 Treat_i \times Post_t + \beta_4 Controls_{i,t}$$
$$+ Year + Ind + Prov + \varepsilon_{i,t} \tag{7-1}$$

其中，下标 i 表示企业，t 表示年份；$GI_{i,t}$ 是企业绿色创新；$Treat_i$ 为分组变量，$Post_t$ 为时间变量，$Treat_i \times Post_t$ 为交互项；$Controls_{i,t}$ 为控制变量集合；$\varepsilon_{i,t}$ 为模型误差。$Year$、Ind、$Prov$ 分别为时间、行业和地区固定效应。

第四节　实证研究与结果

一、描述性统计

主要变量的描述性统计，如表 7-2 所示。

表 7 - 2　　　　　　　　　　　本章主要变量描述性统计

变量	观测值	均值	标准差	中位数	最小值	最大值
GI	14442	1.102	1.290	0.693	0.000	5.106
Treat	14442	0.086	0.281	0.000	0.000	1.000
Post	14442	0.493	0.500	0.000	0.000	1.000
Lev	14442	0.431	0.201	0.420	0.066	0.882
Age	14442	2.954	0.297	2.987	2.131	3.526
Board	14442	2.232	0.174	2.303	1.792	2.708
Indep	14442	0.377	0.053	0.364	0.333	0.571
Dual	14442	0.302	0.459	0.000	0.000	1.000
Top10	14442	0.594	0.149	0.604	0.250	0.913
Nature	14442	0.311	0.463	0.000	0.000	1.000
Seper	14442	4.536	7.259	0.000	0.000	28.310
Roa	14442	0.042	0.066	0.040	-0.255	0.229
TobinQ	14442	2.325	1.569	1.830	0.886	10.160
Size	14442	22.43	1.350	22.24	20.00	26.550
Growth	14442	0.175	0.432	0.104	-0.559	2.802
Loss	14442	0.903	0.295	1.000	0.000	1.000
Cash	14442	0.174	0.117	0.143	0.019	0.592

根据表 7 - 2，从企业绿色创新（GI）极值和标准差可以看出，最小值为 0.000，最大值为 5.106，总体而言，上市公司绿色创新水平偏低，各公司水平参差不齐，且仍然有较多企业没有明确的绿色创新活动。就控制变量而言，董事会规模、企业年龄和偿债能力等与上市公司的现实相符，并与现有文献的统计结果一致。

二、回归结果分析

（一）单变量差分结果分析

为了探讨环境保护费改税政策对企业绿色创新的影响，本章首先采用单变量差分考察处理组和对照组的企业绿色创新在政策实施前后是否存在显著差异，结果如表7-3所示。

表7-3　　　　环保费改税政策与企业绿色创新单变量差分检验结果

项目	对照组	处理组	$Diff_t$
实施前	1.008	0.996	-0.012 (-0.240)
实施后	1.189	1.309	0.120** (2.140)
$Diff_p$	0.181*** (8.0900)	0.313*** (4.290)	0.132* (1.727)

注：***、**、*分别表示在1%、5%、10%水平上显著；（）内为T值。

根据表7-3，在重污染行业企业样本中，环保费改税政策实施后的企业绿色创新水平均值比实施前的均值高0.313，在1%的置信水平上显著；在非重污染企业样本中，政策后的企业绿色创新水平均值比政策前的均值高0.181，依然在1%的置信水平上显著。总体来看，与对照组相比，环保费改税政策导致处理组的企业绿色创新水平显著提高。

（二）双重差分结果分析

表7-4为费改税的企业绿色创新效应的回归结果。

表 7 – 4   环保费改税政策与企业绿色创新的双重差分检验结果

变量	企业绿色创新（GI）			
	（1）	（2）	（3）	（4）
$Treat \times Post$	0. 168 *** (3. 017)	0. 150 *** (2. 955)		
$Treat \times Post2018$			0. 056 (0. 848)	0. 064 (1. 039)
$Treat \times Post2019$			0. 231 *** (3. 007)	0. 199 *** (2. 819)
$Treat \times Post2020$			0. 212 *** (3. 078)	0. 185 *** (2. 837)
Lev		0. 110 (1. 104)		0. 110 (1. 105)
Age		– 0. 144 ** (– 2. 358)		– 0. 144 ** (– 2. 358)
$Board$		0. 183 (1. 590)		0. 183 (1. 591)
$Indep$		0. 282 (0. 859)		0. 283 (0. 862)
$Dual$		0. 023 (0. 755)		0. 023 (0. 751)
$Top10$		– 0. 448 *** (– 4. 031)		– 0. 448 *** (– 4. 034)
$Nature$		0. 171 *** (3. 902)		0. 171 *** (3. 903)
$Seper$		0. 003 (1. 314)		0. 003 (1. 312)
Roa		0. 031 (0. 127)		0. 030 (0. 123)

续表

变量	企业绿色创新（GI）			
	（1）	（2）	（3）	（4）
TobinQ		0.016 * （1.792）		0.016 * （1.802）
Size		0.494 *** （26.747）		0.494 *** （26.744）
Growth		−0.018 （−0.813）		−0.018 （−0.807）
Loss		0.058 （1.346）		0.058 （1.346）
Cash		0.196 （1.641）		0.196 * （1.646）
常数项	1.095 *** （55.836）	−10.397 *** （−19.675）	1.095 *** （55.833）	−10.039 *** （−19.674）
Year	Yes	Yes	Yes	Yes
Ind	Yes	Yes	Yes	Yes
Prov	Yes	Yes	Yes	Yes
观测值	14441	14441	14441	14441
Adjust_R^2	0.250	0.452	0.250	0.452

注：***、**、*分别表示在1%、5%、10%水平上显著；（）内为T值。

根据表7-4中列（1），在没有任何控制变量的情况下，Treat × Post 的系数在1%的置信水平下显著为正，列（2）加入了控制变量后，Treat × Post 的系数依旧在1%的置信水平下显著为正；说明费改税政策显著促进了企业绿色创新，与假设7-1一致。列（3）和列（4）考察了费改税实施后的时间动态效应，具体而言，将模型（7-1）中费改税实施后的年度分别划分为2018年、2019年和2020年，生成时间变量与 Treat 的交互项 Treat × Post2018、Treat × Post2019 和 Treat × Post2020。回归结果显示，Treat × Post2018 的系数不显著，而 Treat × Post2019 和 Treat × Post2020 的系数在1%的置信水平下显著为正，表明费改税政策的实施效果具有一定的滞后性。

三、稳健性检验

（一）平行趋势假设检验

为了进一步说明上述结果的合理性，本章进行了平行趋势检验。表7－5列出了环保费改税对企业绿色创新的动态影响。

表7－5　　环保费改税与企业绿色创新关系的稳健性检验结果（一）

（平行趋势假设检验）

变量	企业绿色创新（GI）
$Before_3$	0.081 （1.061）
$Before_2$	0.128 （1.484）
$Before_1$	0.119 （1.403）
$Current$	0.148 * （1.658）
$After_1$	0.283 *** （3.059）
$After_2$	0.269 *** （3.081）
常数项	－ 10.048 *** （－ 19.676）
控制变量	Yes
$Year$	Yes
Ind	Yes
$Prov$	Yes
观测值	14441
Adjust_R^2	0.452

注：***、***、* 分别表示在1%、5%、10%水平上显著；（）内为 T 值。

在基准回归中加入环境费改税前后哑变量，观察平均处理效果的时间趋势。其中，$Before_i$ 代表环境费改税实施前的年份，$Current$ 代表环境费改税实施的年份，$After_i$ 代表环境费改税实施后的年份。可以发现，环境费改税实施前的系数均为正但不显著，实施当年的系数在 10% 的置信水平下显著为正，实施后两年的回归系数对企业绿色创新具有 1% 的显著影响。说明在环保费改税实施前，处理组和对照组的绿色创新水平存在平行趋势，可以运用双重差分法。

（二）安慰剂检验

为了验证本章的实证结果是由环境费改税而非其他因素引起的，本章将环保费改税政策实施前三年、前两年和前一年作为虚假实施时间进行安慰剂检验。回归结果如表 7-6 所示。结果显示，虚假政策实施年份与 $Treat$ 的交互项的系数均与基准回归结果均不一致，说明企业绿色创新水平的提升确实是由于环境保护费改税的实施引起的，基准回归结果稳健。

表 7-6　　环保费改税与企业绿色创新关系的稳健性检验结果（二）

（安慰剂检验）

变量	政策前三年	政策前两年	政策前一年
	（1）	（2）	（3）
$Treat \times Post$	0.116 (1.576)	0.043 (0.670)	0.005 (0.076)
常数项	-8.789 *** (-12.708)	-9.542 *** (-14.871)	-10.117 *** (-16.492)
控制变量	Yes	Yes	Yes
$Year$	Yes	Yes	Yes
Ind	Yes	Yes	Yes
$Prov$	Yes	Yes	Yes
观测值	5241	5701	6228
Adjust_R^2	0.425	0.444	0.457

注：***、**、* 分别表示在 1%、5%、10% 水平上显著；（）内为 T 值。

（三）PSM + DID

本部分将倾向评分匹配与双重差分法结合使用以应对样本选择偏误导致的内生性问题，并采用 1∶1 无放回的卡尺内最近邻匹配（半径为 0.05）为处理组匹配特征最相似的对照组。匹配后，各协变量的取值在处理组与对照组之间不存在系统性偏差，可以进行双重差分估计。在此基础上采用双重差分法考察环保费改税对企业绿色创新的影响，结果如表 7 – 7 中列（1）所示，$Treat \times Post$ 的回归系数在 1% 的置信水平下显著为正，说明环保费改税政策有助于促进企业绿色创新，通过了稳健性检验。

表 7 – 7　　　环保费改税与企业绿色创新关系的稳健性检验结果（三）

变量	PSM + DID	缩短样本期间	删除政策当年样本	更换被解释变量
	（1）	（2）	（3）	（4）
$Treat \times Post$	1. 666 *** （2. 678）	0. 114 ** （2. 208）	0. 192 *** （3. 324）	0. 014 ** （2. 050）
常数项	– 17. 273 *** （ – 9. 454）	– 10. 377 *** （ – 19. 871）	– 9. 907 *** （ – 19. 333）	0. 013 （0. 194）
控制变量	Yes	Yes	Yes	Yes
$Year$	Yes	Yes	Yes	Yes
Ind	Yes	Yes	Yes	Yes
$Prov$	Yes	Yes	Yes	Yes
观测值	594	11076	12166	12386
Adjust_R^2	0. 597	0. 462	0. 449	0. 199

注：***、**、* 分别表示在 1%、5%、10% 水平上显著；（）内为 T 值。

（四）缩短样本期间

环保费改税政策于 2018 年实施，而本章的样本期间为 2014～2020 年，可能存在政策实施之前样本期间过长导致的噪声，从而影响实证结果的稳健性。为缓解政策实施前的噪声干扰，本章将样本期间缩短为 2016～2020

年，回归结果如表 7-7 中列（2）所示。$Treat \times Post$ 的系数在 5% 的置信水平下显著为正，说明环保费改税对企业绿色创新有显著促进作用，研究结论稳健。

（五）删除政策当年样本

出于稳健性考虑，将所有上市公司在 2018 年的样本观测值删除，重新进行检验，回归结果如表 7-7 中列（3）所示。$Treat \times Post$ 的回归系数在 1% 的置信水平下显著为正，假设 7-1 依旧得到支持。

（六）更换被解释变量

参考徐佳和崔静波（2020）的研究，本章使用绿色专利申请数量与所有专利申请数量的比值衡量企业绿色创新水平来进行稳健性检验，有助于剔除同时影响分子和分母的噪声较大的干扰因素。回归结果如表 7-7 中列（4）所示。可以发现，$Treat \times Post$ 的系数在 5% 的置信水平下显著为正，结论依然稳健。

四、机制检验

前文分析和检验表明，环保费改税政策确实促进了重污染行业的企业绿色创新。在此基础上，本章进一步探讨二者之间的作用机制。企业的绿色创新活动是一个充满不确定性的漫长周期，需要长期稳定的资金和各种资源的投入，且其收益具有正外部性，因此，以逐利为目标的企业并不会自发选择进行绿色创新活动。这种情况下，有赖于政府的压力与激励引导企业绿色创新。一方面，环保费改税整体提高了税额标准、具备严格的执法刚性和税收征管并减少了地方施加的干预，加大了重污染行业企业的税收负担，将有效倒逼污染企业为减小成本而增加环保投资开展节能减排和污染治理以促进企业绿色创新水平；另一方面，环保费改税政策建立了约束与激励并存的税收机制，企业环境合法压力的增大促使企业提升环境表现以满足环境合法要求，既可能满足减免政策的激励作用，又有助于树立绿色形象，降低利益相关者对创新环境的疑虑，从而缓解企业的融资约束，为企业绿色创新活动提供资金支持。借鉴江艇（2022），本章通过重点考察核心解释变量来检验对机制变量的影响，探究环保费改税是否可以通过加大环保投资和缓解融资约束促进企业绿色创新。结果如表 7 - 8 所示。

表 7 - 8　　　　环保费改税影响企业绿色创新的机制检验结果

变量	增加环保投资（Epi）	缓解融资约束（SA）
	（1）	（2）
$Treat \times Post$	0. 345 ** （1. 978）	− 0. 005 *** （− 3. 851）
常数项	2. 109 （1. 438）	0. 034 *** （4. 339）
控制变量	Yes	Yes
$Year$	Yes	Yes
Ind	Yes	Yes
$Prov$	Yes	Yes
样本量	4753	12382
Adjust_R^2	0. 163	0. 378

注：*** 、** 、* 分别表示在 1% 、5% 、10% 水平上显著；（ ）内为 T 值。

（一）环保投资的中介作用

表 7 - 8 中列（1）反映了环保投资中介的回归结果，其中因变量为企业环保投资：环保投资 = 环保投资总额/资本总量。结果显示，环境费改税政策实施与环保投资的回归系数在 5% 的置信水平下显著为正，说明环保费改税政策通过增加企业环保投资而促进企业绿色创新，环保投资机制得以验证。

（二）融资约束的中介作用

表 7 – 8 中列（2）报告了融资约束中介机制检验结果，其中因变量为企业融资约束。结果显示，环境费改税政策实施与融资约束的回归系数在 1% 的置信水平下显著为负，说明环保费改税政策可以缓解融资约束，从而促进企业绿色创新。

五、进一步研究

（一）绿色专利异质性分析

异质性绿色专利的特点不同，可能导致环保费改税对不同企业绿色创新活动的影响差异。本章分别探讨了环保费改税对绿色实用新型专利和绿色发明专利的影响，回归结果如表 7 – 9 中列（1）和列（2）所示。$Treat \times Post$ 对绿色实用新型专利的回归系数在 1% 的置信水平下显著为正，对绿色发明专利的系数为正但不显著，说明环保费改税对绿色实用新型专利的促进作用更明显。可能原因如下：第一，绿色实用新型专利的技术含量较低，研发和申请难度较小，所需资源投入相对较少，能够在短期内获取大量产出成果。因此，企业可以在短期内通过绿色实用新型专利顺应政府监管的需要，使企业获取政府补贴和税收优惠等财政资源。而绿色发明专利的研发周期长、风险高、收益低、难度大，需要企业长期持续稳定的投入，易于挤占其他生产活动的资金，可能影响企业日常经营活动，因此要促进绿色发明专利型创新难度较大。第二，目前我国法治环境尚不完善，尤其在知识产权保护制度不健全的情况下，企业进行创新后可能面临潜在竞争对手的模仿代替及盗版抄袭等侵权行为的风险，导致许多企业的自主研发投入不足，抑制企业自主创新投入的积极性和力度（史宇鹏、顾全林，2013）。企业投入了大量时间、人力、财力和物力的绿色发明专利面临着专利侵权的风险，可能使企业蒙受巨大损失。因此，企业环保费改税对企业发明型绿色创新影响较小。

表7-9 环保费改税影响企业绿色创新的异质性分析结果

变量	企业绿色创新					
	绿色实用新型专利	绿色发明专利	税负标准提高	税负标准不变	国有企业	非国有企业
	（1）	（2）	（3）	（4）	（5）	（6）
$Treat \times Post$	0.085 *** (2.728)	0.035 (1.070)	0.223 *** (2.953)	0.099 (1.429)	0.153 ** (2.167)	0.061 (1.375)
常数项	−6.834 *** (−16.168)	−9.108 *** (−18.669)	−10.500 *** (−12.487)	−10.007 *** (−15.366)	−10.608 *** (−12.969)	−8.028 *** (−13.702)
控制变量	Yes	Yes	Yes	Yes	Yes	Yes
$Year$	Yes	Yes	Yes	Yes	Yes	Yes
Ind	Yes	Yes	Yes	Yes	Yes	Yes
$Prov$	Yes	Yes	Yes	Yes	Yes	Yes
样本量	14441	14441	5505	8804	4496	9944
R^2	0.420	0.406	0.488	0.436	0.560	0.383

注：***、**、*分别表示在1%、5%、10%水平上显著；（）内为T值。

（二）税负标准的异质性分析

目前一个较大的争议点认为，在经济下行的压力下，环保费改税只是将原来的排污收费制度进行平移，不能真正体现由污染者付费的原则，无法有效迫使企业减少污染。因此，本章根据企业在环保费改税政策实施后是否上调税额标准为依据，对比分析税负提标和税负平移省份的企业受到的不同影响。结果如表7-9中列（3）和列（4）所示，$Treat \times Post$ 的回归系数在税负标准提高样本中在1%的置信水平下显著为正，而在税负标准基本平移样本中为正但不显著，说明环保费改税对税负提标省份的企业绿色创新促进作用更显著。原因可能是税负提标省份的企业面临更高的税收负担，能够有效地将外部成本内部化，充分发挥多排污需多缴税，少排污则少缴税的正向激励作用，强化排污者的责任，从而推动企业开展绿色创新活动。

（三）产权性质的异质性分析

为验证环保费改税的绿色创新效果是否存在产权性质差异，本章根据企业是否属于国有企业，对比分析国有企业和非国有企业受到政策影响的差异，回归结果如表 7 - 9 中列（5）和列（6）所示。结果表明，$Treat \times Post$ 的回归系数在国企样本中在 5% 的置信水平下显著为正，而在非国企样本中为正但不显著，说明环保费改税政策对国有企业绿色创新的促进作用比非国企更显著。可能的原因为：一方面，国有企业比非国有企业面临更小的融资约束，具有充足的资源支撑绿色创新活动；另一方面，由于与政府的政治关联，国有企业具有更大的动力和压力响应政府政策，因此国有企业有更大的压力和能力进行绿色创新活动。

第五节　本章小结

一、主要结论

如何协调经济增长与生态环境保护是学者们和政府部门关注的焦点问题。本章以 2018 年实施的环保费改税政策作为外生冲击，以 2014 ~ 2020年我国 A 股上市公司数据为研究对象，运用双重差分法考察其对企业绿色创新的影响。研究发现：环保费改税政策显著促进了重污染行业的企业绿色创新；环保费改税政策通过增加企业内部环保投资和缓解企业外部融资约束来促进企业绿色创新。相比于绿色发明专利、税负平移企业和非国有企业，环保费改税对企业绿色创新的促进作用对绿色实用新型专利、税负提标企业和国有企业更明显。

二、政策建议

（1）夯实法律基础，持续推行环保费改税政策。现阶段的经验证据表明，"清费立税"能够促进企业绿色创新。因此，需要以更具刚性的法律制度体系作为费改税政策强有力的保障，进一步完善惩罚性机制，加强监管和执法水平，减少地方政府干预。同时，时间维度的考查结果表明目前费改税的实施效果仍比较有限，政府部门需要持续推动各地践行费改税政策，尤其需要加大对非国有企业的执法力度，以最大化政策实施效果。

（2）推动各地调整税额标准。费改税对税负提标省份企业绿色创新的促进作用更显著，但我国大部分省份仍未显著提高税额标准，而是选择将税负基本平移。各政府部门应依据各地具体污染状况和发展目标尽早调整税额标准，更好体现"谁污染谁缴费"的原则，有效实现减少污染排放、保护生态环境的环保目标。

（3）以绿色金融政策增进绿色创新效果。企业的绿色创新活动因其周期较长和不确定性较高等特点往往面临着融资约束问题。传统的金融机构往往更注重企业的经济效益而忽视其环境效益，导致金融错配现象发生，而在同等条件下，绿色金融机构则更倾向于将资金投入节能环保的绿色项目，有效缓解企业的资金压力。因此我国政府应进一步加强建设绿色金融体系，促进绿色金融发展，提高金融配置效率，以绿色金融手段强化绿色创新效果。

（4）持续完善环境信息披露制度。从政策结果来看，费改税政策能够提升企业的环境信息披露，但我国的环境信息披露情况仍有较大的上升空间。因此，需要加强政府对环境信息披露的监管和环境信息披露体系建设，将环境表现作为企业合法性的一个重要方面。与此同时，需要注重发挥舆论监督的引导作用，加强媒体对环境问题的关注和报道。

第八章

"绿色工厂"认定的企业绿色创新效应研究

第一节 "绿色工厂"认定的政策背景

低碳经济和绿色发展已成为全球关注的焦点,各国及世界组织对制造业绿色发展的重视也与日俱增,例如,美国推行"先进制造伙伴计划2.0"、日本出台《绿色发展战略总体规划》、欧盟实施"绿色工业发展计划"等。在此背景下,政府、产业组织和第三方机构主导的自愿型规制工具,例如,"绿色照明计划""能源之星",以及环境管理体系(ISO14001)等也陆续出现。我国《中国制造2025》首次基于企业主体提出"绿色工厂"这一绿色制造体系的核心概念,并将建设"绿色工厂"列为"绿色制造工程"的核心内容。在"十三五"规划纲要、《工业绿色发展规划(2018—2020年)》等纲领性文件指导下,工业和信息化部于2016年发布了《关于开展绿色制造体系建设的通知》,正式推出"绿色工厂"认定体系,指导各省全面开展"绿色工厂"认定工作,通过联合各行业组织,制定具有一定专业技术属性的综合性绿色标准体系,结合第三方中介独立评价,筛选出"用地集约化、原料无害化、生产洁净化、废物资源化、能源低碳化"的"绿色工厂",并给予专项资金、绿色信贷等政策支持。其内容涵盖了绿色评价标准制定、第三方评估认证、政策激励、持续监督与评价四个方面，旨在将"绿色工厂"打造成"绿色转型升级的示范标杆，参与国际竞争的领军力量"。

具体地，《绿色工厂评价通则》（CGB/T 36132—2018）基于产品生命周期管理原则，提出涵盖 7 项一级指标和 26 项二级指标的"绿色工厂"综合性评价体系①。当与企业环境绩效相关的能源利用率、污染物排放水平等评价指标均优于行业平均水平时，由其自主申请第三方中介机构评价报告，经省级主管部门评估确认后向工信部推荐本地区国家级"绿色工厂"名单。获得"绿色工厂"认定后，工业和信息化部将利用国家工业转型升级资金、专项基金、绿色信贷等相关政策工具扶持"绿色工厂"发展；同时各省份也出台了相应激励措施，例如，一次性奖励、专项资金支持、专项授信额度及贷款利率优惠、在错峰生产和重污染天气应急管控期间不纳入停产限产范围等。为持续推进环境绩效提升，遵照"每三年一复核"原则，工业和信息化部将重点核查"绿色工厂"相关指标，对不再符合"绿色工厂"评价要求的企业进行除名，且近三年内被动态调整出名单的企业不得再次申报。

2017～2020 年我国共认定五批次 2121 家国家级"绿色工厂"，各批次数量分别为 201 家、208 家、391 家、602 家、719 家②，数量呈逐年递增趋势。从地域分布看，2121 家"绿色工厂"广泛分布在我国 31 个省份，其中江苏、山东、广东和浙江的"绿色工厂"数量最多，均超过 130 家；从行业分布看，涉及 15 个行业，主要集中在电子行业，其次是轻工、机械和食品行业等；从上市情况看，有 400 家为上市公司，有 399 家为上市公司子公司，其中有多家"绿色工厂"归属于同一上市母公司，最多有 19 家"绿色工厂"由同一个上市母公司控股。

---

① 一级指标包含：一般要求、基础设施、管理体系、能源与资源投入、产品、环境排放、绩效共七个方面。

② 工业和信息化部网站（https：//www.miit.gov.cn）披露的"绿色工厂"公示名单整理获得。

图8-1展示了2014~2020年，各批次上市"绿色工厂"平均绿色创新水平的变动情况。其中，第一批在2017年通过，第二批和第三批在2018年通过，之后每年认定一批。在开始认定的2017年之前，各批次"绿色工厂"的绿色创新水平变化趋势相近；而当第一批、第二批及第三批"绿色工厂"获得认定后，绿色创新水平具有较大幅度提升。虽然2019~2020年整体绿色创新水平有所下降，但前四批"绿色工厂"的下降幅度明显小于2020年刚获得认定的"绿色工厂"。总体而言，可以从直观上初步判断"绿色工厂"认定政策可能有助于提升其绿色创新水平。

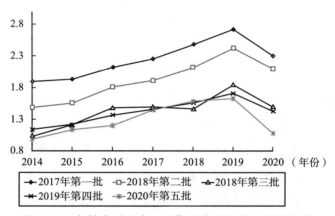

图8-1　各批次"绿色工厂"绿色创新水平变化趋势

注：根据各批次"绿色工厂"认定企业的绿色专利申请数量整理。
资料来源：国泰安数据库。

"绿色工厂"认定是政府、行业组织和第三方中介合作的自愿型环境规制政策在我国制度环境下的创新性应用。虽然根据图8-1可以直观地初步判断"绿色工厂"认定政策可能有助于提升其绿色创新水平，但该认定能否提升企业绿色创新水平、如何提升及政策执行过程中存在的问题尚未得到学者的充分关注。本章将"绿色工厂"认定这一自愿型环境规制政策的实施作为准自然实验，试图回答以下问题：参与"绿色工厂"认定是否促进了企业的绿色创新提升？"绿色工厂"认定是否能协同政府补贴、绿色信贷政策工具共同提升企业绿色创新？"绿色工厂"认定是否具有"信号"效应吸引资本市场机构投资者参与企业绿色治理？"绿色工厂"环境信息披露、环境违规等行为特征及行业属性中哪些因素会影响政策效果？为进一步完善"绿色工厂"认定体系，最大化政策效率，推进绿色制造工程建设及转型升级提供建议。

第二节 "绿色工厂"认定促进了企业绿色创新吗？

绿色转型升级是指"资源利用率不断提升、污染物排放逐渐减少、可持续发展能力持续增强"的过程，其核心动力来源于绿色创新（李平，2011）。但由于环境负外部性与创新正外部性导致的"双重市场失灵"，以企业为主体的绿色创新严重不足，因此，政府出台的一系列环境规制政策通过不同政策工具的运用，形成了"倒逼""激励"企业绿色创新的双重机制。不同于单纯依赖政府或者市场基础制度发挥资源配置作用，自愿型环境规制强调企业依据自身基础条件自主地供给环境公共物品，参与该类规制不仅反映出企业通过持续提升环境绩效建立竞争优势的强烈动机，还意味着其绿色创新基础条件优于未参与自愿环境规制的企业，因而在其他环境规制政策影响下，该类企业绿色创新产生的额外回报更易超过环境治理和创新投入成本，进而引发"波特效应"（Jiang, Wang and Zeng, 2020；潘翻番、徐建华、薛澜，2020）。

作为首个基于企业全生命周期视角制定的综合性环境标准体系，"绿色工厂"认定是自愿型环境规制政策在我国制度环境下的创新性应用，其可以通过政府、银行、投资者三类主要利益相关者发挥的资金补充与监督作用对企业绿色创新产生积极作用。

首先，"绿色工厂"认定体系设计有助于筛选出具备绿色创新基础的企业对象。"绿色工厂"认定标准具有高标准、综合性等特征。一方面，达到该类认定标准的企业须确保已完成基础生产工艺、末端污染技术改造，在环境管理、节能、污染防治、环保产品设计等方面具有较强组织能力。绿色创新是一个动态演进的过程，逐渐从末端治理技术延伸至绿色工艺创新和绿色产品创新（汪明月、李颖明，2022；万攀兵、杨冕、陈林，2021）。例如，末端治理技术在一定程度上摸清了目标控制污染物的化学、物理属性等专业知识，能够为绿色工艺创新提供基础；绿色工艺创新又能进一步为培育绿色产品的市场竞争优势提供支持（Xie，Huo and Zou，2019）。因此，完成前期基础改造的"绿色工厂"具备良好的创新知识与技术基础。另一方面，高要求、综合性的认定标准增加了企业操纵认定资格的成本，从而可有效筛除部分存在"漂绿"等机会主义动机的企业。认定过程中，第三方中介机构独立评级，省级主管部门筛选，工业和信息化部专家论证、公示、现场抽查等多主体审查监督程序，可进一步确保参与认定企业的资格与质量。

其次，"绿色工厂"认定协同政府补贴、绿色信贷等激励性政策工具，为获得认定企业进行绿色创新提供了直接动力。由于绿色创新具有高风险、高投入、长周期的特点，长期稳定的资金供给是企业进行绿色创新的重要保障。企业获得"绿色工厂"认定后，工业和信息化部及地方政府以一次性奖补、工业转型升级资金、专项建设基金支持等方式为其提供政府环保补贴，直接增加了企业绿色创新的内源资金。与此同时，"绿色工厂"可获得授信额度增加、贷款利率下浮等绿色信贷优惠。长期信贷规模的扩大为绿色创新提供了期限结构相匹配的外部资金，信贷成本降低而节约出的资金则可作为绿色创新内源资金的进一步补充。在"绿色工厂"具备一定创新基础上，该类激励工具更易引发"波特效应"，刺激其绿色创新水平提升。

间接地，经过"绿色工厂"认证的企业，能够向外部投资者传递其自觉履行社会责任的信号，缓解认证企业与外部投资者之间环境信息不对称，提高企业声誉的同时获得外部投资者的支持。例如，具有丰富专业知识和信息优势的长期机构投资者认为，气候变化带来的监管风险已经显著影响其投资组合收益，因此他们更倾向于投资环境绩效较好的企业，以期获得长期投资价值（Krueger，2020；黎文靖、路晓燕，2015）。随着机构投资者持股规模上升，大宗持股的"锚定"效应促使其更好地发挥监督和治理功能，同时也进一步向产品及资本市场传递管理者能力、企业前景的增量信息，吸引更多的投资者进入绿色发展领域，提高企业风险承担水平，促进"绿色工厂"从事绿色创新相关活动（Aghion，Van Reenen and Zingales，2013；Kim，Park and Song，2019）。

由此本章提出以下假设：

H8 – 1：通过"绿色工厂"认定后，企业绿色创新水平显著上升。

根据企业创新动机不同，可以将创新分为两类，一类以技术进步、保持竞争优势为目的，另一类则以迎合政府监管、"寻扶持"为目的。前者创新战略性地追求"质量"，而后者则策略性追求"数量"（Tong，He and He，2014）。已有研究认为企业资源基础、行业性质、政策扶持方式等都会影响企业创新行为的选择（黎文靖、郑曼妮，2016）。例如，成熟期的企业相较发展初期企业拥有更丰富的财务资源及知识技术积累，因此更可能采取高质量创新战略以满足企业可持续发展需求。在技术密集型行业中，只有高质量的创新才能在市场竞争中获胜时，企业不太可能利用有限资源实施低水平的创新策略。此外，当相关产业政策对企业的创新成果进行经济扶持时，即后向型产业政策，往往容易引发企业轻"质量"而重"数量"的创新赶超行为。

结合"绿色工厂"的认定依据、动态评价机制及信号传递作用看，通过认定的企业具有强烈动机采用高质量绿色创新战略。首先，能否被认定为"绿色工厂"取决于其合理的管理体系以及环境绩效水平，并未针对其绿色创新成果进行评价，可避免企业利用低质量绿色创新进行"数量"赶超或"达标"行为。其次，在可持续发展的背景下，随着各行业生产技术水平的不断提升，"绿色工厂"评价标准将动态提升。在位"绿色工厂"若要通过"三年一复核"的考核机制，避免被调整出"绿色工厂"名单，则需持续降低企业能耗，减少环境污染。因此，企业获得"绿色工厂"认定后更有可能将资源投入"实质性"高质量绿色创新领域以提高环境绩效，维护其组织合法性，而非策略性追求"数量"占用有限研发资源。进一步地，由于"绿色工厂"认证的信号传递作用，企业将获得更多外部利益相关者关注与支持，因此也更有可能采取符合公众和投资者期望的高质量创新战略维持企业声誉，从而建立竞争优势。

由此本章提出以下假设：

H8 - 2：通过"绿色工厂"认定后，企业绿色创新质量显著提升，而数量增加并不明显。

图 8 - 2 为整合了假设和后续进一步分析的理论框架，据以验证"绿色工厂"认定促进企业绿色创新的作用路径和异质性分析。

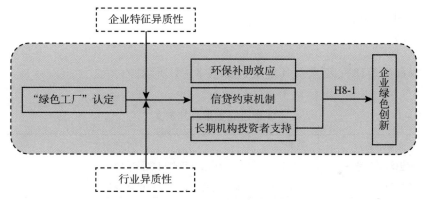

图 8 - 2 "绿色工厂"认定与企业绿色创新关系的研究框架

第三节 研究样本与变量设计

一、研究样本

"绿色工厂"认定政策于 2017 年开始正式实施，截至 2020 年，存在 3

年观测期，为增强政策实施前后样本可比性，同样选取政策实施前三年纳入样本期间。同时，为减少其他绿色产业政策干预造成的干扰，例如，中国银监会于 2012 年发布《绿色信贷指引》政策，在保证足够样本数量情况下，尽可能缩短样本期间，最终决定选取 2014 年作为样本起始年份，以 2014 ~ 2020 年 A 股上市企业为初始样本，并进行如下处理：第一，剔除财务和治理数据缺失的公司；第二，剔除 ST 类异常上市状态公司；第三，剔除资产负债率小于 0 或大于 1 的公司；第四，对主要连续变量进行了 1% 水平的缩尾（winsorize）处理。"绿色工厂"认定名单来源于工业和信息化部官方网站，绿色专利数据来自中国研究数据服务平台（CNRDS），其他公司财务数据、公司治理数据来源于国泰安（CSMAR）数据库。

二、变量设计

本章主要研究变量及其定义，如表 8 – 1 所示。

表 8 – 1　　　　　　　　　　本章研究变量及其定义

变量名称	变量符号	度量方式
绿色创新总体水平	GI	ln（绿色专利申请数量 + 1）
绿色创新质量	GI_In	ln（发明型绿色专利申请数量 + 1）
绿色创新数量	GI_Ut	ln（实用新型绿色专利申请数量 + 1）
是否认定"绿色工厂"	GF	"绿色工厂"则取 1，否则为 0
"绿色工厂"认定前/后	$Post$	当获得"绿色工厂"定后，$Post$ 取 1，否则为 0
公司规模	$Size$	ln（企业资产总额）
财务杠杆	Lev	负债总额/资产总额
成长性	$Growth$	（本期营业收入 – 上期营业收入）/上期营业收入
盈利能力	ROA	净利润/总资产
账面市值比	BM	公司年末账面价值/年末市值
产权性质	SOE	国有企业取值为 1，否则为 0
成立年限	Age	ln（成立年限）

（一）因变量

企业绿色创新水平（GI）、绿色创新质量（GI_In）、绿色创新数量（GI_Ut）。分别以绿色发明专利和绿色实用新型专利申请数量加 1 后取自然对数获得 GI，绿色发明专利申请数量加 1 后取自然对数获得 GI_In，绿色实用新型专利申请数量加 1 后取自然对数获得 GI_Ut。

（二）自变量

GF 表示是否被认定为"绿色工厂"，若是，则 GF 取值为 1，否则为 0。$Post$ 表示企业获得"绿色工厂"认定前后的时间虚拟变量，通过"绿色工厂"认定以后年份，$Post$ 为 1，当前及之前年份为 0。$GF \times Post$ 为双重差分项，其系数 β_1 是估计"绿色工厂"认定前后企业绿色创新水平、质量及数量的变化，若"绿色工厂"能显著提升绿色创新水平，则 β_1 应显著为正。

（三）控制变量

参考现有相关研究，控制了其他对绿色创新可能产生影响的变量。

三、模型构建

为有效避免获得"绿色工厂"认定与绿色创新水平之间的内生性问题。本章借鉴杨国超（2020）的研究采用多时点 PSM-DID 的方法，考察"绿色工厂"的绿色创新增量效应。具体地，将自身或其控股子公司有获得"绿色工厂"认定的上市公司视为实验组，采用最近邻匹配法进行 1∶1 匹配，从处理后的初始样本中寻找与"绿色工厂"最为接近的控制组。具体匹配过程如下：第一步，将初始样本分为两组，第一组是曾获得"绿色工厂"认定的企业，第二组是从未获得过"绿色工厂"认定的企业。第二步，在第一组中保留获得"绿色工厂"认定前一年的样本观测值，设置其虚拟变

量 *Treat* 为 1，并将该组其余样本移除，将第二组样本观测值的 *Treat* 取值为 0。第三步，将以上两组样本作为匹配样本池，依照如下 Logit 模型，在同年度内按照最近邻匹配法进行 1∶1 匹配。最终获得 822 家上市公司，共 4884 个公司年度观测值。

$$Treat_{i,t} = \beta_0 + \beta_1 Size_{i,t} + \beta_2 Lev_{i,t} + \beta_3 Growth_{i,t} + \beta_4 ROA_{i,t}$$

$$+ \beta_5 BM_{i,t} + \beta_6 SOE_{i,t} + \beta_7 Age_{i,t} + \sum Ind + \sum Reg \quad (8-1)$$

匹配后，采用基准回归模型式（8-2）验证假设 H8-1 与假设 H8-2。其中，*i* 表示上市企业，*t* 表示年份，*GI* 表示绿色创新水平。

$$GTI_{i,t} = \beta_1 GF_{i,t} \times Post_{i,t} + \sum \beta_j Control_{i,t} + Firm + Year + \varepsilon_{i,t}$$

$$(8-2)$$

第四节　实证研究与结果

一、描述性统计

主要变量的描述性统计，如表 8-2 所示。

表 8-2　　　　　　　　　　变量测量与描述性统计

变量	平均值	标准差	最小值	中位数	最大值
GI	1.267	1.420	0.000	0.693	7.386
GI_In	0.887	1.246	0.000	0.000	7.231
GI_Ut	0.885	1.161	0.000	0.693	6.443
GF	0.520	0.500	0.000	1.000	1.000
Post	0.245	0.430	0.000	0.000	1.000
Size	22.877	1.321	19.612	22.707	26.136

变量	平均值	标准差	最小值	中位数	最大值
Lev	0.451	0.190	0.049	0.447	0.922
Growth	0.167	0.407	- 0.582	0.103	3.109
ROA	0.044	0.059	- 0.261	0.038	0.205
BM	0.672	0.256	0.111	0.682	1.156
SOE	0.335	0.472	0.000	0.000	1.000
Age	3.070	0.243	1.792	3.091	3.714

根据表 8-2，PSM 样本公司的绿色创新总体水平（GI）、绿色创新质量（GI_In）和绿色创新数量（GI_Ut）的平均值分别为 1.267、0.887 和 0.885，所有最小值均为 0.000，最大值分别为 7.386、7.231 和 6.443，表明不同公司之间的绿色创新存在显著差异，并呈两极分化趋势，上市公司总体绿色创新水平偏低。在控制变量方面，公司规模、成立年限、财务杠杆等特征值更符合上市公司的实际情况。

二、回归结果分析

表 8-3 列示了"绿色工厂"与企业绿色创新回归结果。

表 8-3   **"绿色工厂"与企业绿色创新回归结果**

变量	（1）GI	（2）GI_In	（3）GI_Ut
$GF \times Post$	0.159 *** (3.85)	0.180 *** (5.05)	0.062 (1.64)
Size	0.330 *** (8.88)	0.260 *** (8.11)	0.266 *** (7.81)
Lev	- 0.067 (- 0.47)	0.106 (0.87)	- 0.179 (- 1.39)

续表

变量	(1) GI	(2) GI_In	(3) GI_Ut
Growth	0.070 ** (2.53)	0.010 (0.43)	0.063 ** (2.49)
ROA	-0.030 (-0.11)	0.384 (1.64)	-0.387 (-1.56)
BM	0.005 (0.06)	0.008 (0.10)	-0.012 (-0.14)
SOE	0.044 (0.58)	0.042 (0.64)	0.120 * (1.72)
Age	-0.574 *** (-6.87)	-0.471 *** (-6.58)	-0.444 *** (-6.43)
常数项	-6.190 *** (-7.43)	-5.334 *** (-7.43)	-5.024 *** (-6.59)
Firm	Yes	Yes	Yes
Year	Yes	Yes	Yes
观测值	4884	4884	4884
Adjust_R^2	0.147	0.100	0.155

注: ***、**、*分别表示在1%、5%、10%水平上显著;()内为 T 值。

根据表 8-3 中列(1)所示,$GF \times Post$ 的系数为 0.159,且在 1% 水平上显著为正,即当企业获得"绿色工厂"认定后,其绿色创新水平显著上升,与假设 H8-1 相符。区分绿色创新质量(GI_In)和绿色创新数量(GI_Ut)后发现,列(2)中,$GF \times Post$ 的系数为 0.180,在 1% 水平上显著为正,而在列(3)中,$GF \times Post$ 的系数虽为正,却不显著,表明"绿色工厂"主要通过增加绿色创新的"质量"而非"数量"来提高总体绿色创新水平。这也进一步说明了该认定政策基于绿色综合评价体系能有效筛选出政策支持对象,激励其通过"实质性创新"持续提高环境绩效,有效避免了企业为"寻扶持"而创新的"策略性创新"行为,"波特效应"存在。

三、稳健性检验

(一)"绿色工厂"认定政策冲击的外生性检验

为缓解绿色创新影响认定结果的反向因果内生性问题，本章借鉴曹春方和张超（2020）、刘海建等（2023）的研究，通过检验评选通知发布日和认定名单公示日两个时点，实验组与对照组股票市场反应差异来验证认定事件是否满足外生性假设。若在评选通知发布日，即未公布正式认定名单时，实验组企业相比对照组企业的股价反应更积极，说明股票市场可根据其已知因素（如绿色创新水平）提前预知某个企业被认定为"绿色工厂"的可能性，从而拒绝认定事件外生性的假设。相反，若评选通知发布时，两组企业的股票反应无差异，但是在认定名单公示时，实验组相较对照组获得更积极的股票市场反应，则说明认定名单不能被市场提前预知，其冲击具有外生性。结果如表8-4所示，在评选通知发布日，即列（1）至列（3）中，Treat 的系数不显著；而在认定名单公示日的前后1个、2个交易日，即列（4）和列（5）中，Treat 的系数显著为正，说明认定事件相对外生，能进一步排除反向因果对本章结论可靠性的影响。

表8-4   "绿色工厂"认定政策冲击的外生性检验结果

变量	评选通知发布日			认定名单公示日		
	CAR [-1, 1]	CAR [-2, 2]	CAR [-3, 3]	CAR [-1, 1]	CAR [-2, 2]	CAR [-3, 3]
	(1)	(2)	(3)	(4)	(5)	(6)
Treat	-0.003 (-1.27)	-0.002 (-0.81)	-0.004 (-1.17)	0.004** (2.07)	0.006* (1.80)	0.004 (1.38)
控制变量	Yes	Yes	Yes	Yes	Yes	Yes
观测值	764	764	764	3820	3820	3820
Adjust_R^2	0.130	0.151	0.127	0.145	0.132	0.121

注：***、**、*分别表示在1%、5%、10%水平上显著；（）内为T值。

（二）平行趋势假设检验

DID 模型的估计结果是否有效取决于"平行趋势假设"是否满足，即实验组和对照组样本在事件发生前具有相似的特征和趋势，唯一不同的是实验组通过了"绿色工厂"认定，而对照组没有。为此，采用动态回归模型进行检验后发现"绿色工厂"在获得认定前三年，其绿色创新质量与未获得"绿色工厂"认定的企业无显著差异；但在获得"绿色工厂"认定后，绿色创新质量显著增加（如图 8-3 所示）。即本章采用的双重差分模型满足平行趋势假设。

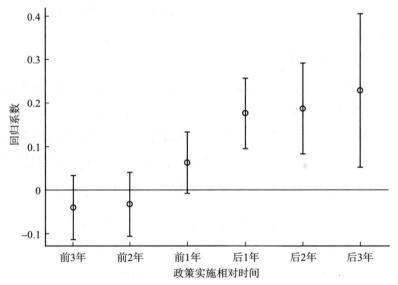

图 8-3 "绿色工厂"认定对企业绿色创新的动态效应

（三）熵平衡法

前文使用 PSM 方法为"绿色工厂"寻找特征相似的对照组，但该方法高度依赖于第一阶段 Logit 模型的设定。为此，借鉴杨国超和芮萌（2020），本章采用熵平衡法进行匹配。该方法以约束条件下最优化解为思路，为对照组的观测值赋予一个连续性权重，使实验组和对照组样本的所有特征变量分布矩（均值、方差、偏度）相同；随后，基于获取的权重采用加权回归估计模型进行检验。结果如表 8 - 5 中列（1）和列（2）所示，$GF \times Post$ 的系数仍显著为正。

表 8 - 5　"绿色工厂" 认定与企业绿色创新关系的稳健性检验结果 2

变量	熵平衡法		替换变量度量方法		
	GI	GI_In	GI_Ob	GI_In_Ob	GI_Ut_Ob
	（1）	（2）	（3）	（4）	（5）
$GF \times Post$	0.134 ** (2.20)	0.212 ** (2.39)	0.143 *** (3.89)	0.154 *** (4.16)	0.027 (0.99)
控制变量	Yes	Yes	Yes	Yes	Yes
观测值	9375	9375	4884	4884	4884
Adjust_R^2	0.541	0.495	0.180	0.173	0.070

注：*** 、** 、* 分别表示在 1% 、5% 、10% 水平上显著；（）内为 T 值。

（四）替换变量度量方法

将获得的绿色专利数量加 1 后取自然对数度量绿色创新水平（GI_Ob），将获得的发明型绿色专利数量加 1 后取自然对数度量绿色创新质量（GI_In_Ob），将获得的实用新型绿色专利数量加 1 后取自然对数度量绿色创新数量（GI_Ut_Ob），结果如表 8 - 5 中列（3）至列（5）所示，发现前文结论未改变。

（五）其他稳健性检验

本章还通过删除子公司为 "绿色工厂" 样本、改变对照组匹配数量、采取截堵回归模型 Tobit 模型、平衡性检验等方法进行了稳健性检验，结果仍未改变主要结论，企业获得 "绿色工厂" 认定后显著提高了绿色创新水平与质量。

四、机制检验

前文研究发现，企业获得"绿色工厂"认定后，其绿色创新质量能得到显著提升。正如上文分析，结合"绿色工厂"认定实际执行中的相关优惠政策及其发挥的信号作用，"绿色工厂"认定可以直接获取工信部及地方政府的一次性奖补、工业转型升级资金、专项建设基金支持等政府环保补贴，直接增加了企业绿色创新的内源资金。与此同时，"绿色工厂"可获得授信额度增加，贷款利率下浮等绿色信贷优惠；长期信贷规模的扩大为绿色创新提供了期限结构相匹配的外部资金并节约信贷成本。间接地，经过"绿色工厂"认证的企业，能够向外部投资者传递其自觉履行社会责任的信号，缓解认证企业与外部投资者之间环境信息不对称，提高企业声誉的同时获得外部投资者的支持。因此本章借鉴江艇（2022），通过重点考察核心解释变量来检验对机制变量的影响，以探究"绿色工厂"认定如何通过政府、银行、投资者三类主要利益相关者发挥的资金补充与监督作用影响企业绿色创新。

采用中介效应模型检验政府环保补助效应（*SubEnv*）、信贷约束缓解效应［包括信贷成本降低（*LoanCost*）与长期信贷规模增加（*LoanNum*）］、长期机构投资者支持效应（*InsLong*）是否可以发挥路径作用促进"绿色工厂"创新质量提升。

（一）环保补助效应

借鉴吴伟伟和张天一（2021）的研究方法，运用"关键词检索"的方法搜索政府补助明细中的具体项目名称以确定属于环保补助的项目，通过加总得到样本公司每一年度的环保补助总额，经营业收入规模调整后的相对环保补助水平来度量政府环保补贴（*SubEnv*）检验环保补助的中介效应，根据表 8 - 6 中列 (1), 获取 "绿色工厂" 认定后, 企业能够获得更多的政府环保补助资源 ($SubEnv$)。政府环保补助是 "绿色工厂" 认定政策促进企业绿色创新的重要路径。

表 8 - 6 　　"绿色工厂" 认定影响企业绿色创新的机制检验结果

变量	获取环保补助 ($SubEnv$)	缓解信贷约束		长期机构投资者支持 ($InsLong$)
		信贷成本 ($LoanCost$)	长期信贷规模 ($LoanNum$)	
	(1)	(2)	(3)	(4)
$GF \times Post$	0.378 *** (3.39)	- 0.080 ** (- 2.05)	0.047 ** (2.23)	0.272 ** (2.55)
控制变量	Yes	Yes	Yes	Yes
$Firm$	Yes	Yes	Yes	Yes
$Year$	Yes	Yes	Yes	Yes
观测值	4884	4884	4884	4884
Adjust_R^2	0.134	0.149	0.169	0.062

注: ***、**、* 分别表示在 1%、5%、10% 水平上显著; ( ) 内为 T 值。

(二) 信贷约束机制

借鉴苏冬蔚和连莉莉 (2018) 的研究, 选取利息支出占有息负债的比重度量信贷成本 ($LoanCost$), 采用长期借款占总资产的比重作为长期信贷约束缓解 ($LoanNum$) 检验信贷约束的中介作用, 检验结果如表 8 - 6 中列 (2)、列 (3) 所示。表 8 - 6 中列 (2) $GF \times Post$ 的系数在 5% 水平上显著为负, 说明获得 "绿色工厂" 认定后企业信贷成本显著降低; 列 (3) $GF \times Post$ 的系数在 5% 水平上显著为正, 表明 "绿色工厂" 认定后, 企业能够获得更多的长期信贷资金 ($LoanNum$)。"绿色工厂" 认定, 可以降低其信贷成本, 缓解长期信贷规模约束, 从而提升绿色创新水平及质量。

（三）长期机构投资者支持效应

借鉴黎文靖和路晓燕（2015）的研究，根据换手率将具体某一类型机构投资者划分为长期机构投资者或短期机构投资者，根据长期机构投资者持股比例度量"长期机构投资支持"（*InsLong*）。表 8 - 6 中列（4）表明，*GF × Post* 的系数在 5% 水平上显著为正，即企业获得"绿色工厂"认定后，能有效反映其良好的环境绩效和未来投资价值，吸引更多的机构投资者增持其公司股票。在当前企业环境信息不透明的情况下，"绿色工厂"认定政策的信号作用为资本市场提供了增量信息，能促使更多的长期机构投资者参与企业绿色转型升级，促进企业绿色创新水平及质量的提升。

五、进一步研究

总体看，"绿色工厂"认定政策能有效激励企业提升绿色创新质量，但不同"绿色工厂"的创新效率、意愿、资源可获得性仍存在差异，具体哪些类型的"绿色工厂"的绿色创新质量提升更显著呢？识别该类异质性因素对于完善"绿色工厂"认定政策，提高政策实施效率具有重要的启示意义。为此，本章从行业属性、获得认定次数、环境信息披露质量、是否发生环保违规行为四个可视化维度分析"绿色工厂"异质性对绿色创新水平提升的影响。检验结果如表 8 - 7 所示。

表 8 - 7　　"绿色工厂"认定影响企业绿色创新的异质性分析结果

变量	GTI	GTI_In	GTI	GTI_In	GTI	GTI_In	GTI	GTI_In
	(1)	(2)	(3)	(4)	(5)	(6)	(7)	(8)
GF × Post	0. 226 *** (5. 16)	0. 245 *** (6. 49)	0. 119 ** (2. 54)	0. 110 *** (2. 73)	0. 142 ** (2. 53)	0. 133 *** (2. 77)	0. 171 *** (3. 49)	0. 212 *** (5. 13)
Pollu × Post	- 0. 083 * (- 1. 70)	- 0. 104 ** (- 2. 44)						

续表

变量	GTI	GTI_In	GTI	GTI_In	GTI	GTI_In	GTI	GTI_In
	(1)	(2)	(3)	(4)	(5)	(6)	(7)	(8)
Deep × Post			0.135 * (1.78)	0.235 *** (3.59)				
Infor × Post					0.058 (0.83)	0.110 * (1.82)		
Light × Post							−0.070 (−0.93)	−0.110 * (−1.74)
控制变量	Yes	Yes	Yes	Yes	Yes	Yes	Yes	Yes
Firm	Yes	Yes	Yes	Yes	Yes	Yes	Yes	Yes
Year	Yes	Yes	Yes	Yes	Yes	Yes	Yes	Yes
观测值	4884	4884	4884	4884	4884	4884	4884	4884
Adjust_R^2	0.148	0.102	0.148	0.104	0.147	0.101	0.147	0.101

注：***、**、*分别表示在1%、5%、10%水平上显著；（）内为T值。

（一）是否属于重污染行业的异质性分析

现有"绿色工厂"广泛分布在15个制造业行业，其中包括了化工、建材、钢铁、造纸等重污染行业。[①] 在大力发展绿色金融，通过绿色信贷配置推动传统行业绿色改造升级的背景下，已有研究认为绿色信贷对重污染企业具有显著的"融资惩罚"和"投资抑制"效应，例如，重污染企业的长期债务规模明显下降，而债务成本却上升（苏冬蔚、连莉莉，2018；吴虹仪、殷德生，2021）。因此，属于重污染行业的"绿色工厂"可能更少获得银行资金青睐。此外，与非重污染企业相比，重污染企业较高的环境风险则更难吸引机构投资者注意，其监督治理功能更难发挥作用。综上所述，

---

① 借鉴潘爱玲等（2019）已有研究，依据《关于印发〈上市公司环保核查行业分类管理名录〉的通知》、2012年中国证监会《上市公司行业分类代码》，选定行业代码为B06、B07、B08、B09、C17、C19、C22、C25、C26、C28、C29、C30、C31、C32、D44的行业为重污染企业。

重污染行业"绿色工厂"的绿色创新提升效果可能被削弱。如表 8 - 7 所示，以 *Pollu* 表示"绿色工厂"是否属于重污染行业，若是，则取值为 1，否则为 0。列（1）、列（2）中，*GF × Post* 的系数仍在 1% 水平上显著为正，而 *Pollu × Post* 的系数却分别为 - 0.083、- 0.104，在 10%、5% 水平上显著为负，表明重污染行业"绿色工厂"的绿色创新水平及质量提升效果与普通"绿色工厂"相比被明显削弱。

（二）获得"绿色工厂"认定次数的异质性分析

相对于只获得过一次"绿色工厂"称号的企业，可以预计有多个子公司获得"绿色工厂"认定企业[①]的末端治理技术及基础工艺转型覆盖范围更广，而同一企业控制下的各子"绿色工厂"之间关系稳定，与绿色创新相关的人力资源、财务资源、信息资源可以在成员网络中高效流动，能进一步提升企业整体绿色创新效率（林赛燕、徐恋，2021）。同时，多次认定可以强化信号作用，刺激外部资源的持续投入，更有可能激励企业稳定投入绿色创新领域，进一步增加创新产出。如表 8 - 7 所示，若多次获得"绿色工厂"认定，则 *Deep* 取值为 1，否则为 0。列（3）、列（4）中，*Deep × Post* 的系数分别在 10% 与 1% 水平上显著为正，说明多次获得"绿色工厂"认定企业的总体绿色创新水平及创新质量更高。

（三）环境信息透明度的异质性分析

已有研究将环境信息披露也视为自愿型环境规制的手段，主动披露环境信息的企业希望通过环境信息披露引发外部利益相关者对自身环境行为的规范和监督，且其管理者更关注利益相关者的诉求、注重履行受托责任，行为更诚实可靠、更值得信赖（吴红军，2014）。因此，可以合理预计环境信息质量更高的"绿色工厂"具有更强意愿将资源投入绿色创新领域。

---

① 例如，根据工信部数据，截至 2023 年，伊利已有 41 家工厂入选"绿色工厂"示范名单，蒙牛已有 30 家工厂入选"绿色工厂"示范名单。

同时，更透明的环境信息披露可进一步降低 "绿色工厂" 与外界信息不对称程度和投资者的投资风险，减少投资者对必要回报率的要求，融资约束缓解程度较高，从而更大程度促进绿色创新活动。在此，借鉴朱炜、孙雨兴和汤倩（2019）相关研究，若企业取得 "绿色工厂" 资格认定后有单独在社会责任报告或环境报告中披露环境信息的，表明其信息质量较高，则 $Infor$ 取值为1，否则为0。如表8-7所示，虽然列（5）中 $Infor \times Post$ 的系数不显著，但列（6）中，$Infor \times Post$ 的系数为0.110，且在10%水平上显著，表明环境信息更透明的 "绿色工厂" 绿色创新质量更高。

（四）是否发生环境违规行为的异质性分析

有学者认为部分企业也可能为了获得环境合法性，加强企业现有竞争优势，而参与环境认证等自愿型规制项目。因此，该类企业往往止步于象征性环境管理行为或当前环境绩效水平，缺乏长期创新意愿（Bansal and Hunter，2003）。虽然，"绿色工厂" 认定可能无法完全排除该类企业获得认定资格，但根据行为一致理论，企业或管理者在某方面的决策行为可预测其在其他方面的表现，其获得认定后的行为则有助于识别其短期主义（Colvin and Funder，1991）。现实调查发现，在以往已认定的 "绿色工厂" 中依旧发现了环境违规行为，该类 "绿色工厂" 很有可能在资格认定过程中掩盖以往环境违规事实，或在后续生产过程中利用环保违规弥补前期认定所需的环保投入，缺乏通过绿色创新达到可持续发展的强烈意愿，从而削弱其绿色创新水平提升。在此，若企业获得 "绿色工厂" 认定后有环境违规记录[①]，则 $Light$ 取值为1，否则为0。如表8-7所示，列（8）中，$Light \times Post$ 的系数为 -0.110，且在10%水平上显著，表明存在环境违规行为的 "绿色工厂"，其绿色创新质量提升水平明显弱于其他 "绿色工厂"。

---

① 企业环境监管记录数据来源于公众环境研究中心（IPE，ipe. org. cn）。

第五节　本章小结

一、主要结论

以企业为主体的绿色创新是实现制造业绿色转型升级，尽早达到我国"双碳"目标的必经之路，而环境规制政策则是加速推进该过程的重要辅助工具。本章将"绿色工厂"认定这一自愿型环境规制政策的实施作为准自然实验，以 2014～2020 年 A 股上市企业为研究样本，采用多时点 PSM-DID 模型检验"绿色工厂"的绿色创新增量效应。研究发现"绿色工厂"认定显著提升了绿色创新水平及绿色创新质量。"绿色工厂"获得的政府环保补贴、信贷资源、机构投资者支持是促进其绿色创新的重要路径机制。异质性分析表明，多次获得认定、环境信息披露更透明的"绿色工厂"的资源利用效率更高、绿色创新意愿更强烈，因而创新质量提升更明显；而存在环境违规行为的"绿色工厂"的长期环境绩效提升意图较弱，绿色创新质量提升效果较差；重污染行业的"绿色工厂"限于资源可得性，其绿色创新提升效果弱于其他行业"绿色工厂"。

二、政策建议

（1）加强"绿色工厂"认定政策与激励型环境规制工具的协同整合。目前我国环境规制体系逐渐从命令控制型向市场激励型过渡。在此过程中，"绿色工厂"认定这一自愿型环境规制工具大大提升了选择效率，为政府补贴、绿色信贷等政策工具的使用提供了有效依据。为进一步提高资金配置效率，各地政府部门在应用绿色债券、绿色保险、税收优惠等其他绿色金融工具或财政工具时，对获得"绿色工厂"认定的企业可予以一定政策优惠，促使更多的社会资本和财政资金流入绿色发展领域，提高资源配置效率。对于存在绿色转型迫切需求的重污染行业"绿色工厂"，在投资者支持乏力的情况下，予以更多的政策倾斜，避免其因融资约束导致绿色转型升级受限。

（2）完善"绿色工厂"信息披露制度。具体地，督促"绿色工厂"在社会责任报告或环境信息报告中单独披露环境信息，在临时公告中披露"绿色工厂"自我评价报告、第三方机构评价报告，内容可涵盖完整的"绿色工厂"评价指标。一方面，更加透明的环境信息透明度便于股权投资者、银行及其他利益相关者决策；另一方面，可发挥监督作用，约束"绿色工厂"机会主义行为。此外，还可向同行传递"绿色工厂"建设经验，发挥引导示范作用。

（3）加强持续跟踪审查与认定名单动态调整。首先应严格审查申报企业是否满足"绿色工厂"认定条件，防止"漂绿""伪绿"等虚假申报行为，对存在该类行为的企业予以一定处罚，降低资源错配程度。在获得"绿色工厂"认定后，主管部门可联合环保处罚部门，及时获取其环境违规相关信息，根据严重程度予以相应处理，例如，对其支持力度进行降级、退还相关补贴，或将其调整出名单并予以公示等。同时，依靠数字化平台等基础设施增加对"绿色工厂"专项优惠资金使用的监督，与银行等第三方资金提供者共享相关信息，提高资金使用效率。

（4）在"三年一复核"工作中充分考量企业当前及过往三年环境表现。随着生产工艺、污染处理等环境技术的发展，"绿色工厂"认定标准逐步提高，对于未能符合最新认定标准的原有"绿色工厂"应及时取消认定并予以公示，以保证企业获得认定期间具有持续创新动力。对于环境信息披露质量较高的"绿色工厂"，以及同一企业集团内具有多个"绿色工厂"的情况，予以适当加分，并依据不同得分情况实施差别化激励，以充分发挥其绿色创新动能。

第九章
ESG 评级的企业绿色创新效应研究

第一节　ESG 及其评级

为了应对环境、社会和金融市场中日益严重的可持续发展问题，世界范围内的国际组织和国家纷纷提出了可持续发展行动计划，以构建人类社会可持续的全面发展框架。环境、社会和公司治理（ESG）是社会责任投资概念的延伸和丰富，是企业可持续发展的重要手段和国际社会衡量企业绿色可持续发展水平的重要标准（Michelson et al.，2004；Nekhili et al.，2021）。1992 年，联合国环境规划署金融倡议（UNEP FI）提出公司应在充分考虑与 ESG 相关的所有因素后再做出投资决策。自此之后，ESG 信息越来越多地用于企业投资决策。它的三个构成要素已逐渐成为国际社会衡量企业可持续性时考虑的三个最重要的维度（Van Duuren，Plantinga and Scholotens，2016）。目前，资本市场对上市公司 ESG 的关注度在逐渐提高，许多基金以 ESG 为投资导向，有助于投资者进行有效的责任投资，注重可持续发展的投资价值。

随着绿色投资的概念越来越受到资本市场的重视，资本市场越来越意识到需要有效反映企业在 ESG 方面实践的信息，也有越来越多的公司接受了 ESG 评级机构的评估。ESG 评级被认为是衡量企业竞争优势、社会声誉以及经营绩效的客观方法，能够让投资者、管理者以及利益相关者真实了解并区分企业间的差异（Buallay，2019；Humphrey，Lee and Shen，2012），对决策者越来越重要（Michelson et al.，2004）。国际上，一些富有影响力的国际评级机构，例如，明晟（MSCI）、彭博（Bloomberg）和标准普尔均研究了环境、社会和公司治理评级系统，以科学、准确地评估公司的 ESG 绩效（Yu，Guo and Luu，2018）。

在我国，经济快速发展的同时也伴随着严重的环境问题，为应对这一问题，绿色创新已成为关键驱动力（Razzaq et al.，2021）。绿色创新是遵循生态经济发展要求，实现资源节约和环境保护的技术创新活动（Eiadat et al.，2008），但它需要大量投资、高风险和长回报期，发展中国家的企业往往缺乏追求绿色创新的资源和动力，需要多组织的努力和价值共创。ESG 评级是市场中不同参与者的共同价值取向（Pedersen，Fitzgibbons and Pomorski，2021）。因此，本章要回答的问题是，ESG 评级是否能够将企业的环境外部性内在化，并促使企业从迎合性环境治理转向积极主动的绿色创新。随着我国国家可持续发展战略的提出和实施，上市公司的 ESG 评价越来越受到监管部门的重视，并得到了中国社会各界的进一步认可。

然而，现有关于 ESG 评级依旧存在争议。支持 ESG 评级的学者认为，这种评级是衡量公司的竞争优势、社会声誉和经营业绩的客观方法，有效地衡量公司在 ESG 方面的努力，为利益相关者提供全面和可比的数据，有助于解决信息不对称问题（Cappucci，2018），有助于企业更好地获得资源，降低监管以及声誉风险（Buallay，2019；Humphrey，Lee and Shen，2012）。但也有学者认为 ESG 评级是无效的，认为 ESG 评级会导致企业为获得各种利益而象征性地遵守外部要求，并不一定有助于企业可持续性行为得到实质性改善，反而是制度的倒退，可能会误导利益相关者（Avetisyan，2017；Entine，2003）。这些截然不同的观点吸引研究者对 ESG 评级的有效性展开研究，但现有研究集中于检验 ESG 评级和公司财务绩效之间的关系（Friede, Busch and Bassen, 2015; Atan, Razali and Said, 2016）或 ESG 评级的资本市场反应（Feng, Goodell and Shen, 2021; Eliwa, Aboud and Saleh, 2021）。很少有研究探讨 ESG 评级对企业可持续发展投资的影响，更缺乏其对企业绿色创新的影响。仅有的相关研究中，丘艾比等（Chouaibi, Chouaibi and Rossi, 2021）分析了英国和德国的 ESG 实践，发现 ESG 实践可以因为在绿色创新中收益而提高财务绩效；但科恩等（Cohen, Gurun and Nguyen, 2020）得出了不同的结论，发现美国能源行业 ESG 得分与绿色创新之间存在相背离的关系。现有的研究非常有限，没有得出一致性的结论，并且均聚焦于 ESG 体系相对成熟的发达国家，且 ESG 评级与绿色创新之间关系的机制尚未得到深入研究，其结果普遍性不足。

虽然西方国家已经有了大量的 ESG 实践，全球范围内 ESG 投资不断加速，但在中国，ESG 的实践和研究均处于起步阶段。作为最大的新兴经济体，中国越来越深刻意识到经济转型过程中出现的社会和环境问题（Wang, Wijen and Heugens, 2018），ESG 实践在中国的需求量将快速增长，并日益成为学术界关注的焦点。其中上市公司作为资本市场的基石，在践行 ESG 新发展理念和落实国家绿色战略方面发挥了引领示范作用。因此，本章拟检验 ESG 评级对发展中国家的有效性，重点检验 ESG 评级是否有助于绿色创新的实质性改善。

基于上述考虑，本章检验了 ESG 评级公告对企业绿色创新数量和质量的影响，并试图回答以下问题：ESG 评级能否促进被评级企业的绿色创新，促进其绿色转型？ESG 评级促进企业绿色创新的作用机制是什么？哪些因素会影响 ESG 评级和企业绿色创新之间的关系？不同维度不同生命周期企业，其绿色创新受到 ESG 评级的影响是否不同？

ESG 评级作为第三方机构倡导的自愿型环境监管机制，有助于缓解信息不对称，缓解融资约束，向外部利益相关者传达企业管理层对绿色投资的态度；同时也使得企业的环境外部性内部化，提高企业管理层环保意识，由被动治理转向主动防治的绿色创新，积极制定绿色创新战略，主动推进绿色转型。整体上有助于改变我国环境违法成本低而制约经济结构优化的不利局面。本章研究进一步拓展了绿色创新影响因素，突破了政府层面的环境规制与企业特征对绿色创新的主流研究范式，发现外部自愿型环境监管机制对企业绿色创新的促进作用。

第二节　ESG 评级促进了企业绿色创新吗？

在绿色发展理念日益盛行的背景下，研究 ESG 评级对企业绿色创新的影响具有重要意义。ESG 评级不仅得到权威第三方评级机构的认可，也反映了政府和金融机构对企业社会责任投资成就的认可（Aouadi and Marsat，2018），向资本市场发出良好企业形象的积极信号（Limkriangkrai，Koh and Durand，2017）。作为企业实现可持续发展战略的重要基础，企业绿色创新主要受可用资金和管理层态度的影响。ESG 评级的公布将迫使公司主动改善其管理和信息披露水平。因此，ESG 评级在有助于缓解信息不对称，降低融资约束的同时，也向外界传达企业管理层对绿色投资的态度。

首先，ESG 评级缓解了公司的融资约束。绿色创新需要大量的初始资本投入、漫长的盈利周期和不可预测的风险（Jiao，Zhang and Tang，2020）。因此，必须辅之以足够的资金支持，以便解决诸如环境外部性的市场失灵问题。这意味着资金的可获得性在绿色创新中发挥着至关重要的作用（Huang，Liao and Li，2019）。在资本市场信息不对称理论的前提下，公司可以通过披露不同于竞争对手的高质量的信息来获得利益相关者的资源支持（Ross，1977）。ESG 评级是缓解利益相关者和企业之间信息不对称的重要手段，它除了考虑企业的公司治理、管理能力和财务状况之外，还考虑了企业的社会责任和长期可持续发展，因而有助于帮助外部利益相关者更好地了解企业的财务和非财务信息，以便评估企业并做出向公司提供绿色资金的决策（Ahmed，2018）。根据规范合法性理论，企业有动机通过绿色创新进行更积极的环境管理决策并加以披露，以应对来自与利益相关者之间社会契约产生的公众压力（Reber，Gold and Gold，2021）。外部利益相关者，例如，机构投资者等，往往表现出明显的 ESG 投资偏好（Cornell，2021），对于那些在 ESG 评级不佳的公司，投资者通常会"用脚投票"，通过风险溢价或削减投资的方式应对企业环境污染带来的风险，迫使企业接受更高的融资成本。为了避免被逆向选择的风险，企业积极改善其 ESG 实践和信息披露质量，可以缓解市场因信息不对称而产生的担忧，吸引更多的外部资本（Kim and Li，2021）。相对于未获得 ESG 评级的公司，已获评的公司信息更加透明，风险相对较小，可以满足投资者避险需要（Drempetic，Klein and Zwergel，2020）。而若 ESG 评级优秀，还能够树立良好的社会形象，提升企业声誉，增加资金供给者对企业的信心，降低债权人和投资者的决策风险。企业也可以因此从资本市场以及金融机构中获得更多的投资，拥有足够资金用于技术改进，实施节能减排计划和其他环境治理措施，实现良性循环发展。

其次，ESG 评级可以提高企业管理层的环保意识。ESG 评级优秀意味着企业的地位和发展前景得到了市场的认可，释放出了关于企业未来发展前景的积极信号，提高了市场关注度，传递给市场更多包含公司管理层态度的特质信息。管理层作为组织的核心力量，其认知决定了企业的发展战略。随着环境政策越来越严格，企业面临着各种治理和非治理的压力，例如，与声誉、诉讼、可持续发展等相关的压力，这促使管理层更加关注绿色治理（Samad et al.，2021）。张斌等（Zhang，Wang and Lai，2015）发现，高管的环保意识会引导管理层将绿色元素融入日常管理活动，来自企业高层的压力是决定企业绿色创新的关键驱动力。高阶认知理论认为，高层管理人员根据他们对动态环境的感知采取行动，而 ESG 评级带来的关注使利益相关者从外部监督企业，对管理人员的环境意识产生一定影响（Velte and Stawinoga，2020；Hambrick，2007）。当企业 ESG 评级公布吸引了媒体、分析师和投资者关注时，企业为了维护自身利益和提高竞争对手进入壁垒，会进一步提升环保意识，不断完善和更新技术。ESG 评级的收益是长期的，管理层将成为 ESG 评级的主要受益者（Barnea and Rubin, 2010），因此他们会比股东更关注健康、环境和社会问题，ESG 获评可以激励管理层更加优秀更有创造力。所以，ESG 评级在一定程度上促进了管理层环保意识提升，使企业管理层意识到绿色行为对企业及社会长远发展的重要作用。因此，高环保意识的管理层具有较强的绿色技术创新动机，同时他们能够敏锐地识别金融机构、投资者等利益相关者所带来的绿色资源，并将这些资源合理地应用于提升企业绿色创新能力。ESG 评级通过管理层环保意识的提升能够进一步推动企业制定绿色创新战略，提升企业绿色技术创新能力。

由此本章提出以下假设：

H9 -1：ESG 评级可以显著提升企业绿色创新。

图 9-1 为整合了上述假设和后续进一步分析的理论框架，据以验证 ESG 评级促进企业绿色创新的作用路径和异质性分析。

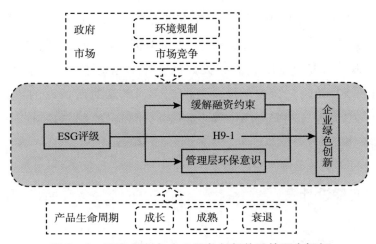

图 9 -1　ESG 评级与企业绿色创新关系的研究框架

第三节 研究样本与变量设计

一、研究样本

本章为了控制 ESG 评级和企业绿色创新之间的关系的内生性，选择商道融绿在 2015 年公布 ESG 评级结果这一事件进行准自然实验，利用双重差分方法来进行检验。商道融绿在国际惯例基础上结合了中国所处发展阶段以及环保问题突出的实际情况，主要发布针对 A 股上市公司的评级产品其也是国内首家负责任投资原则（PRI）的签署机构和国内首家气候债券标准（CBS）认可的评估认证机构，得到国际权威性的专业信用评级机构认可。本章选取 2010～2018 年上市的 A 股上市公司作为初始样本，ESG 评级数据来自万得（Wind）商道融绿 A 股上市公司 ESG 数据库，专利数据来自中华人民共和国国家知识产权局（SIPO）手工收集整理，其他经济数据来自国泰安数据库（CSMAR）。对样本进行筛选如下：第一，剔除金融行业的上市公司；第二，剔除发行 B 股和 H 股的上市公司；第三，剔除 ST、*ST，以及财务数据缺失的相关数据。样本涵盖了 15 个行业类别，其中制造业占 57.06%。为避免极端值的影响，本章对所选取的连续变量均在 1% 和 99% 水平上进行缩尾（winsorize）处理，控制年份和公司固定效应，并进行聚类。

二、变量设计

本章主要研究变量及其定义，如表 9-1 所示。

表 9 - 1 　　　　　　　　　　　　　　本章研究变量及其定义

变量名称	变量符号	度量方式
绿色创新数量	GI_Num	企业 $t+1$ 年绿色专利申请数的自然对数
绿色创新质量	GI_Cit	企业 $t+1$ 年绿色专利引用数的自然对数
ESG 评级	ESG	企业在 t 年被 ESG 评级，t 年之后取 1，之前取 0；若一直没有被评级，始终取 0
ESG 评级得分	ESG_Score	按照商道融绿 ESG 评级结果，取值 1 ~ 9 分，分值越大，ESG 表现越好
资产回报率	Roa	净资产收益率
财务杠杆	Lev	资产负债率
上市年数	Age	当前年度减去公司的上市年度
现金持有	$Cash$	现金经营活动产生的净现金流量除以流动资产
公司规模	$Size$	总资产自然对数
国有企业	Gov	国有企业，取值为 1，否则为 0
第一大股东持股比例	$Holder$	第一大股东持股比例
机构投资者持股比例	$Inst$	机构投资者持有股份除以总股份数
是否为国际四大	$Big4$	公司聘请了四大会计师事务所，取值为 1，否则为 0
董事会规模	$Board$	董事会人数的自然对数
监事会规模	$Supervisor$	监事会人数的自然对数

（一）因变量

企业绿色创新（GI）。研究证明专利引用数量比专利数量更有说服力（Boeing and Mueller，2016；Jaffe and Rassenfosse，2017），因此选择用绿色专利申请数量的自然对数来衡量绿色创新数量（GI_Num），用企业申请的绿色专利被引用次数的自然对数来表示绿色创新的质量（GI_Cit）。

（二）自变量

ESG 评级（ESG）。鉴于中国的经营理念和文化与西方发达国家存在差异，套用现有国际 ESG 评级体系可能无法准确识别符合中国企业的评级体系。2015 年，中国最先发布 ESG 评级的第三方机构"商道融绿"，通过对企业在社会、环境和治理方面相关信息加以量化并发布了 ESG 评级结果。它从多个维度综合考虑企业经营管理以及对社会的长远利益，并成为利益相关者引导资金、全力支持企业可持续发展的至关重要的投资指标，也为金融机构识别中国企业绿色创新的潜在利益和市场机会提供了参考。因此，本章核心解释变量选择了商道融绿公司开发的 ESG 评级数据。商道融绿 ESG 评级于 2015 年首次公布，本章以当期是否披露了公司 ESG 评级来设定有关的虚拟变量，若上市公司 i 第 t 年公布了 ESG 评级，则当期及以后期间取值为 1，否则取值为 0。ESG_Score 按照商道融绿 ESG 评级结果，评级分为九个级别，从最好到最差：A+、A、A-、B+、B、B-、C+、C 和 C-。这些评分转化为 9 至 1 的分数，分值越大，代表 ESG 评级表现越好。

（三）控制变量

参考现有相关研究，本章控制了其他对绿色创新可能产生影响的变量。

三、模型构建

为了解决 ESG 评级与企业绿色创新之间的内生问题，本章使用多期双重差分法，构建估算模型如下，研究关注系数 α_1，它反映了 ESG 对企业绿色创新的影响。

$$GI\_Num_{i,t+1}/GI\_Cit_{i,t+1} = \alpha_0 + \alpha_1 ESG_{i,t} + \alpha_2 Controls$$
$$+ \mu_1 YearFE + \mu_2 FirmFE + \varepsilon_{i,t} \qquad (9-1)$$

获得 ESG 评级的公司并不是随机的，可能由于企业样本天然有所差异。因此，若使用全样本进行分析会存在样本自选择偏误的干扰，从而导致所选样本中可能存在一定程度的自选择偏误。为了进一步保证基准回归实证的稳健性，本章采用 PSM 方法来解决自选择偏差导致的内生性问题，若回归结果与前文相同，则说明前文的实证结果具有较高的稳健性。首先对实验组和控制组进行 Logit 回归，以控制变量为匹配变量，采用卡尺范围为 0.01，最近邻非放回 1 : 1 配对方法，寻找与实验组相匹配的未进行 ESG 评级企业作为对照组。根据配对后的样本再次执行的 DID 模型（9 − 1）。

此外，ESG 评级分数对企业投资决策至关重要（Allman and Won，2021）。因此，ESG 评级事件对企业绿色创新影响的另一个重要方面是 ESG 评级得分。本章研究中也纳入了商道融绿的具体 ESG 得分，以进一步验证 ESG 评级对企业绿色创新的影响效果。本部分使用 OLS 回归方法构建模型如下：

$$GI\_Num_{i,t+1}/GI\_Cit_{i,t+1} = \alpha_0 + \alpha_1 ESG\_Score_{i,t} + \alpha_2 Controls$$
$$+ \mu_1 YearFE + \mu_2 FirmFE + \varepsilon_{i,t} \qquad (9-2)$$

第四节　实证研究与结果

一、描述性统计

主要变量的描述性统计，如表 9 − 2 所述。

表 9 − 2 本章主要变量描述性统计

变量	样本量	均值	最小值	中位数	最大值	标准差
GI_Num	8630	0.2158	0.0000	0.0000	6.0450	0.6239
GI_Cit	8630	0.9256	0.0000	0.0000	7.4782	1.4235
ESG	8630	0.1443	0.0000	0.0000	1.0000	0.3514
ESG_Score	1395	2.9484	1.0000	3.0000	6.0000	0.9202
Roa	8630	0.0483	− 0.2197	0.0417	0.1869	0.0539

变量	样本量	均值	最小值	中位数	最大值	标准差
Lev	8630	0.4626	0.0530	0.4679	0.9010	0.2070
Age	8630	12.2696	2.0000	12.0000	25.0000	6.6463
Cash	8630	0.0502	−0.1719	0.0479	0.2344	0.0705
Size	8630	22.8489	19.7899	22.8054	26.0740	1.2174
Gov	8630	0.4581	0.0000	0.0000	1.0000	0.4983
Holder	8630	0.3733	0.0850	0.3619	0.7482	0.1572
Inst	8630	0.3294	0.0000	0.2584	0.8717	0.2587
*Big*4	8630	0.0925	0.0000	0.0000	1.0000	0.2897
Board	8630	2.3330	0.0000	2.3026	3.2958	0.2729
Supervisor	8630	1.6617	1.0986	1.6094	2.8332	0.3173

根据表9-2，公司的绿色创新数量（*GI_Num*）和绿色创新质量（*GI_Cit*）的平均值分别为0.2158和0.9256，最小值均为0.0000，最大值分别为6.0450和7.4782，表明不同公司之间的绿色创新存在显著差异，并呈两极分化趋势，上市公司总体绿色创新水平偏低。*ESG*均值为0.1443，说明14.43%的样本获得了*ESG*评级，*ESG_Score*得分的均值介于B级和C级之间，均值为2.9484。控制变量方面，规模（*Size*）、公司年龄（*Age*）、资产负债率（*Lev*）等特征值与上市公司的现实相符，并与现有文献的统计结果一致。

二、回归结果分析

*ESG*评级和企业绿色创新的回归结果如表9-3所示。

表 9 - 3   ESG 评级与企业绿色创新回归结果

变量	全样本 DID		PSM-DID		OLS	
	GI_Num	GI_Cit	GI_Num	GI_Cit	GI_Num	GI_Cit
	(1)	(2)	(3)	(4)	(5)	(6)
ESG	0.1215 ***	0.0561 **	0.0645 ***	0.0935 **		
	(5.7517)	(2.0017)	(2.7731)	(2.3231)		
ESG_Score					0.0684 **	0.1346 **
					(1.9677)	(2.0197)
Roa	-0.0413	-0.0414	-0.1186	0.2441	0.7252	1.4282
	(-0.6590)	(-0.2785)	(-0.7144)	(0.7675)	(0.9295)	(1.0110)
Lev	0.0425	-0.0443	0.0604	0.1205	0.1313	-0.1832
	(1.1252)	(-0.6764)	(0.5947)	(0.8909)	(0.2597)	(-0.2324)
Age	0.0150	-0.0348	0.0105	-0.0171	-0.0673	-0.0321
	(0.6962)	(-0.8310)	(0.2441)	(-0.2391)	(-0.5826)	(-0.1645)
Cash	0.0260	0.0524	-0.0170	0.0978	0.2786	0.7984
	(0.7161)	(0.5039)	(-0.2058)	(0.4713)	(0.6493)	(0.8918)
Size	0.0337 ***	0.3042 ***	0.0215	0.3098 ***	0.0469	-0.0030
	(3.1616)	(18.8061)	(1.0463)	(10.8269)	(0.2601)	(-0.0109)
Gov	0.0069	0.1135 **	0.0362	0.3371 ***	-0.2849 *	-0.0649
	(0.1718)	(2.1074)	(0.3711)	(3.3067)	(-1.7634)	(-0.1441)
Holder	0.1050	-0.4098 ***	0.2673 **	-0.3105 *	-0.2621	-1.4460
	(1.4426)	(-3.9267)	(2.0402)	(-1.7912)	(-0.3880)	(-1.2691)
Inst	0.0439 *	-0.0388	0.0516	-0.1186	-0.0950	-0.4112
	(1.8410)	(-0.9354)	(1.2441)	(-1.6259)	(-0.6861)	(-1.5311)
Big4	-0.1444 ***	-0.0902	-0.1992 ***	-0.1178	0.1262	0.5779 *
	(-3.2374)	(-1.3713)	(-3.5586)	(-1.2379)	(1.0306)	(1.8459)
Board	-0.0229 *	-0.0322	-0.0371	0.0140	-0.0437	0.0840
	(-1.6571)	(-0.9794)	(-1.2692)	(0.2217)	(-0.4453)	(0.4252)
Supervisor	0.0212	0.0133	0.0343	-0.0312	0.1340	0.0077
	(1.5076)	(0.4350)	(1.0851)	(-0.5173)	(1.3673)	(0.0412)

变量	全样本 DID		PSM-DID		OLS	
	GI_Num	*GI_Cit*	*GI_Num*	*GI_Cit*	*GI_Num*	*GI_Cit*
	(1)	(2)	(3)	(4)	(5)	(6)
常数项	−0.8073 *** (−2.8536)	−5.6550 *** (−12.8666)	−0.5952 (−0.9836)	−6.1810 *** (−7.4701)	−0.0131 (−0.0030)	1.9478 (0.2879)
Year	Yes	Yes	Yes	Yes	Yes	Yes
Firm	Yes	Yes	Yes	Yes	Yes	Yes
观测值	20267	20267	8630	8630	1394	1394
Adjust_R^2	0.1388	0.1418	0.1527	0.1571	0.1575	0.1328

注：***、**、*分别表示在 1%、5%、10% 水平上显著；（）内为 T 值。

表 9 - 3 中，列（1）和列（2）是模型（9 - 1）的全样本回归结果。全样本回归结果表明，企业绿色创新数量和质量的 ESG 评级的回归系数分别在 1% 和 5% 水平上都是显著为正。列（3）和列（4）为通过 PSM 方法保留的匹配样本的模型（9 - 1）结果，结果表明 ESG 评级对企业绿色创新数量和质量的回归同样分别达到了 1% 和 5% 水平上显著正相关。综合而言，在 ESG 评级后，企业绿色创新显著提高。列（5）和列（6）是参与 ESG 评级的企业样本模型（9 - 2）的回归结果，结果表明企业绿色创新质量和数量的 ESG 评分回归系数在 5% 水平上显著为正。这进一步证明了 ESG 评级的有效性：表现更好的公司在获得 ESG 评级后，更愿意增加绿色创新，不仅提高了绿色创新数量，也提高了绿色创新质量。综合而言，假设 9 - 1 得到验证。

三、稳健性检验

（一）平行趋势假设检验

为了进一步说明上述结果的合理性，本章进行了平行趋势检验。结果如表 9 - 4 和图 9 - 2 所示。

表 9 - 4　　　　ESG 评级与企业绿色创新关系的稳健性检验结果 1

（平行趋势假设检验）

变量	Parallel trend	
	GI_Num	GI_Cit
	（1）	（2）
$Before_4$	- 0. 0274 (- 0. 9223）	0. 0609 （0. 9662）
$Before_3$	- 0. 0055 (- 0. 1726）	0. 0368 （0. 5500）
$Before_2$	0. 0335 （0. 9377）	0. 0952 （1. 2531）
$Before_1$	0. 0461 （1. 1565）	0. 0835 （1. 0354）
$Current$	0. 0777 * （1. 8964）	0. 1862 ** （2. 2448）
$After_1$	0. 1023 ** （2. 0019）	0. 1871 * （1. 7339）
$After_2$	0. 1564 ** （2. 4917）	0. 2994 *** （2. 6135）
$After_3$	0. 1660 ** （2. 3811）	0. 2576 ** （2. 0548）
常数项	- 0. 4729 (- 0. 7679）	- 6. 1317 *** (- 5. 5749）
控制变量	Yes	Yes
$Year$	Yes	Yes
$Firm$	Yes	Yes
观测值	8630	8630
Adjust_R^2	0. 1541	0. 1551

注： *** 、 ** 、 * 分别表示在 1% 、 5% 、 10% 水平上显著；（ ）内为 T 值。

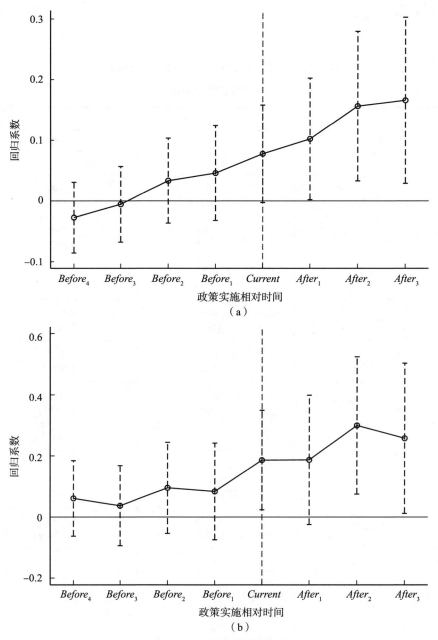

（a）

（b）

图 9－2　平行趋势检验系数

表 9 - 4 列出了 ESG 评级对企业绿色创新的动态效应。利用多期动态效应模型（Bertrand，Duflo and Mullainathan，2004），我们在基准回归中加入评级前后 ESG 虚拟变量对企业绿色创新数量和质量的影响，观察平均处理效果的时间趋势。其中，$Before_i$ 代表 ESG 评级实施前的四年，$Current$ 代表 ESG 评级实施的年份，$After_i$ 代表 ESG 评级实施后的三年。表 9 - 4 中列（1）和列（2）的结果表明，ESG 评级系数在前四年并不显著，在实施 ESG 评级之前，企业绿色创新的改善并不显著，而 $Current$ 和 $After_i$ 的回归系数对绿色创新的数量和质量都具有显著的正向影响。图 9 - 2（a）（b）所示的动态效果趋势图分别对应于表 9 - 4 的列（1）和列（2），代表了在实施 ESG 评级后的当年和以后年度中企业绿色创新的数量和质量的逐步显著改善，并证明了基准回归结果的稳健性。

（二）更改 PSM 方法

为消除不同政策对不同行业企业的绿色创新投资环境产生差异性影响，同时有效剔除实验组与对照组之间由于固有差异对结论产生的影响，本章改变了 PSM 匹配方法，增加控制同行业和时间对公司重新进行倾向得分匹配，同样通过 Logit 回归得到每个观测值的倾向性评分，采用非放回 1∶1 最邻近匹配法对样本进行匹配。选择重新匹配的样本进行回归，获得的结果显示在表 9 - 5 中列（1）和列（2）。从结果可以看出，即使改变匹配方法，ESG 系数仍然显著为正，通过了稳健性检验。

（三）变量替换

为测试基准回归的结果是否会因因变量的定义而有不同的结果。本章用绿色专利申请的引用次数与企业所属行业的引用次数之比来反映绿色创新的质量（Wang et al.，2021），用绿色专利授权数量来反映绿色创新的数量（Pan et al.，2021），重新检验了 ESG 评级与企业绿色创新的数量和质量之间的关系，回归结果列于表 9 - 5 中列（3）和列（4）。从结果可以看

表 9 – 5　　　　　　ESG 评级与企业绿色创新关系的稳健性检验结果 2

变量	更改 PSM		变量替换		安慰剂测试	
	GI_Num	GI_Cit	GI_Num₁	GI_Cit₁	GI_Num	GI_Cit
	（1）	（2）	（3）	（4）	（5）	（6）
ESG	0.0890*** (3.9319)	0.1619*** (2.8282)	0.0783*** (2.7138)	0.0104** (2.0504)		
ESG_placebo					0.0378 (1.3172)	0.0588 (1.0204)
常数项	−0.4081 (−0.7493)	−5.1182*** (−5.6328)	−0.7853 (−1.1749)	−0.3865*** (−3.7156)	−0.6463 (−1.0564)	−6.2525*** (−5.7204)
控制变量	Yes	Yes	Yes	Yes	Yes	Yes
Year	Yes	Yes	Yes	Yes	Yes	Yes
Firm	Yes	Yes	Yes	Yes	Yes	Yes
观测值	9757	9757	8630	8630	8630	8630
Adjust_R²	0.1578	0.1549	0.1665	0.1075	0.0510	0.0564

注：***、**、*分别表示在1%、5%、10%水平上显著；（）内为T值。

出，ESG 系数显著为正，说明即使因变量计量方式发生变化，基准回归结果也没有发生根本变化，假设 9 – 1 依旧得到支持。

（四）安慰剂试验

为了验证本章的实证结果是由 ESG 评级而非其他因素引起的，使用安慰剂测试方法来人为改变 ESG 评级实施的时点，双重差分的回归结果应不再显著。为此，本章保持 ESG 评级公司不变，但将 ESG 评级的实施时间后移至 2017 年。若前文结论主要是由于 ESG 评级引起，那么安慰剂试验无法获得与前面一致且有意义的结论。回归结果如表 9 – 5 中列（5）和列（6）所示，显示 ESG_placebo 并不显著，可见确实是由 2015 年商道绿融 ESG 评级实施导致企业绿色创新的提高。

四、机制检验

根据上文研究发现，ESG 评级促进企业绿色创新的数量和质量，前文分析已经从理论上阐述了 ESG 评级可能会缓解财务约束和增强管理者的环保意识，并因此促进企业绿色创新。一方面，公司 ESG 评级公布后，向市场传递了积极的信息，获得了投资者和金融机构的青睐，提高了银行对企业绿色创新的认可水平，为企业绿色创新提供了必要的资金支持。另一方面，当企业 ESG 评级后，带来的关注度使得外部监督更加严格。鉴于市场压力和环境威胁，公司管理层可能主动或被迫意识到环境问题的重要性，并通过关注新的绿色环保技术和节能产品实施积极的环境响应行为，实现企业绿色转型和可持续发展。本章借鉴江艇（2022）的研究，通过重点考察核心解释变量来对机制变量的影响，探究 ESG 评级促进企业绿色创新的渠道。

（一）融资约束

资金支持在促进企业绿色技术创新方面发挥着至关重要的作用。公司经过努力获得较高的 ESG 评级，将极大地吸引外部金融机构对其关注和投资。金融机构在制定相关信贷政策时，会优先考虑 ESG 评级表现卓越的公司，给予优惠贷款支持，积极引导资金和技术流入形成资源集聚，从而更有效地推动企业绿色创新。根据已有文献普遍做法，借鉴哈德洛克和皮尔斯（Hadlock and Pierce，2010）的 SA 指数法构建融资约束指标如下：$SA = -0.737 \times Size + 0.043 \times Size^2 - 0.04 \times Age$。表 9 - 6 中列（1）融资约束系数（$SA$）显著负相关，表明 ESG 评级能够显著缓解融资约束，进而促进企业绿色创新。

表 9 - 6　　　　　　ESG 评级影响企业绿色创新的机制检验结果

变量	融资约束（SA）	高管环保意识（MEPA）
	（1）	（2）
ESG	- 0.0101 *** （- 8.2799）	0.0021 * （1.7853）
常数项	1.2734 *** （29.1193）	- 0.1768 *** （- 7.4676）
控制变量	Yes	Yes
Year	Yes	Yes
Firm	Yes	Yes
观测值	8630	8630
Adjust_R^2	0.6272	0.2054

注：***、**、*分别表示在 1%、5%、10% 水平上显著；（）内为 T 值。

（二）高管环保意识

高管环保意识是高管认知的具体体现，决定了公司如何采取环境响应行为。ESG 评级带来的外部媒体、投资者和分析师的关注会引起高管的重视，迫使企业高管为了社会声誉和社会责任而实施响应式绿色创新，以减少企业行为对环境的不利影响。此外，ESG 评级的"负面清单"促使高管们意识到与企业行为相关的潜在环境风险，进而有目的地增加对污染减少和末端治理等绿色技术创新的投资，从而有效促进企业绿色创新。高管环保意识变量通过文本分析获取：个体在参与社会活动时嵌入的词语可以代表其认知，频繁使用的词语可以反映其内心的想法，基于此，文本分析可以测量管理者的环境意识（Reyes-Menendez，Saura and Alvarez-Alonso，2018）。结合相关法规和企业社会责任报告，本章选取了关于环境的关键词，以反映管理者对节能减排和环境保护的重视，例如，"节能减排""环境保护""环境理念""环境管理机构""环境保护教育""环境保护培训""环境技术开发""环境审计"等词汇。研究用这些术语在《企业社会责任报告》中的出现频率的比率来度量企业高管的环保意识（潘安娥、郭秋实，2018）。

表 9 - 6 中列（2）高管环保意识（*MEPA*）的系数显著正相关，表明 ESG 评级能提高高管的环保意识，进而促进企业绿色创新。

五、进一步研究

虽然基准回归结果表明 ESG 评级可以改善企业绿色创新，但这种影响也可能取决于公司所在地区的环境法规和市场竞争强度等因素（Porter and Linde，1995）。根据制度理论，政府和市场是转型经济发展中国家的关键制度因素（Delmas and Toffel，2004）。因此，本章进一步探讨了 ESG 评级在异质环境监管强度和市场竞争下对企业绿色创新的有效性，以提供更有说服力的实结果。

（一）环境规制异质性分析

ESG 评级效力的发挥需要环保政策及相关法律法规的配套支持。当企业处于环境规制较强的地区，更严格的环境监管能够诱导企业研发意愿增加，以减轻环境规制带来的压力。在外部政府环境监管力度较大的情况下，如果企业获得 ESG 评级，能够有效缓解环境监管部门与企业的信息不对称性，提升企业的绿色商誉和市场价值。合法性理论认为，向外界传递积极信息，有助于企业获得一定环境资格认证，可以提高政府满意度，获取或增强"合法性"地位，帮助企业赢取政府税收减免和放宽银行绿色贷款条件等有利政策，为企业进行绿色创新活动提供充裕的资金支持。从污染防治的实际效果看，严格的环境规制已经呈现出良好的成效。因此环境规制较严格的地区，辅以有效的 ESG 评级机制，两者的叠加作用能够促使当地企业更加主动地进行绿色创新。

关于环境规制指标的选取，国内外有代表性的衡量指标包括实施环境规制相关政策的数量、人均收入、污染治理总投资占工业总产值的比重等。需要注意的是，上述指标仅反映了环境监管的有限方面，在最终估计结果中容易出现偏差。因此，考虑到中国相关污染物排放数据的可获得性，本章选取了五个单项指标构建综合指数（Zhong，Xiong and Xiang，2021）：工业固体废物综合利用率、工业烟尘去除率、二氧化硫去除率、工业废水排放达标率、工业除尘率。为了使各指标权重的选取更加客观，研究运用改进熵值法得出各省环境规制强度，可以更好地反映环境规制的总体状况。将环境规制变量（ER）以及 ESG 和 ER 的交乘项添加到基准回归模型（9-1）中，得到表9-7列（1）和列（2）的结果：交乘项的回归系数分别为 0.0524 和 0.1702，在5%和1%的置信水平下显著为正。这表明，当企业受到更严格的环境规制时，ESG 评级对企业绿色创新的数量和质量的积极影响更显著。

表9-7　ESG 评级影响企业绿色创新的环境规制和市场竞争异质性分析结果

变量	环境规制（ER）		市场竞争（$Market$）	
	GI_Num	GI_Cit	GI_Num	GI_Cit
	（1）	（2）	（3）	（4）
ESG	0.0324 （1.3388）	0.0029 （0.0569）	0.0912 *** （3.1252）	0.0658 （1.5542）
ER	0.0343 （0.9398）	-0.1338 * （-1.7339）		
$ESG \times ER$	0.0524 ** （2.1257）	0.1702 *** （3.2633）		
$Market$			0.4103 * （1.7829）	0.2546 （0.6077）
$ESG \times Market$			0.2440 ** （2.0606）	0.6604 *** （2.8210）
常数项	-0.5916 * （-1.7666）	-6.3099 *** （-8.9069）	-0.3710 （-0.5933）	-4.3107 *** （-6.0603）
控制变量	Yes	Yes	Yes	Yes

续表

变量	环境规制（ER）		市场竞争（Market）	
	GI_Num	GI_Cit	GI_Num	GI_Cit
	（1）	（2）	（3）	（4）
Year	Yes	Yes	Yes	Yes
Firm	Yes	Yes	Yes	Yes
观测值	8630	8630	8630	8630
Adjust_R^2	0.1528	0.1578	0.1532	0.1588

注：***、**、* 分别表示在 1%、5%、10% 水平上显著；（）内为 T 值。

（二）市场竞争异质性分析

在市场层面，伴随着绿色转型的深入，企业及时了解行业的变化并主动披露具有绿色投资价值的信息有重要意义。现如今，企业间的竞合关系日趋活跃，同业者虽然具备一致的可持续发展目标，并构建了利益相关关系，但彼此间的竞争也愈发激烈（Porter and Linde，1995）。市场竞争越激烈，竞争对手之间越迫切希望通过各种方式表现出自身优势。激烈的竞争加剧了 ESG 评级产生的压力（Muhmad et al.，2021）。进行 ESG 评级，尤其是获得评级优秀，将为企业创造有利机会，进而激发其发展和治理动力，企业因此可能扩大已有优势选择绿色创新的方式，降低环境污染或提高资源利用率实现本质上的转型。ESG 评级能够抵御激烈的竞争带来的远期环境影响及经营风险，提高企业绿色创新的潜力与绩效（Martins，2021）。因此，在竞争日益激烈的市场背景下，ESG 评级传递出的积极发展趋势信号将进一步推动企业绿色创新。

市场集中度是指竞争市场中公司之间投入或产出要素的集聚程度（Menezes and Quiggin，2012），在一定程度上反映了市场竞争的程度（Karuna，2007），可以作为衡量公司之间竞争程度的基本指标，市场集中度低说明竞争激烈。本章使用市场集中度的相反数来衡量市场竞争程度（Market）。同

样将变量 *Market* 以及 *ESG* 和 *Market* 的交乘项纳入基准回归模型（9 - 1），结果如表 9 - 7 中列（3）和列（4）所示：交乘项的回归系数分别为 0.2440 和 0.6604，并在 5% 和 1% 的置信水平下显著为正。这些结果表明，市场竞争越激烈，ESG 评级对企业绿色创新数量和质量的积极影响越显著。

（三）生命周期异质性分析

当前，围绕中国 ESG 评级效应的"黑箱"仍需进一步打开。本章已考虑企业截面差异的影响，本部分则从时间维度上的潜在异质性展开研究。企业生命周期演进过程中，会在不同时期呈现出差异性。生命周期理论指出，企业在不同的发展阶段融资约束水平、管理者行为意识、投融资策略、研发创新意愿等明显不同（Adizes，1988），而绿色创新需要企业对自身资源禀赋、发展需求和外部环境做综合评估后进行审慎决策。可以合理预期，ESG 评级对企业绿色创新的激励效果会因各生命周期阶段的差异而存在不同表现。处于不同生命周期的企业，获取信息和资金的路径和成本各不相同。相对于成熟期和衰退期的企业，处于成长期的企业信息披露不完善，信息不对称程度更高，信息成本也更高，而且还面临资金需求大和融资约束高的困境。本章采用销售收入增长率、留存收益率、资本支出率及企业年龄的综合得分划分企业生命周期，并根据中国上市公司已经度过初创期的实际情况，在考虑行业之间存在差异的情况下，把企业生命周期划分为三个阶段：成长期、成熟期及衰退期（李云鹤、李湛、唐松莲，2011），并进行 ESG 评级影响企业绿色创新的异质性分析。表 9 - 8 所示的回归结果显示，处于成长期的企业，ESG 评级在 5% 的水平上对企业绿色创新有显著的正向影响，而列（3）至列（6）中，ESG 评级对处于成熟期或衰退期的企业影响都不显著。这表明，ESG 评级公布能够更有效地促进成长期企业获得更多信息和资本，从而缓解企业融资约束，提高管理层的环境意识，并最终促进企业绿色创新。

表 9 - 8   **ESG 评级影响企业绿色创新的生命周期异质性分析结果**

变量	成长期		成熟期		衰退期	
	GI_Num	*GI_Cit*	*GI_Num*	*GI_Cit*	*GI_Num*	*GI_Cit*
	(1)	(2)	(3)	(4)	(5)	(6)
ESG	0.0977 ** (2.1841)	0.1567 ** (2.4222)	-0.0102 (-0.2564)	0.0658 (1.0225)	0.0252 (0.3930)	0.0920 (0.7786)
常数项	0.6654 (0.6599)	-5.5342 *** (-4.1077)	0.3513 (0.2324)	-5.4410 *** (-3.3120)	0.2075 (0.1654)	-2.2137 (-0.9141)
控制变量	Yes	Yes	Yes	Yes	Yes	Yes
Year	Yes	Yes	Yes	Yes	Yes	Yes
Firm	Yes	Yes	Yes	Yes	Yes	Yes
观测值	4169	4169	3131	3131	1325	1325
Adjust_R^2	0.0789	0.0987	0.1480	0.0772	0.1464	0.0629

注：***、**、* 分别表示在 1%、5%、10% 水平上显著；( ) 内为 T 值。

第五节　本章小结

一、主要结论

在联合国和其他组织的指导下，ESG 概念正在全球范围内迅速扩散和发展。ESG 评级的实施有助于推动企业从"以利润为导向"向"可持续发展"转变，是改善环境、实现绿色发展的重要举措。然而，在现有的研究中，ESG 评级的有效性仍然存在争议，且大多数研究以发达国家为研究对象，缺乏探索 ESG 评级对发展中国家企业绿色创新的作用及其机制研究，本章扩展了可持续发展理念与企业积极环境投资行为的文献。

本章研究以中国 ESG 评级事件为切入点，选取沪深两市 A 股上市公司 2010～2018 年的数据作为研究样本，研究结果显示：ESG 评级对被评级企业的绿色创新数量和质量方面具有显著影响；且 ESG 表现越好，企业绿色创新越积极。获得 ESG 评级的企业主要通过缓解融资约束和提高管理层的环境意识来促进绿色创新。进一步研究发现，在环境法规严格、市场竞争激烈的地区和处于成长期的企业中，ESG 评级对企业绿色创新的影响更为显著。

二、政策建议

国家"十四五"规划鼓励企业积极披露 ESG 信息，完善 ESG 评价体系，是深化供给侧结构性改革、促进经济高质量发展的抓手，是构建国内国际双循环格局的桥梁。本章的研究结果给予我们很重要的启示。

（1）世界各国，尤其是发展中国家，需要进一步发展和完善其 ESG 评价体系，并积极深化其 ESG 发展理念。本章的实证结果表明，ESG 评级对企业绿色创新的数量和质量均有显著的促进作用。本章研究有助于其他发展中国家借鉴中国在 ESG 评级方面的成功经验，扩大 ESG 评级在企业中的影响力，并将 ESG 与企业投资决策相结合。此外，国家和政府应逐步引导企业提高 ESG 绩效，并为利益相关者提供真实有效的数据支持，以获得内外部资源的支持，从而增强企业绿色创新的动力，提高企业的可持续竞争力，促进经济、社会和生态效益的协调统一。

（2）企业绿色创新与资源支持密不可分，有必要进一步完善金融机构在企业绿色创新实践中的支持激励。本章研究发现，ESG 评级传递出了一个积极的信号，有助于确保利益相关方的资金支持，缓解企业融资约束。政策制定者和监管者应鼓励将 ESG 评级纳入金融机构的贷款系统，为 ESG 评级良好的企业提供优惠措施，减少融资约束，提高资本配置的效率。

（3）实现绿色发展需要管理层转变对 ESG 的看法，并重视对管理层的激励。管理层是企业绿色创新决策中不可忽视的重要因素。在 ESG 评级逐步发展的背景下，管理层可以接受定期培训，以逐步改变之前对生态保护、社会责任和公司治理的投资只是单纯增加成本的片面观点，从而增强高管环保意识，引导和激励其在企业绿色创新方面的作用。

（4）充分从政府、市场及公司层面差异化考虑 ESG 评级实施效果。本章研究发现，在环境法规强大、行业竞争激烈和处于成长期的企业，ESG 评级对绿色创新的数量和质量有显著促进作用。因此，这种以社会公众为主导的环境监管机制，可以有针对性地通过加强政府环境法规，谨慎引导市场竞争以协助资源配置，并将 ESG 理念融入公司成长期的绿色创新发展战略，以充分发挥 ESG 评级对绿色创新的积极影响，帮助公司进行绿色转型。

第十章

结论与展望

第一节　研究结论

在当前全球自然资源约束日益严峻，气候风险持续变化压力下，世界各国纷纷寻求循环、低碳的绿色发展道路，积极应对环境挑战的同时开辟未来经济竞争新制高点。2020年，中国向世界郑重作出"双碳"承诺，旨在以全球历时最短、最高强度降幅实现碳达峰与碳中和。绿色发展是高质量发展的底色，推动经济社会发展绿色化、低碳化，把经济高质量发展和环境高水平保护辩证统一起来，形成两者相互协同、共生共促的关系，是中国经济进入高质量发展，立足新发展、贯彻阶段新发展理念、构建新发展格局的有效路径，也是发展新质生产力的重要内容。而绿色技术创新，则是绿色发展的"原动力"。

在各类污染源中，企业工业活动是导致环境恶化的首要因素（张琦、郑瑶、孔东民，2019）。因此，亟须激活微观企业个体的绿色创新活动，加快制造业整体绿色转型升级进程（李平，2011）。

然而，生态环境具有公共物品属性，企业参与环境治理存在成本与收益的非对称性（李青原、肖泽华，2020）：一方面，企业需要承担环境治理和绿色创新的高投入与高风险；另一方面，却因为绿色创新的"双重外部性"而不能享受所有的创新收益。因此，国家出台了多样化环境规制政策，以倒逼或激励企业完成环境目标。

环境规制是以环境保护为目的，以个体或组织为对象，以有形制度或无形意识为存在形式的一种约束性力量（赵玉民、朱方明、贺立龙，2009）。传统的命令型环境规制是政府以非市场途径对环境资源利用的直接干预，企业等经济主体没有选择权，必须遵守相关规定。市场型环境规制是指政府利用市场机制设计的，旨在借助市场信号引导企业排污行为，激励排污者降低排污水平，或使社会整体污染状况趋于受控和优化的制度。无论是命令控制型环境规制还是市场型环境规制，都以政府强制力为依托。随着社会公众环保意识的增强，以公众自愿参与为主的非正式环境规制的作用日益显现，从初期的由行业协会、企业自身或第三方认证机构倡导的保护环境的协议、承诺或计划的环境规制，到涵盖更为普遍意义的社会公众。社会公众对生存本质的追求，促使企业主动完成节能减排的任务。

在中国由计划经济向市场经济的渐进式改革过程中，政府干预存在于国民经济运行的各个环节。这一背景下发展起来的环境监管，侧重于用约束、惩戒等刚性治理的范式。而企业不是以一个健全的市场主体的身份来承担自身对于环境污染的责任，而是以从属政府监管主体的方式来分担政府对于环境监管的责任。面对非此即彼的命令控制型的环境规制，企业可能消极应对（崔广慧、姜英兵，2019），倾向于采取"末端治理"等方式（张峰、宋晓娜，2019），缺少能从根本上实现绿色转型的绿色创新甚至挤出绿色创新。即使是市场激励型的环境规制，依旧基于政府作为监管主体的视角。

本书借用柔性监管这一术语，选取不同监管主体和手段的环境监管制度展开研究。在验证企业绿色创新对企业和供应链上下游发展促进作用的基础上，重点探讨绿色创新的柔性监管机制对企业绿色创新的影响。具体包括政府导向型的绿色产业政策，政府利用市场机制设计的环保费改税制度，政府、行业组织和第三方中介合作的"绿色工厂"认定政策，以及第三方倡导的ESG评级制度，得出以下结论：

（1）绿色创新显著提升企业全要素生产率，企业应将绿色理念贯穿发展全过程。赢得环境社会责任"面子"的同时能赢得经济效应的"里子"，才是驱动企业绿色创新的内在动力。本书研究发现，企业绿色创新可以通过缓解融资约束和降低非效率投资这两条路径来提高全要素生产率，进而显著提高企业经济、环境和社会可持续发展能力。

（2）经济全球化和产业分工的不断细化，供应链上下游企业协作愈发重要与密切，供应链成员企业之间的行为和信息因此沿供应链快速扩散，并对整个供应链系统产生重要影响。本书研究发现，客户企业绿色创新能够通过技术溢出机制和资金溢出机制提高上游供应商的全要素生产率；而供应商企业绿色创新则主要通过资金溢出机制提高下游客户的全要素生产率。

（3）绿色产业政策是政府治理生态环境污染的重要政策导向，是政府引导企业低碳转型的前瞻性基础性政策。本书研究发现，绿色产业可以通过资源效应和信号传递效应促进企业绿色创新，但这种促进作用主要体现在国有重污染企业和东部地区。

（4）环境保护费改税政策是深入学习贯彻习近平生态文明思想、践行绿色发展理念的重大战略举措，也是我国现代环境治理体系的重要组成部分，在促进节能减排、推动绿色发展方面发挥着举足轻重的作用。本书研究发现，环保费改税政策通过增加企业内部环保投资和缓解企业外部融资约束显著促进重污染行业的企业绿色创新。相比于绿色发明专利、税负平移企业和非国有企业，环保费改税对绿色实用新型专利、税负提标企业和国有企业的绿色创新促进更明显。

（5）"绿色工厂"认定是政府、行业组织和第三方中介合作的自愿型环境规制政策在我国制度环境下的创新性应用。"绿色工厂"认定可协同其他政策工具助力企业获得更多政府环保补助，缓解长期信贷成本与规模约束，同时发挥信号作用吸引长期机构投资者支持，从而提升绿色创新。

获得多次认定、环境信息更透明、未发生过环境违规的"绿色工厂",其绿色创新质量提升更显著。

（6）ESG 评级作为第三方机构倡导的自愿型环境监管机制,有助于缓解信息不对称,缓解融资约束;同时也使得企业的环境外部性内部化,提高企业管理层环保意识,因而显著促进企业绿色创新的数量和质量。更严格的环境法规、更激烈的市场竞争以及处于成长期的公司中,ESG 评级和绿色创新之间的联系更高。

第二节　政策建议

（1）重视环境监管的顶层设计。政府应重视产业政策等环境治理体系的顶层设计,从国家战略层面支持企业绿色创新,为企业实现可持续绿色创新提供及时、长期的政策承诺。政府在环境监管中扮演着"指挥棒"和"守门人"的角色,是环境治理体系中的永恒主导。政府通过政策引导、行政审批、严格执法、信息公开、环保宣传等方式,保障生态环境的健康发展,实现经济社会和自然环境的和谐共生。

（2）构建以政府为主导、企业为主体、社会组织和公众共同参与的环境治理体系。环境治理的主体,除了政府和市场的平衡,还包括各种行业协会、社会组织、科研团体、社会个人等多元主体。本书研究发现,无论是政府主导的绿色产业政策、政府利用市场机制设计的环保费改税制度,政府、行业组织和第三方中介合作的"绿色工厂"认定政策,以及第三方倡导的 ESG 评级制度,虽然其监管主体和手段各不相同,但它们都能通过相应的机制引导企业主动进行绿色创新实现环境治理,并因此获取竞争优势。坚持多方共治,明晰政府、市场、企业、公众等各类主体权责,畅通参与渠道,形成全社会共同推进环境治理的良好格局。

（3）重视环境治理的支持系统建设。坚持依法治理,健全法律法规标准，严格执法、加强监管，加快补齐环境治理体制机制短板；加强财税支持和金融扶持，为企业绿色创新提供资金支持；重视环境信息披露，既便于投资者、银行及其他利益相关者决策，又有助于发挥监督作用与经验传递；加强环保宣传和教育，提高全社会的环保意识，强化社会监督，发挥各类社会团体作用参与环境治理。

（4）企业应转变理念，充分认识到绿色创新的潜力，高度重视绿色创新在企业发展中的重要意义。企业既是环境污染的源头，也是环境治理主体，其绿色发展对推动社会整体绿色转型，促进生态可持续发展具有至关重要的作用，也是企业自身高质量发展的重要特征与战略基点。企业应转变理念，改被动治理为主动防治，积极制定绿色创新战略，主动推进绿色转型，让绿色文化贯穿企业和战略，让绿色技术融入企业生产经营，让绿色成为产品价值的重要组成部分，以供应链上下游协作创新为支持，以绿色口碑吸引投资者，以绿色形象赢得消费者，逐渐形成企业独特的、难以模仿和替代的绿色竞争优势。

第三节　研究贡献与展望

一、研究贡献

（一）创新性提出企业环境治理和绿色创新的柔性监管理念

严苛的环境规制主导的绿色发展带来的突出问题是：大部分企业只是采取污染末端治理等结果导向型技术来实现低碳目标，看似在整个工业层面实现了节能减排，实质上只是促进了末端绿色技术和环保产业的发展，无法实现整体工业的产业升级和绿色转型，甚至出现污染转移、"漂绿"

等"异象"。企业将环境问题纳入战略决策时，不应被动地迎合环境法规
（Clarke et al.，1994），需要的是产品和技术的飞跃与突破性创新。企业绿
色低碳转型，其根本出路在于创新。但绿色创新的重要主体——企业，往
往因绿色创新的高投资高风险高外部性而缺乏主动创新的内部动力。

本书借鉴"柔性监管"这一术语应用于环境治理和绿色创新中，提出
了环境治理的柔性监管概念。环境治理中的柔性监管机制涵盖所有政府、
市场、社会公众和社会组织通过非结果控制方式引导被监管主体主动创新
参与环境治理以实现环境治理目标的监管范式，强调通过指导、激励、协
商、自我监管等方式提高监管的实效，促进企业绿色创新。

（二）合理化设计考察柔性环境监管对企业绿色创新的增量效应

现有的研究，大量关注环境规制的经济后果，但这些研究，往往"一
刀切"地采用某一个综合变量反映环境规制的强度。即使分类，也只是用
一个代理变量来指征一类环境规制。一方面，可能混合了同时期其他环境
政策的效应，无法有效识别环境规制影响企业绿色创新的机制与效应；另
一方面，也忽略了环境规制工具的异质性。本书分别以"十二五"规划和
"十三五"规划中的绿色产业政策、"环境保护费改税"的实施、"绿色工
厂"认定制度、ESG评级事件为准自然实验，采用双重差分方法评估了这
三个不同类型的环境监管对企业绿色创新能力的影响。一方面，可以有效
避免环境规制指标可能存在的测量误差问题；另一方面，也可以排除既影
响环境政策实施又影响绿色创新能力导致的内生性问题，有助于清晰这些
制度对企业绿色创新的增量效应。

（三）代表性监管制度效应检验具有重要的现实意义

本书中的柔性监管不限定监管主体与监管手段，重点强调柔性监管
"尊重被监管主体的权利，承认治理主体的多元化，注重监管方式的灵活性
和柔和性"的实质，并分别选择了政府导向型的绿色产业政策，政府制定

基于市场途径的环保费改税制度，政府、行业组织与第三方合作的"绿色工厂"认定制度和第三方倡导的 ESG 评级等四种柔性监管机制，发现不同监管主体不同监管手段的柔性监管制度，都对企业绿色创新有积极的促进作用。研究同时深入探索了四种监管机制影响绿色创新的路径及其导致影响效应差异化的因素，为完善相关监管体系提供相应建议，对最大化政策效率、推进企业绿色制造及转型升级具有重要现实意义。

二、研究展望

（一）研究内容方面

进一步重视不同监管工具之间相互作用分析。目前我国出台了多元化的环境监管工具，但这些环境监管工具可能存在相互之间的协同或冲突。例如，本书关于"绿色工厂"认定的研究中发现，"绿色工厂"认定可协同政府补贴、绿色信贷政策工具共同提升绿色创新质量的高效率特征，对多元监管体系的协同性研究具有一定借鉴意义。但本书重点还是关注单一监管工具的作用及其机理，并没有系统地研究不同监管工具之间的相互作用。后续研究可以关注不同监管工具之间的协同或冲突效应，为多元政策工具相互协同及发挥市场机制以共促企业绿色创新数量质量，降低资源错配程度提供更有实践意义的启示。尤其是，进一步重视传统激励型环境规制与公众自愿型环境规制的协同与支持，发挥行业组织、社会公众在其中的积极作用。

（二）研究设计方面

进一步重视研究方法的科学性和研究成果的普遍性。我们的样本仅限于中国。尽管本书尽可能地进行了稳健性测试，但实证结果仍可能受到选择偏差的影响。因此，有必要在未来的研究中部署更先进的计量经济学技术来解决这一问题。同时，由于中国企业很难获得有关生态标签产品认证、绿色研发和企业设备升级等具体数据，因此我们的工作只能基于现有文献的方法，即仅使用申请和授予的绿色专利数量等方式来衡量绿色创新。未来的研究可以确定更全面的指标来衡量绿色创新。

（三）研究建议方面

进一步重视对现有监管制度的创新性应用与改进。本书只考察了企业绿色创新柔性监管机制的实施效果，并对现有监管制度的有效实施提出了相应的建议，缺乏对相关监管机制的突破性、创新性建议，尤其是这些机制的长期效应和绿色创新质量效应提升方面的建议。研究发现，虽然这些柔性监管机制都促进了企业的绿色创新，但他们对绿色创新的数量和质量的影响并不都有积极的影响。例如，本书研究发现，环保费改税对绿色实用新型的专利有明显促进作用，但对绿色发明专利的影响并不明显，如何通过更有效的设计与实施来提升环保费改税对绿色发明专利的提升作用，本书的思考尚显粗浅。而且，本书中环境柔性监管机制的实施效果研究及其建议仅集中在绿色创新方面，未来可以扩展到更多的研究，如环境治理效应，经济绩效效应等。

参考文献

［1］ 白茜，韦庆芳，蒲雨琦，等．产业政策、供应链溢出与下游企业创新
［J］．南方经济，2023（10）：70-93.

［2］ 鲍群，毛亚男．客户风险的供应链溢出效应研究［J］．安徽农业大学
学报（社会科学版），2020，29（4）：64-71.

［3］ 鲍群，石绍炳，盛明泉．供应链嵌入视角下客户生产率溢出效应［J］.
经济理论与经济管理，2023，43（4）：102-112.

［4］ 卞泽阳，李志远，徐铭遥．开发区政策、供应链参与和企业融资约束
［J］．经济研究，2021，56（10）：88-104.

［5］ 卜洁文，汤龙，李光武．短贷长投、数字普惠金融与企业全要素生产
率［J］．上海大学学报（社会科学版），2023，40（5）：120-140.

［6］ 蔡贵龙，邓景，葛锐，等．客户行业竞争地位与供应商企业绩效［J］.
会计研究，2022（11）：72-86.

［7］ 蔡宏波，汤城建，韩金镕．减税激励、供应链溢出与数字化转型［J］.
经济研究，2023，58（7）：156-173.

［8］ 蔡乌赶，周小亮．中国环境规制对绿色全要素生产率的双重效应［J］.
经济学家，2017（9）：27-35.

［9］ 蔡晓陈，陈静宇．数字经济产业政策提高了企业全要素生产率吗？：
基于研发投入与融资约束视角［J］．产业经济研究，2023（3）：16-
30.

[10] 藏传琴, 张茵. 环境规制技术创新效应的空间差异: 基于2000—2013 中国面板数据的实证分析 [J]. 宏观经济研究, 2015 (11): 72 - 83, 141.

[11] 曹洪军, 陈泽文. 内外环境对企业绿色创新战略的驱动效应: 高管环保意识的调节作用 [J]. 南开管理评论, 2017, 20 (6): 95 - 103.

[12] 曹伟, 冯颖姣, 余晨阳, 等. 人民币汇率变动、企业创新与制造业全要素生产率 [J]. 经济研究, 2022, 57 (3): 65 - 82.

[13] 曹伟, 姚振晔, 赵璨. 供应链关系变动与企业创新绩效: 基于中国上市公司的经验证据 [J]. 会计与经济研究, 2019 (6): 31 - 54.

[14] 曹霞, 张路蓬. 环境规制下企业绿色技术创新的演化博弈分析: 基于利益相关者视角 [J]. 系统工程, 2017, 35 (2): 103 - 108.

[15] 曹现强, 张霞飞. 刚柔并济: 社区冲突视域下地方政府治理的双重逻辑: 基于配建 "共享小区" 冲突的多案例对比研究 [J]. 中国行政管理, 2019 (12): 58 - 64.

[16] 车嘉丽, 薛瑞. 产业政策激励影响了企业融资约束吗? [J]. 南方经济, 2017 (6): 92 - 114.

[17] 陈奉先, 光云霞. 关键核心技术能带来更高的企业全要素生产率吗?: 基于语义文本和PSM-DID的实证考察 [J]. 会计与经济研究, 2023, 37 (4): 134 - 155.

[18] 陈国进, 丁赛杰, 赵向琴, 等. 中国绿色金融政策、融资成本与企业绿色转型: 基于央行担保品政策视角 [J]. 金融研究, 2021 (12): 75 - 95.

[19] 陈丽蓉, 韩彬, 杨兴龙. 企业社会责任与高管变更交互影响研究: 基于A股上市公司的经验证据 [J]. 会计研究, 2015 (8): 57 - 64, 97.

[20] 陈熙, 朱玉杰. 股权质押、融资约束与企业全要素生产率: 来自上市

公司的实证研究 [J]. 投资研究, 2020, 39 (6): 78-98.

[21] 陈晓珊, 刘洪铎. 机构投资者持股、高管超额薪酬与公司治理 [J]. 广东财经大学学报, 2019, 34 (2): 46-59.

[22] 陈效东, 周嘉南, 黄登仕. 高管人员股权激励与公司非效率投资: 抑制或者加剧? [J]. 会计研究, 2016, 96 (7): 42-49, 96.

[23] 陈耀, 生步兵. 供应链联盟关系稳定性实证研究 [J]. 管理世界, 2009 (11): 178-179.

[24] 陈泽文, 曹洪军. 绿色创新战略如何提升企业绩效: 绿色形象和核心能力的中介作用 [J]. 华东经济管理, 2019, 33 (2): 34-43.

[25] 陈正林, 王雪丽, 汪苗. 供应链风险影响企业绩效机制研究 [M]. 北京: 中国财政经济出版社, 2019.

[26] 陈正林, 王彧. 供应链集成影响上市公司财务绩效的实证研究 [J]. 会计研究, 2014 (2): 49-56, 95.

[27] 程新生, 谭有超, 刘建梅. 非财务信息、外部融资与投资效率: 基于外部制度约束的研究 [J]. 管理世界, 2012 (7): 137-150, 188.

[28] 崔广慧, 姜英兵. 环保产业政策支持对劳动力需求的影响研究: 基于重污染上市公司的经验证据 [J]. 产业经济研究, 2019 (1): 99-112.

[29] 崔广慧, 姜英兵. 环境规制对企业环境治理行为的影响: 基于新《环保法》的准自然实验 [J]. 经济管理, 2019, 41 (10): 54-72.

[30] 崔惠玉, 王宝珠, 王伟同. 降低增值税税率能够提升企业全要素生产率吗 [J]. 会计研究, 2023 (2): 133-148.

[31] 崔秀梅, 王敬勇, 徐国宇. 环境不确定性、高管任期与企业绿色创新 [J]. 科学决策, 2021 (10): 20-39.

[32] 代海军. 安全生产柔性监管论纲: 以治理理论为视角 [J]. 河南财经政法大学学报, 2016, 31 (3): 20-26.

[33] 戴鸿轶，柳卸林．对环境创新研究的一些评论 [J]．科学学研究，2009，27（1）：1601－1610.

[34] 戴小勇，成力为．产业政策如何更有效：中国制造业生产率与加成率的证据 [J]．世界经济，2019，42（3）：69－93.

[35] 邓玉萍，王伦，周文杰．环境规制促进了绿色创新能力吗？：来自中国的经验证据 [J]．统计研究，2021，38（7）：76－86.

[36] 底璐璐，罗勇根，江伟，等．客户年报语调具有供应链传染效应吗？：企业现金持有的视角 [J]．管理世界，2020（8）：148－163.

[37] 董阳．环境监管对环境技术发展水平的影响：聚焦环境监管下的环境技术创新与扩散 [J]．中国科技论坛，2017（11）：51－62.

[38] 董直庆，王辉．环境规制的"本地—邻地"绿色技术进步效应 [J]．中国工业经济，2019（1）：100－118.

[39] 范庆泉，张同斌．中国经济增长路径上的环境规制政策与污染治理机制研究 [J]．世界经济，2018，41（8）：171－192.

[40] 方红星，张勇．供应商/客户关系型交易、盈余管理与审计师决策 [J]．会计研究，2016（1）：79－86，96.

[41] 高世楫，王海芹．改革开放40年生态文明体制改革历程与取向观察 [J]．改革，2018（8）：49－63.

[42] 葛察忠，龙凤，任雅娟，等．基于绿色发展理念的《环境保护税法》解析 [J]．环境保护，2017，45（Z1）：15－18.

[43] 龚关，胡关亮．中国制造业资源配置效率与全要素生产率 [J]．经济研究，2013，48（4）：4－15，29.

[44] 缑倩雯，蔡宁．制度复杂性与企业环境战略选择：基于制度逻辑视角的解读 [J]．经济社会体制比较，2015，15（1）：125－138.

[45] 郭树龙，葛健，刘玉斌．上游垄断阻碍了下游企业创新吗？[J]．产经评论，2019，10（2）：38－53.

[46] 韩龙．规制与监管：美国金融改革方案对金融法品性的再证明——解

读美国金融改革方案之法学理念与基础 [J]. 河北法学，2009，27（11）：13 – 23.

[47] 郝春旭，邵超峰，董战峰，等. 2020 年全球环境绩效指数报告分析 [J]. 环境保护，2020，48（16）：68 – 72.

[48] 何欢浪. 不同环境政策对企业出口和绿色技术创新的影响 [J]. 兰州学刊，2015（10）：148 – 152.

[49] 何佳蔚. 绿色创新、环境信息披露与财务绩效 [J]. 现代商业，2023（22）：177 – 180.

[50] 侯艳辉，李硕硕，郝敏，等. 市场绿色压力对知识型企业绿色创新行为的影响 [J]. 中国人口·资源与环境，2021，31（1）：100 – 110.

[51] 胡汉辉，申杰. 数字经济、绿色创新与"双碳"目标："减排"和"增效"视角 [J]. 南京财经大学学报，2023（4）：79 – 88.

[52] 胡珺，黄楠，沈洪涛. 市场激励型环境规制可以推动企业技术创新吗？：基于中国碳排放交易机制的自然实验 [J]. 金融研究，2020（1）：171 – 189.

[53] 胡德龙，石满珍. 数字经济对企业全要素生产率的影响研究 [J]. 当代财经，2023（12）：17 – 29.

[54] 胡亚茹，陈丹丹. 中国高技术产业的全要素生产率增长率分解：兼对"结构红利假说"再检验 [J]. 中国工业经济，2019（2）：136 – 154.

[55] 黄纪强，祁毓. 环境税能否倒逼产业结构优化与升级？：基于环境"费改税"的准自然实验 [J]. 产业经济研究，2022（2）：1 – 13.

[56] 黄速建，肖红军，王欣. 论国有企业高质量发展 [J]. 中国工业经济，2018（10）：19 – 41.

[57] 黄晓波，龚新颖，韩欢. 成长性、市场份额与公司绩效 [J]. 财务与金融，2019（6）：74 – 83.

[58] 姬新龙，董木兰. 绿色技术创新、股权结构与重污染企业全要素生产率 [J]. 统计与决策，2023，39（21）：164-168.

[59] 吉利，陶存杰. 供应链合作伙伴可以提高企业创新业绩吗？：基于供应商、客户集中度的分析 [J]. 中南财经政法大学学报，2019（1）：38-65，159.

[60] 贾瑞跃，魏玖长，赵定涛. 环境规制和生产技术进步：基于规制工具视角的实证分析 [J]. 中国科学技术大学学报，2013，43（3）：217-222.

[61] 江艇. 因果推断经验研究中的中介效应与调节效应 [J]. 中国工业经济，2022，410（5）：100-120.

[62] 江伟，底璐璐，胡玉明. 改进型创新抑或突破性创新：基于客户集中度的视角 [J]. 金融研究，2019（7）：155-173.

[63] 蒋长流，江成涛，郑德昌. 大股东掏空、非效率投资与企业全要素生产率 [J]. 工业技术经济，2020，39（5）：100-110.

[64] 蒋建湘，李沫. 治理理念下的柔性监管论 [J]. 法学，2013（10）：29-37.

[65] 焦俊，李垣. 基于联盟的企业绿色战略导向与绿色创新 [J]. 研究与发展管理，2011，23（1）：84-89.

[66] 焦小静. 供应链关系嵌入的创新溢出效应：基于主要客户的视角 [J]. 企业经济，2021，40（7）：83-93.

[67] 颉茂华，王瑾，刘冬梅. 环境规制，技术创新与企业经营绩效 [J]. 南开管理评论，2014（6）：106-113.

[68] 金友良，谷钧仁，曾辉祥. "环保费改税"会影响企业绩效吗？[J]. 会计研究，2020（5）：117-133.

[69] 康丽群，刘汉民，钱晶晶. 高管长期导向对企业绿色创新的影响研究：环境动态性的调节作用与战略学习能力的中介效应 [J]. 商业经济与管理，2021（10）：34-48.

[70] 孔东民，韦咏曦，季绵绵. 环保费改税对企业绿色信息披露的影响研究 [J]. 证券市场导报，2021 (8)：2－14.

[71] 孔东民，徐茗丽，孔高文. 企业内部薪酬差距与创新 [J]. 经济研究，2017，52 (10)：144－157.

[72] 黎文靖，路晓燕. 机构投资者关注企业的环境绩效吗？：来自我国重污染行业上市公司的经验证据 [J]. 金融研究，2015 (12)：97－112.

[73] 黎文靖，郑曼妮. 实质性创新还是策略性创新？：宏观产业政策对微观企业创新的影响 [J]. 经济研究，2016，51 (4)：60－73.

[74] 李勃，郭晓月，和征，等. 供应链企业间绿色产品协同创新效能的构念及实证研究 [J]. 生态经济，2022，38 (7)：85－91，138.

[75] 李勃，和征，李随成. 供应商参与绿色产品创新中的权力组合策略研究：基于资源动员视角 [J]. 研究与发展管理，2020，32 (4)：84－96.

[76] 李大元，宋杰，陈丽，等. 舆论压力能促进企业绿色创新吗？[J]. 研究与发展管理，2018，30 (6)：23－33.

[77] 李飞，胡毅，张奇. 组织管理模式对企业成长性的影响实证研究 [J]. 管理评论，2021，33 (12)：295－302.

[78] 李杰义，张汞，谢琳娜. 环境知识学习、绿色创新行为与环境绩效 [J]. 科技进步与对策，2019，36 (15)：122－128.

[79] 李玲，陶锋. 中国制造业最优环境规制强度的选择：基于绿色全要素生产率的视角 [J]. 中国工业经济，2012 (5)：70－82.

[80] 李沫. 激励型监管的行政法思考 [J]. 政治与法律，2009 (10)：86－91.

[81] 李楠博. 本土情境下高管团队断裂带对企业绿色技术创新的影响 [J]. 科技进步与对策，2019，36 (17)：142－150.

[82] 李平. 中国工业绿色转型研究 [J]. 中国工业经济，2011 (4)：5－

14.

[83] 李巧华，唐明凤，潘明清．企业绿色创新因素影响效应研究：以生产型企业为例［J］．科技进步与对策，2015，32（2）：110－114．

[84] 李青原，肖泽华．异质性环境规制工具与企业绿色创新激励：来自上市企业绿色专利的证据［J］．经济研究，2020，55（9）：192－208．

[85] 李四海，李晓龙，宋献中．产权性质、市场竞争与企业社会责任行为：基于政治寻租视角的分析［J］．中国人口·资源与环境，2015，25（1）：162－169．

[86] 李唐，董一鸣，王泽宇．管理效率、质量能力与企业全要素生产率：基于"中国企业－劳动力匹配调查"的实证研究［J］．管理世界，2018，34（7）：86－99，184．

[87] 李甜甜，李金甜．绿色治理如何赋能高质量发展：基于ESG履责和全要素生产率关系的解释［J］．会计研究，2023（6）：78－98．

[88] 李宛，陈良华，迟颖颖．供应商、客户集中度与企业绿色创新［J］．软科学，2023，37（3）：97－102，126．

[89] 李婉红，毕克新，曹霞．环境规制工具对制造企业绿色技术创新的影响：以造纸及纸制品企业为例［J］．系统工程，2013，31（10）：112－122．

[90] 李婉红，李娜．绿色创新、数字化转型与高耗能企业碳减排绩效［J］．管理工程学报，2023，37（6）：66－76．

[91] 李维安，李勇建，石丹．供应链治理理论研究：概念、内涵与规范性分析框架［J］．南开管理评论，2016，19（1）：4－15．

[92] 李维安，张耀伟，郑敏娜，等．中国上市公司绿色治理及其评价研究［J］．管理世界，2019（5）：126－133，160．

[93] 李晓萍，张亿军，江飞涛．绿色产业政策：理论演进与中国实践［J］．财经研究，2019，45（8）：4－27．

[94] 李瑶琴. 专利执行保险创新激励的供应链溢出效应 [J]. 保险研究, 2022 (8): 60 - 75.

[95] 李颖, 吴彦辰, 田祥宇. 企业 ESG 表现与供应链话语权 [J]. 财经研究, 2023, 49 (8): 153 - 168.

[96] 李勇建, 邓芊洲, 赵秀堃, 等. 生产者责任延伸制下的绿色供应链治理研究: 基于环境规制交互分析视角 [J]. 南开管理评论, 2020, 23 (5): 134 - 144.

[97] 李云鹤, 李湛, 唐松莲. 企业生命周期、公司治理与公司资本配置效率 [J]. 南开管理评论, 2011, 14 (3): 110 - 121.

[98] 李增泉. 关系型交易的会计治理 [J]. 财经研究, 2017 (2): 4 - 31.

[99] 李志斌. 内部控制、股权集中度与投资者关系管理: 来自 A 股上市公司投资者关系调查的证据 [J]. 会计研究, 2013 (12): 72 - 78, 97.

[100] 厉磊. 主体、客体、手段: 绿色发展监管体制的构建要素 [J]. 求实, 2017 (1): 58 - 67.

[101] 梁敏, 曹洪军, 王小洁. 高管环保认知、动态能力与企业绿色创新绩效 [J]. 科技管理研究, 2022, 42 (4): 209 - 216.

[102] 梁亚琪, 姜秀娟, 高玉峰. 政府补贴对企业绿色创新影响及效应分析: 基于企业创新动机视角 [J]. 地方财政研究, 2022 (1): 38 - 48.

[103] 廖果平, 王文华. 环境信息披露、企业投资效率与绿色创新 [J]. 江西社会科学, 2023, 43 (4): 90 - 101.

[104] 廖文龙, 董新凯, 翁鸣, 等. 市场型环境规制的经济效应: 碳排放交易、绿色创新与绿色经济增长 [J]. 中国软科学, 2020 (6): 159 - 173.

[105] 廖中举. 利益相关压力、环境创新与企业的成长研究 [J]. 科学学

与科学技术管理，2016，37（7）：34 – 41.

［106］林赛燕，徐恋. 绿色创新能否促进企业财务绩效的提升？：基于企业集团和供应链的视角［J］. 浙江社会科学，2021（3）：23 – 31，156 – 157.

［107］刘朝，赵志华. 第三方监管能否提高中国环境规制效率？：基于政企合谋视角［J］. 经济管理，2017，39（7）：34 – 44.

［108］刘丹鹤，汪晓辰. 经济增长目标约束下环境规制政策研究综述［J］. 经济与管理研究，2017，38（8）：86 – 93.

［109］刘海曼，龙建成，申尊焕. 数字化转型对企业绿色创新的影响研究［J］. 科研管理，2023，44（10）：22 – 34.

［110］刘和旺，左文婷. 环境规制对我国省际绿色全要素生产率的影响［J］. 统计与决策，2016（9）：141 – 145.

［111］刘金科，肖翊阳. 中国环境保护税与绿色创新：杠杆效应还是挤出效应？［J］. 经济研究，2022，57（1）：72 – 88.

［112］刘叶云，刘佳，刘思. 高管团队职能背景异质性对企业绿色创新的影响研究［J］. 湖南师范大学自然科学学报，2022，45（6）：62 – 69.

［113］刘媛媛，黄正源，刘晓璇. 环境规制、高管薪酬激励与企业环保投资：来自2015年《环境保护法》实施的证据［J］. 会计研究，2021（5）：175 – 192.

［114］刘志彪，凌永辉. 结构转换、全要素生产率与高质量发展［J］. 管理世界，2020，36（7）：15 – 29.

［115］刘智勇. 柔性组织网络建构：基于政府、企业、NPO、市民之间参与与合作的公共服务供给机制创新研究［J］. 公共管理研究，2008（2）：170.

［116］刘宗明，吴正倩. 中间产品市场扭曲会阻碍能源产业全要素生产率提升吗：基于微观企业数据的理论与实证［J］. 中国工业经济，

2019（8）：42－60.

[117] 刘钻扩，王洪岩．高管从军经历对企业绿色创新的影响［J］．软科学，2021，35（12）：74－80.

[118] 卢建词，姜广省．CEO绿色经历能否促进企业绿色创新？［J］．经济管理，2022（2）：106－121.

[119] 鲁晓东，连玉君．中国工业企业全要素生产率估计：1999—2007［J］．经济学（季刊），2012，11（2）：541－558.

[120] 陆菁，鄢云，王韬璇．绿色信贷政策的微观效应研究：基于技术创新与资源再配置的视角［J］．中国工业经济，2021（1）：174－192.

[121] 马点圆，孙慧，秦颖．双重环境规制、政府监管与重污染企业全要素生产率［J］．财会通讯，2021（16）：74－78.

[122] 孟庆玺，白俊，施文．客户集中度与企业技术创新：助力抑或阻碍：基于客户个体特征的研究［J］．南开管理评论，2018（4）：62－73.

[123] 潘爱玲，刘昕，邱金龙，等．媒体压力下的绿色并购能否促使重污染企业实现实质性转型［J］．中国工业经济，2019（2）：174－192.

[124] 潘安娥，郭秋实．政府监管与企业环境信息披露：基于高管环保意识的调节作用［J］．软科学，2018，32（10）：84－87.

[125] 潘楚林，田虹．前瞻型环境战略对企业绿色创新绩效的影响研究：绿色智力资本与吸收能力的链式中介作用［J］．财经论丛，2016（7）：85－93.

[126] 潘翻番，徐建华，薛澜．自愿型环境规制：研究进展及未来展望［J］．中国人口·资源与环境，2020，30（1）：74－82.

[127] 潘毛毛，赵玉林．互联网融合、人力资本结构与制造业全要素生产率［J］．科学学研究，2020，38（12）：2171－2182，2219.

[128] 庞娟，靳书默，朱沛宇．外部网络关系对绿色技术创新的影响：促

进抑或抑制 [J]. 科技进步与对策, 2019, 36 (10): 1 - 10.

[129] 彭文斌, 路江林. 环境规制与绿色创新政策: 基于外部性的理论逻辑 [J]. 社会科学, 2017 (10): 73 - 83.

[130] 彭星, 李斌. 不同类型环境规制下中国工业绿色转型问题研究 [J]. 财经研究, 2016, 42 (7): 134 - 144.

[131] 彭旋, 王雄元. 客户股价崩盘风险对供应商具有传染效应吗? [J]. 财经研究, 2018, 44 (2): 141 - 153.

[132] 彭旋, 王雄元. 支持抑或掠夺? 客户盈余信息与供应商股价崩盘风险 [J]. 经济管理, 2018b, 40 (8): 135 - 152.

[133] 彭雪蓉, 魏江. 利益相关者环保导向与企业生态创新: 高管环保意识的调节作用 [J]. 科学学研究, 2015, 33 (7): 1109 - 1120.

[134] 齐丽云, 王佳威, 刘旸, 等. 高管团队异质性对企业绿色创新绩效影响研究 [J]. 科研管理, 2023, 44 (4): 175 - 184.

[135] 齐绍洲, 林屾, 崔静波. 环境权益交易市场能否诱发绿色创新?: 基于我国上市公司绿色专利数据的证据 [J]. 经济研究, 2018, 53 (12): 129 - 143.

[136] 钱雪松, 康瑾, 唐英伦, 等. 产业政策、资本配置效率与企业全要素生产率: 基于中国 2009 年十大产业振兴规划自然实验的经验研究 [J]. 中国工业经济, 2018 (8): 42 - 59.

[137] 秦颖, 孙慧. 自愿参与型环境规制与企业研发创新关系: 基于政府监管与媒体关注视角的实证研究 [J]. 科技管理研究, 2020, 40 (4): 254 - 262.

[138] 渠滢. 我国政府监管转型中监管效能提升的路径探析 [J]. 行政法学研究, 2018 (6): 32 - 42.

[139] 权小锋, 尹洪英. 中国式卖空机制与公司创新: 基于融资融券分步扩容的自然实验 [J]. 管理世界, 2017 (1): 128 - 144, 187 - 188.

[140] 任胜钢，项秋莲，何朵军．自愿型环境规制会促进企业绿色创新吗?：以 ISO14001 标准为例［J］．研究与发展管理，2018，30（6）：1－11.

[141] 任曙明，吕镯．融资约束、政府补贴与全要素生产率：来自中国装备制造企业的实证研究［J］．管理世界，2014（11）：10－23，187.

[142] 任小静，屈小娥．我国区域生态效率与环境规制工具的选择：基于省际面板数据实证分析［J］．大连理工大学学报（社会科学版），2020，41（1）：28－36.

[143] 沈洪涛，冯杰．舆论监督、政府监管与企业环境信息披露［J］．会计研究，2012（2）：72－78，97.

[144] 沈坤荣，金刚，方娴．环境规制引起了污染就近转移吗?［J］．经济研究，2017，52（5）：44－59.

[145] 沈能，刘凤朝．高强度的环境规制真能促进技术创新吗?：基于"波特假说"的再检验［J］．中国软科学，2012（4）：49－59.

[146] 史宇鹏，顾全林．知识产权保护、异质性企业与创新：来自中国制造业的证据［J］．金融研究，2013（8）：136－149.

[147] 司言武，李珺．我国排污费改税的现实思考与理论构想［J］．统计与决策，2007（24）：53－57.

[148] 宋凌云，王贤彬．产业政策如何推动产业增长：财政手段效应及信息和竞争的调节作用［J］．财贸研究，2017，28（3）：11－27.

[149] 宋马林，王舒鸿．环境规制、技术进步与经济增长［J］．经济研究，2013，48（3）：122－134.

[150] 宋清华，吕泰亨．低碳城市试点政策能提高重污染企业全要素生产率吗?［J］．南京财经大学学报，2023（4）：68－78.

[151] 苏冬蔚，连莉莉．绿色信贷是否影响重污染企业的投融资行为?［J］．金融研究，2018（12）：123－137.

[152] 苏昕，周升师．双重环境规制、政府补助对企业创新产出的影响及调节 [J]．中国人口·资源与环境，2019，29（3）：31－39．

[153] 孙金龙，黄润秋．新时代新征程建设人与自然和谐共生现代化的根本遵循 [J]．中国环境监察，2023（8）：15－17．

[154] 孙雅妮．防微杜渐：供应商企业应对核心客户财务风险传染策略研究 [J]．审计与经济研究，2023，38（4）：74－83．

[155] 孙育红，张春晓．改革开放40年来我国绿色技术创新的回顾与思考 [J]．广东社会科学，2018（5）：5－12．

[156] 孙正林，卞晨，初钊鹏，等．政府监管视域下碳排放规制与企业低碳技术创新演化仿真研究 [J]．工业技术经济，2021，40（12）：103－112．

[157] 谭英俊．柔性治理：21世纪政府治道变革的逻辑选择与发展趋向 [J]．理论探讨，2014（3）：150－153．

[158] 唐松，谢雪妍．企业持股金融机构如何服务实体经济：基于供应链溢出效应的视角 [J]．中国工业经济，2021（11）：116－134．

[159] 陶锋，赵锦瑜，周浩．环境规制实现了绿色技术创新的"增量提质"吗？：来自环保目标责任制的证据 [J]．中国工业经济，2021（2）：136－154．

[160] 田丹，于奇．高层管理者背景特征对企业绿色创新的影响 [J]．财经问题研究，2017（6）：108－113．

[161] 田虹，崔悦，姜雨峰．绿色供应链管理能提升企业可持续发展吗？ [J]．财经论丛，2018（10）：77－85．

[162] 田磊，陆雪琴．减税降费、企业进入退出和全要素生产率 [J]．管理世界，2021，37（12）：56－77．

[163] 田利辉，关欣，李政，等．环境保护税费改革与企业环保投资：基于《环境保护税法》实施的准自然实验 [J]．财经研究，2022，48（9）：32－46，62．

[164] 田淑英，郑飞鸿.环保 R&D 投入是如何影响绿色技术创新效率的？[J].安徽大学学报（哲学社会科学版），2019，43（3）：153 - 161.

[165] 万攀兵，杨冕，陈林.环境技术标准何以影响中国制造业绿色转型：基于技术改造的视角 [J].中国工业经济，2021（9）：118 - 136.

[166] 汪建成，杨梅，李晓晔.外部压力促进了企业绿色创新吗？：政府监管与媒体监督的双元影响 [J].产经评论，2021，12（4）：66 - 81.

[167] 汪明月，李颖明.企业绿色技术创新升级及政府价格型规制的调节作用研究 [J].科研管理，2022，43（10）：1 - 20.

[168] 王班班，齐绍洲.市场型和命令型政策工具的节能减排技术创新效应：基于中国工业行业专利数据的实证 [J].中国工业经济，2016（6）：91 - 108.

[169] 王兵，吴延瑞，颜鹏飞.环境管制与全要素生产率增长：APEC 的实证研究 [J].经济研究，2008（5）：19 - 32.

[170] 王迪，刘祖基，赵泽朋.供应链关系与银行借款：基于供应商/客户集中度的分析 [J].会计研究，2016（10）：42 - 49，96.

[171] 王分棉，贺佳，陈丽莉.连锁董事绿色经历会促进企业绿色创新"增量提质"吗 [J].中国工业经济，2023（10）：155 - 173.

[172] 王海芹，高世楫.我国绿色发展萌芽、起步与政策演进：若干阶段性特征观察 [J].改革，2016（3）：6 - 26.

[173] 王娟茹，崔日晓，张渝.利益相关者环保压力、外部知识采用与绿色创新 [J].研究与发展管理，2021，33（4）：15 - 27.

[174] 王丽杰，郑艳丽.绿色供应链管理中对供应商激励机制的构建研究 [J].管理世界，2014（8）：184 - 185.

[175] 王敏，黄滢.中国的环境污染与经济增长 [J].经济学（季刊），

2015，14（2）：557 – 578.

[176] 王伟，张卓. 创新补贴、失败补偿对企业绿色创新策略选择的影响 [J]. 软科学，2019，33（2）：86 – 92.

[177] 王文普，陈斌. 环境政策对绿色技术创新的影响研究：来自省级环境专利的证据 [J]. 经济经纬，2013（5）：13 – 18.

[178] 王霞，徐晓东. 竞争异质性、管理者道德认知与企业的生态创新研究 [J]. 上海财经大学学报，2016，18（4）：52 – 66，96.

[179] 王小宁，周晓唯. 西部地区环境规制与技术创新：基于环境规制工具视角的分析 [J]. 技术经济与管理研究，2014（5）：114 – 118.

[180] 王雄元，高曦. 客户盈余公告对供应商具有传染效应吗？[J]. 中南财经政法大学学报，2017（3）：3 – 13，158.

[181] 王旭，褚旭. 中国制造业绿色技术创新与融资契约选择 [J]. 科学学研究，2019，37（2）：351 – 361.

[182] 王旭，徐向艺. 基于企业生命周期的高管激励契约最优动态配置：价值分配的视角 [J]. 经济理论与经济管理，2015（6）：80 – 93.

[183] 王旭，杨有德. 企业绿色技术创新的动态演进：资源捕获还是价值创造 [J]. 财经科学，2018（12）：53 – 66.

[184] 王艳艳，何如桢，于李胜，等. 管理层能力与年报柔性监管：基于年报问询函收函和回函视角的研究 [J]. 会计研究，2020（12）：59 – 70.

[185] 王一雷，朱庆华，夏西强. 基于模糊 AHP-GP 的低碳供应商选择模型 [J]. 运筹与管理，2020，29（11）：121 – 128.

[186] 王云，李延喜，马壮，等. 媒体关注、环境规制与企业环保投资 [J]. 南开管理评论，2017，20（6）：83 – 94.

[187] 王芝炜，孙慧，张贤峰，等. 用能权交易制度能否实现减污降碳的双重环境福利？[J]. 产业经济研究，2023（4）：15 – 26，39.

[188] 魏江，叶波. 企业集群的创新集成：集群学习与挤压效应 [J]. 中

国软科学，2002（12）：39 – 43.

[189] 魏洁云，江可申，牛鸿蕾，等．可持续供应链协同绿色产品创新研究 [J]．技术经济与管理研究，2020（8）：38 – 42.

[190] 魏明海，衣昭颖，李晶晶．中国情境下供应链中客户盈余信息传递效应影响因素研究 [J]．会计研究，2018（6）：19 – 25.

[191] 吴红军．环境信息披露、环境绩效与权益资本成本 [J]．厦门大学学报（哲学社会科学版），2014（3）：129 – 138.

[192] 吴虹仪，殷德生．绿色信贷政策对企业债务融资的"赏"与"罚"：基于准自然实验的效应评估 [J]．当代财经，2021（2）：49 – 62.

[193] 吴建祖，华欣意．高管团队注意力与企业绿色创新战略：来自中国制造业上市公司的经验证据 [J]．科学学与科学技术管理，2021，42（9）：122 – 142.

[194] 吴静桦，王靖茹，刘建秋，等．贷款利率市场化改革与企业全要素生产率：来自贷款利率上下限放开的微观证据 [J]．会计研究，2021（4）：145 – 156.

[195] 吴磊，贾晓燕，吴超，等．异质型环境规制对中国绿色全要素生产率的影响 [J]．中国人口·资源与环境，2020，30（10）：82 – 92.

[196] 吴伟平．污染密集型产业存在转移粘性吗？：基于新经济地理与经济政策的解析 [J]．社会科学，2015（12）：55 – 64.

[197] 吴伟伟，张天一．非研发补贴与研发补贴对新创企业创新产出的非对称影响研究 [J]．管理世界，2021，37（3）：137 – 160，10.

[198] 吴育辉，田亚男，陈韫妍，等．绿色债券发行的溢出效应、作用机理及绩效研究 [J]．管理世界，2022，38（6）：176 – 193.

[199] 武力超，陈韦亨，林澜，等．创新及绿色技术创新对企业全要素生产率的影响研究 [J]．数理统计与管理，2021，40（2）：319 – 333.

[200] 席龙胜，赵辉．高管双元环保认知、绿色创新与企业可持续发展绩效 [J]．经济管理，2022，44（3）：139 – 158.

［201］肖红军，张俊生，李伟阳．企业伪社会责任行为研究［J］．中国工业经济，2013（6）：109－121．

［202］肖文，薛天航．劳动力成本上升、融资约束与企业全要素生产率变动［J］．世界经济，2019，42（1）：76－94．

［203］肖晓勇．寻租对政府官员激励机制的扭曲及规制研究［J］．中南财经政法大学学报，2008（6）：39－42．

［204］解学梅，罗丹，高彦茹．基于绿色创新的供应链企业协同机理实证研究［J］．管理工程学报，2019（3）：116－124．

［205］解学梅，朱琪玮．企业绿色创新实践如何破解"和谐共生"难题？［J］．管理世界，2021，37（1）：128－149，9．

［206］熊胜绪，崔海龙，杜俊义．企业技术创新动态能力理论探析［J］．中南财经政法大学学报，2016（3）：32－37．

［207］徐国冲，张晨舟，郭轩宇．中国式政府监管：特征、困局与走向［J］．行政管理改革，2019（1）：73－79．

［208］徐佳，崔静波．低碳城市和企业绿色技术创新［J］．中国工业经济，2020（12）：178－196．

［209］徐建中，贯君，林艳．制度压力、高管环保意识与企业绿色创新实践：基于新制度主义理论和高阶理论视角［J］．管理评论，2017，29（9）：72－83．

［210］徐晓燕，孙燕红．供应链企业财务困境的传递过程研究［J］．中国管理科学，2008（4）：132－139．

［211］徐圆．源于社会压力的非正式性环境规制是否约束了中国的工业污染？［J］．财贸研究，2014，25（2）：7－15．

［212］徐忠麟．社会资本理论视域下我国环境监管的困境与出路［J］．安徽大学学报（哲学社会科学版），2017，41（6）：120－129．

［213］许东彦，佟孟华，林婷．环境信息规制与企业绩效：来自重点排污单位的准自然实验［J］．浙江社会科学，2020（5）：5－14，156．

[214] 许江波，卿小权. 僵尸企业对供应商的溢出效应及其影响因素 [J]. 经济管理，2019，41（3）：56 – 72.

[215] 晏国菀，夏雪. 减税降费与企业高质量发展：来自全要素生产率的证据 [J]. 当代经济科学，2023，45（2）：119 – 130.

[216] 杨发庭. 构建绿色技术创新的联动制度体系研究 [J]. 学术论坛，2016，39（1）：25 – 30.

[217] 杨德锋，杨建华，楼润平，等. 利益相关者、管理认知对企业环境保护战略选择的影响：基于我国上市公司的实证研究 [J]. 管理评论，2012（3）：142 – 151.

[218] 杨国超，芮萌. 高新技术企业税收减免政策的激励效应与迎合效应 [J]. 经济研究，2020，55（9）：174 – 191.

[219] 杨静，施建军. 企业生态创新与经济绩效曲线关系研究 [J]. 科技进步与对策，2015，32（13）：95 – 99.

[220] 杨汝岱. 中国制造业企业全要素生产率研究 [J]. 经济研究，2015，50（2）：61 – 74.

[221] 杨旭东，彭晨宸，姚爱琳. 管理层能力、内部控制与企业可持续发展 [J]. 审计研究，2018（3）：121 – 128.

[222] 杨雨馨，廖义刚. 供应商企业风险信息与客户审计收费：基于年报 MD&A 文本的经验证据 [J]. 证券市场导报，2022（7）：61 – 71.

[223] 杨志强，唐松，李增泉. 资本市场信息披露、关系型合约与供需长鞭效应：基于供应链信息外溢的经验证据 [J]. 管理世界，2020，36（7）：89 – 105，217 – 218.

[224] 叶建亮. 知识溢出与企业集群 [J]. 经济科学，2001（3）：23 – 30.

[225] 叶祥松，彭良燕. 我国环境规制下的规制效率与全要素生产率研究：1999—2008 [J]. 财贸经济，2011（2）：102 – 109，137.

[226] 伊晟，薛求知. 绿色供应链管理与企业绿色创新：基于中国制造业企业的实证研究 [J]. 科研管理，2016，37（6）：103 – 110.

[227] 殷枫，贾竞岳．大客户盈余管理对供应商企业投资的影响研究 [J]．审计与经济研究，2017，32（6）：64 – 78．

[228] 尹建华，双琦．CEO 学术经历对企业绿色创新的驱动效应：环境注意力配置与产学研合作赋能双重视角 [J]．科技进步与对策，2023，40（3）：141 – 151．

[229] 于连超，董晋亭，王雷，等．环境管理体系认证有助于缓解企业融资约束吗？[J]．审计与经济研究，2021，36（6）：116 – 126．

[230] 于连超，张卫国，毕茜．环境税会倒逼企业绿色创新吗？[J]．审计与经济研究，2019，34（2）：79 – 90．

[231] 于连超，张卫国，毕茜．环境执法监督促进了企业绿色转型吗？[J]．商业经济与管理，2019（3）：61 – 73．

[232] 于连超，张卫国，毕茜．环境执法监督对企业绿色创新的影响 [J]．财经理论与实践，2019，40（3）：127 – 134．

[233] 郁培丽，石俊国，窦姗姗，等．技术创新、溢出效应与最优环境政策组合 [J]．运筹与管理，2014，23（5）：237 – 242．

[234] 袁建国，后青松，程晨．企业政治资源的诅咒效应：基于政治关联与企业技术创新的考察 [J]．管理世界，2015（1）：139 – 155．

[235] 曾春影，罗明忠，和欣．高管的高质量生态环境经历与企业绿色创新研究 [J]．广东财经大学学报，2022，37（3）：82 – 97．

[236] 曾江洪，刘诗绮，李佳威．多元驱动的绿色创新对企业经济绩效的影响研究 [J]．工业技术经济，2020，39（1）：3 – 22．

[237] 曾义，冯展斌，张茜．地理位置、环境规制与企业创新转型 [J]．财经研究，2016，42（9）：87 – 98．

[238] 曾艺，周小昶，冯晨．减税激励、供应链溢出与稳就业 [J]．管理世界，2023，39（7）：19 – 29，45，30 – 36．

[239] 张安军．环境税征收、社会责任承担与企业绿色创新 [J]．经济理论与经济管理，2022，42（1）：67 – 85．

[240] 张峰，宋晓娜．提高环境规制能促进高端制造业"绿色蜕变"吗？：来自绿色全要素生产率的证据解释 [J]．科技进步与对策，2019，36（21）：53–61．

[241] 张钢，张小军．基于计划行为理论的绿色创新战略影响因素分析 [J]．商业经济与管理，2013（7）：47–56．

[242] 张济建，于连超，毕茜，等．媒体监督、环境规制与企业绿色投资 [J]．上海财经大学学报，2016，18（5）：91–103．

[243] 张家豪，范文雨，高原．环境司法制度改革与地方绿色创新：来自公益诉讼试点的证据 [J]．财经研究，2022，48（10）：19–33．

[244] 张静，付玉梅．"去杠杆"背景下股权质押的供应链溢出效应：基于企业现金持有的经验证据 [J]．中国财经政法大学学报，2022（6）：41–54．

[245] 张辽，范佳佳．金融资源错配如何阻碍技术创新：基于技术差距的视角 [J]．国际商务（对外经济贸易大学学报），2022（3）：87–105．

[246] 张琦，郑瑶，孔东民．地区环境治理压力、高管经历与企业环保投资：一项基于《环境空气质量标准（2012）》的准自然实验 [J]．经济研究，2019，54（6）：183–198．

[247] 张倩．环境规制对绿色技术创新影响的实证研究：基于政策差异化视角的省级面板数据分析 [J]．工业技术经济，2015（7）：10–18．

[248] 张少喆，石浩悦．首席执行官学术经历与企业绿色技术创新 [J]．科技管理研究，2022（3）：135–144．

[249] 张栓兴，方小军，李京．创业板上市公司研发投入对成长性的影响研究：基于股权结构的调节作用 [J]．科技管理研究，2017，37（8）：143–149．

[250] 张小筠，刘戒骄．新中国70年环境规制政策变迁与取向观察 [J]．

改革，2019（10）：16-25.

[251] 张新民，叶志伟，胡聪慧. 产融结合如何服务实体经济：基于商业信用的证据 [J]. 南开管理评论，2021（1）：4-16.

[252] 张璇，马志军，田东红，等. 企业绿色供应链管理实践的影响因素研究：基于元分析方法的探索 [J]. 中国人口·资源与环境，2017，27（12）：183-195.

[253] 张勇. 供应商/客户关系型交易会影响企业会计稳健性吗？[J]. 证券市场导报，2019（7）：21-31.

[254] 张兆国，向首任，曹丹婷. 高管团队异质性与企业社会责任：基于预算管理的行为整合作用研究 [J]. 管理评论，2018，30（4）：120-131.

[255] 张治锋. 知识产权保护对企业绿色创新效率的影响 [J]. 统计与决策，2023，39（23）：184-188.

[256] 赵恒，葛玉辉. 她力量：女性高管参与度对绿色创新绩效的影响——企业社会责任的中介作用 [J]. 技术创新管理，2022，43（1）：48-54.

[257] 赵树宽，张铂晨，蔡佳铭. 绿色创新对企业绩效的影响：基于中国上市公司面板数据 [J]. 科技管理研究，2022，42（6）：211-220.

[258] 赵细康. 引导绿色创新：技术创新导向的环境政策研究 [M]. 北京：经济科学出版社，2006.

[259] 赵晓梦，陈璐瑶，刘传江. 非正式环境规制能够诱发绿色创新吗？[J]. 中国人口·资源与环境，2021，31（3）：87-95.

[260] 赵一心，侯和宏，缪小林. 政府环境补贴、制度激励与企业绿色创新：基于倾向得分匹配法的实证研究 [J]. 地方财政研究，2022（1）：49-62.

[261] 赵玉民，朱方明，贺立龙. 环境规制的界定、分类与演进研究 [J].

中国人口·资源与环境, 2009, 19 (6): 85 - 90.

[262] 郑宝红, 张兆国. 企业所得税率降低会影响全要素生产率吗?: 来自我国上市公司的经验证据 [J]. 会计研究, 2018 (5): 13 - 20.

[263] 郑敏娜, 任广乾. 企业绿色创新行为的演化博弈分析: 基于环保社会组织参与的视角 [J]. 运筹与管理, 2021, 30 (3): 15 - 21.

[264] 钟宁桦, 温日光, 刘学悦. "五年规划" 与中国企业跨境并购 [J]. 经济研究, 2019, 54 (4): 149 - 164.

[265] 周方召, 潘婉颖, 付辉. 上市公司 ESG 责任表现与机构投资者持股偏好: 来自中国 A 股上市公司的经验证据 [J]. 科学决策, 2020 (11): 15 - 41.

[266] 周晓利. 环境规制与企业技术创新的互动机制研究 [J]. 大连理工大学学报 (社会科学版), 2016, 37 (2): 19 - 23.

[267] 朱朝晖, 谭雅妃. 契约监管与重污染企业投资效率: 基于《绿色信贷指引》的准自然实验 [J]. 华东经济管理, 2020, 34 (10): 74 - 86.

[268] 朱佳俊, 周方召. 市场份额、负债融资与企业价值: 基于中国房地产上市公司的实证研究 [J]. 技术经济, 2017, 36 (1): 117 - 122.

[269] 朱健, 张彬. 百业俱兴, 环保先行: 绿色变革型领导对员工绿色创新行为的影响 [J]. 湘潭大学学报, 2022, 46 (1): 24 - 28, 103.

[270] 朱炜, 孙雨兴, 汤倩. 实质性披露还是选择性披露: 企业环境表现对环境信息披露质量的影响 [J]. 会计研究, 2019 (3): 10 - 17.

[271] Acemoglu D, Aghion P, Bursztyn L, et al. The Environment and Directed Technical Change [J]. American Economic Review, 2012, 102 (1): 131 - 166.

[272] Acemoglu D, Carvalho V M, Ozdaglar A, et al. The Network Origins of Aggregate Fluctuations [J]. Econometrica, 2012, 80 (5): 1977 - 2016.

[273] Adizes I. Corporate Lifecycles: How and Why Corporations Grow and Die and What to Do about It [M]. Englewood Cliffs, NJ: Prentice Hall, 1988.

[274] Aghion P, Cai J, Dewatripont M. Industrial Policy and Competition [J]. American Economic Journal: Macroeconomics, 2015, 7 (4): 1 – 32.

[275] Aghion P, Howitt P. A Model of Growth Through Creative Destruction [J]. Econometrica, 1992, 60 (2): 323 – 351.

[276] Aghion P, Van Reenen J, Zingales L. Innovation and Institutional Ownership [J]. American Economic Review, 2013, 103 (1): 277 – 304.

[277] Ahmed S U, Ahmed S P, Hasan I. Why Banks Should Consider ESG Risk Factors in Bank Lending? [J]. Banks and Bank Systems, 2018, 13 (3): 71 – 80.

[278] Allman E, Won J. The Effect of ESG Disclosure on Corporate Investment Efficiency [J]. SSRN Electronic Journal, 2021.

[279] Almus M, Czarnitzki D. The Effects of Public R&D Subsidies on Firms' Innovation Activities: The Case of Eastern Germany [J]. Journal of Business & Economic Statistics, 2003, 21 (2): 226 – 236.

[280] Alpay E, Buccola S, Kerkvlie J. Productivity Growth and Environmental Regulation in Mexican and U. S. Food [J]. American Journal of Agricultural Economics, 2002, 84 (4): 887 – 901.

[281] Altenburg T, Rodrik D. Green Industrial Policy: Concept, Policies, Country Experiences [M]. Geneva, Bonn: German Development Institute, 2017.

[282] Ambec S, Barla P. Can Environmental Regulations be Good For Business? An Assessment of the Porter Hypothesis [J]. Energy Studies Review, 2005, 14 (2): 601 – 610.

[283] Ambec S, Cohen M A, Elgie S, et al. The Porter Hypothesis at 20:

Can Environmental Regulation Enhance Innovation and Competitiveness?
[J]. Review of Environmental Economics and Policy, 2013, 7 (1):
2 – 22.

[284] Ambec S, Lanoie P. Does it Pay to be Green? A Systematic Overview
[J]. The Academy of Management Perspectives, 2008: 45 – 62.

[285] Amore M D, Bennedsen M. Corporate Governance and Green Innovation
[J]. Journal of Environmental Economics and Management, 2016, 75:
54 – 72.

[286] Amore M D, Bennedsen M, Larsen B. CEO Education and Corporate En-
vironmental Footprint [J]. Journal of Environmental Economics and Man-
agement, 2019, 94: 254 – 273.

[287] Andreoni J, Levinson A. The Simple Analytics of the Environmental
Kuznets Curve [J]. Journal of Public Economics, 2001, 80 (2): 269 –
286.

[288] Aouadi A, Marsat S. Do ESG Controversies Matter for Firm Value? Evi-
dence from International Data [J]. Journal of Business Ethics, 2018,
151 (4): 1027 – 1047.

[289] Aragón-Correa J A. Strategic Proactivity and Firm Approach to the Natural
Environment [J]. Academy of Management Journal, 1998, 41 (5):
556 – 567.

[290] Arbolino R, Boffardi R, Lanuzza F, et al. Monitoring and Evaluation of
Regional Industrial Sustainability: Evidence from Italian Regions [J].
Land Use Policy, 2018, 75: 420 – 428.

[291] Arbolino R, Carlucci F, Cira A, et al. Efficiency of the EU Regulation
on Greenhouse Gas Emissions in Italy: The Hierarchical Cluster Analysis
Approach [J]. Ecological Indicators, 2017, 81: 115 – 123.

[292] Arundel A V, Kemp R. Measuring Eco-innovation [R]. UNU-MERIT

Working Paper, No. 017, 2009.

[293] Asif M S, Lau H, Nakandala D, et al. Adoption of Green Supply Chain Management Practices through Collaboration Approach in Developing Countries-From Literature Review to Conceptual Framework [J]. Journal of Cleaner Production, 2020, 276 (10): 124191.

[294] Atan R, Razali F, Said J, et al. Environmental, Social and Governance (ESG) Disclosure and its Effect on Firm's Performance: A Comparative Study [J]. International Journal of Economics and Management, 2016, 10 (2): 355 – 375.

[295] Avetisyan E, Hockerts K. The Consolidation of the ESG Rating Industry as an Enactment of Institutional Retrogression: Consolidation of the ESG Rating Industry [J]. Business Strategy and the Environment, 2017, 26 (3): 316 – 330.

[296] Azad M A S, Ancev T. Measuring Environmental Efficiency of Agricultural Water Use: A Luenberger Environmental Indicator [J]. Journal of Environmental Management, 2014, 145: 314 – 320.

[297] Bai Y, Hua C, Jiao J L, et al. Green Efficiency and Environmental Eubsidy: Evidence from Thermal Power Firms in China [J]. Journal of Cleaner Production, 2018: 49 – 61.

[298] Banerjee A V, Duflo E. Growth Theory through the Lens of Development Economics [J]. Handbook of Economic Growth, 2005, 1: 473 – 552.

[299] Bansal P, Clelland I. Talking Trash: Legitimacy, Impression Management, and Unsystematic Risk in the Context of the Natural Environment [J]. Academy of Management Journal, 2004, 47 (1): 93 – 103.

[300] Bansal P, Hunter T. Strategic Explanations for the Early Adoption of ISO 14001 [J]. Journal of Business Ethics, 2003, 46 (3): 289 – 299.

[301] Barnea A, Rubin A. Corporate Social Responsibility as a Conflict between

Shareholders [J]. Journal of Business Ethics, 2010, 97 (1): 71 – 86.

[302] Barney J. Firm Resources and Sustained Competitive Advantage [J]. Journal of Management, 1991, 17 (1): 99 – 120.

[303] Benjaafar S, Li Y, Daskin M. Carbon Footprint and the Management of Supply Chains: Insights from Simple Models [J]. IEEE Transactions on Automation Science and Engineering, 2013, 10 (1): 99 – 166.

[304] Berrone P, Fosfuri A, Gelabert L, et al. Necessity as the Mother of Green' Inventions: Institutional Pressures and Environmental Innovations [J]. Strategic Management Journal, 2013, 34 (8): 891 – 909.

[305] Bertrand M, Duflo E, Mullainathan S. How Much should We Trust Differences-in-Differences Estimates? [J]. The Quarterly Journal of Economics, 2004, 119 (1): 249 – 275.

[306] Bimber B, Flanagin A J, Stohl C. Reconceptualizing Collective Action in the Contemporary Media Environment [J]. Communication Theory, 2005, 15 (4): 365 – 388.

[307] Blackman A, Li Z Y, Liu A A. Efficacy of Command-and-Control and Market-Based Environmental Regulation in Developing Countries [J]. Annual Review of Resource Economics, 2018, 10 (1): 381 – 404.

[308] Boeing P, Mueller E. Measuring Patent Quality in Cross-Country Comparison [J]. Economics Letters, 2016, 149: 145 – 147.

[309] Boeing P. The Allocation and Effectiveness of China's R&D Subsidies: Evidence from Listed Firms [J]. Research Policy, 2016, 45 (9): 1775 – 1789.

[310] Boldrin M, Levine D K. Rent-Seeking and Innovation [J]. Journal of Monetary Economics, 2004, 51 (1): 127 – 160.

[311] Brock W, Taylor M. The Green Solow Model [J]. Journal of Economic

Growth, 2010, 15 (2): 127 – 153.

[312] Brunnermeier S B, Cohen M A. Determinants of Environmental Innovation in US Manufacturing Industries [J]. Journal of Environmental Economics and Management, 2003, 45 (4): 278 – 293.

[313] Buallay A. Is Sustainability Reporting (ESG) Associated with Performance? Evidence from the European Banking Sector [J]. Management of Environmental Quality: An International Journal, 2019, 30 (1): 98 – 115.

[314] Bu M L, Qiao Z Z, Liu B. Voluntary Environmental Regulation and Firm Innovation in China [J]. Economic Modelling, 2020, 89 (3): 10 – 18.

[315] Buysse K, Verbeke A. Proactive Environmental Strategies: A Stakeholder Management Perspective [J]. Strategic Management Journal, 2003, 24 (5): 453 – 470.

[316] Caniëls M C J, Gehrsitz M H, Semeijn J. Participation of Suppliers in Greening Supply Chains: An Empirical Analysis of German Automotive Suppliers [J]. Journal of Purchasing and Supply Management, 2013, 19 (3): 134 – 143.

[317] Cappucci M. The ESG Integration Paradox [J]. Journal of Applied Corporate Finance, 2018, 30 (2): 22 – 28.

[318] Castellacci F, Lie C M. A Taxonomy of Green Innovators: Empirical Evidence from South Korea [J]. Journal of Cleaner Production, 2017, 143: 1036 – 1047.

[319] Chaabane A, Ramudhin A, Paquet M. Design of Sustainable Supply Chains Under the Emission Trading Scheme [J]. International Journal of Production Economics, 2012, 135 (1): 37 – 49.

[320] Chae S, Yan T, Yang Y. Supplier Innovation Value from a Buyer-Suppli-

er Structural Equivalence View: Evidence from the Pace Awards in the Automotive Industry [J]. Journal of Operations Management, 2020, 66 (7): 820 – 838.

[321] Chakraborty P, Chatterjee C. Does Environmental Regulation Indirectly Induce Upstream Innovation? New Evidence from India [J]. Research Policy, 2017, 46 (5): 939 – 955.

[322] Chang C H, Chen Y S. Green Organizational Identity and Green Innovation [J]. Management Decision, 2013, 51 (5): 1056 – 1070.

[323] Chan R Y K, He H, Chan H K, et al. Environmental Orientation and Corporate Performance: The Mediation Mechanism of Green Supply Chain Management and Moderating Effect of Competitive Intensity [J]. Industrial Marketing Management, 2012, 41 (4): 621 – 630.

[324] Chavez R, Yu W, Feng M, et al. The Effect of Customer-Centric Green Supply Chain Management on Operational Performance and Customer Satisfaction [J]. Business Strategy and the Environment, 2016, 25 (3): 205 – 220.

[325] Chen D, Li O Z, Xin F. Five-Year Plans, China finance and their Consequences [J]. China Journal of Accounting Research, 2017, 10: 189 – 230.

[326] Chen J, Cheng J, Dai S. Regional Eco-innovation in China: An Analysis of Eco-innovation levels and Influencing factors [J]. Journal of Cleaner Production, 2017, 153: 1 – 14.

[327] Chen P C, Wan H S. Collaborative Green Innovation in Emerging Countries: A Social Capital Perspective [J]. International Journal of Operations Production Management, 2014, 34 (3): 347 – 363.

[328] Chen X, Yi N, Zhang L, et al. Does Institutional Pressure Foster Corporate Green Innovation? Evidence from China's top 100 Companies [J].

Journal of Cleaner Production, 2018, 188: 304 – 311.

[329] Chen Y S, Lai S B, Wen C T. The Influence of Green Innovation Performance on Corporate Advantage in Taiwan [J]. Journal of Business Ethics, 2006, 67 (4): 331 – 339.

[330] Chiou T Y, Chan H K, Lettice F, et al. The Influence of Greening the Suppliers and Green Innovation on Environmental Performance and Competitive Advantage in Taiwan [J]. Transportation Research Part E: Logistics and Transportation Review, 2011, 47 (6): 822 – 836.

[331] Cho Y J, Kim Y, Zang Y. Information Externalities and Voluntary Disclosure: Evidence from a Major Customer's Earnings Announcement [J]. The Accounting Review, 2020, 95 (6): 73 – 96.

[332] Chouaibi S, Chouaibi J, Rossi M. ESG and Corporate Financial Performance: The Mediating Role of Green Innovation: UK Common Law Versus Germany Civil Law [J]. Euromed Journal of Business, 2021, 17 (1): 46 – 71.

[333] Ciaschini M, Pretaroli R, Severini F, et al. Regional Double Dividend from Environmental Tax Reform: An Application for the Italian Economy [J]. Research in Economics, 2012, 66 (3): 273 – 283.

[334] Clarke R A, Stavins R N, Greeno J L, et al. The Challenge of Going Green [J]. Harvard Business Review, 1994, 72 (4): 37 – 48.

[335] Clarkson P M, Richardson G D. The Market Valuation of Environmental Capital Expenditures by Pulp and Paper Companies [J]. Accounting Review, 2004, 79 (2): 329 – 353.

[336] Cohen L, Gurun U G, Nguyen Q H. The ESG-innovation Disconnect: Evidence from Green Patenting [R]. NBER Working Paper, No. W27990, 2020.

[337] Colvin C R, Funder D C. Predicting Personality and Behavior: A Bound-

ary on the Acquaintanceship Effect [J]. Journal of Personality and Social Psychology, 1991, 60 (6): 884 – 894.

[338] Comin D, Hobijn B. An Exploration of Technology Diffusion [J]. American Economic Review, 2010, 100 (5): 2031 – 2059.

[339] Cordano M, Frieze I H. Pollution Reduction Preferences of U. S. Environmental Managers: Applying Ajzen's theory of Planned Behavior [J]. The Academy of Management Journal, 2000, 43 (4): 627 – 641.

[340] Cornell B. ESG Preferences, Risk and Return [J]. European Financial Management, 2021, 27 (1): 12 – 19.

[341] Crabbé A, Jacobs R, Van Hoof V, et al. Transition towards Sustainable Material Innovation: Evidence and Evaluation of Flemish Case [J]. Journal of Cleaner Production, 2013, 56: 63 – 72.

[342] Craven B M, Marston C L. Investor Relations and Corporate Governance in Large UK Companies [J]. Corporate Governance: An International Review, 1997, 5 (3): 137 – 151.

[343] Cui J, Zhang J, Zheng Y. Carbon Pricing Induces Innovation: Evidence from China's Regional Carbon Market Pilots [J]. AEA Papers and Proceedings, 2018 (108): 453 – 457.

[344] Dai J, Cantor D E, Montabon F L. How Environmental Management Competitive Pressure Affects a Focal Firm's Environmental Innovation Activities: A Green Supply Chain Perspective [J]. Journal of Business Logistics, 2015, 36 (3): 242 – 259.

[345] Dai R, Liang H, Ng L. Socially responsible corporate customers [J]. Journal of Financial Economics, 2021, 142 (2): 598 – 626.

[346] Dangelici R M, Pontrandolfo P. Being Green and Competitive: The Impact of Environmental Actions and Collaborations on Firm Performance [J]. Business Strategy and the Environment, 2015, 24 (6): 413 –

430.

[347] Dangelico R M. Green Product Innovation: Where We are and Where We are Going [J]. Business Strategy and the Environment, 2016, 25 (8): 560 – 576.

[348] Dangelico R M, Pujari D. Mainstreaming Green Product Innovation: Why and How Companies Integrate Environmental Sustainability [J]. Journal of Business Ethics, 2010, 95 (3): 471 – 486.

[349] Dechezleprêtre A, Sato M. The Impacts of Environmental Regulations on Competitiveness [J]. Review of Environmental Economics and Policy, 2017, 11 (2): 183 – 206.

[350] Delmas M, Toffel M W. Stakeholders and Environmental Management Practices: An Institutional Framework [J]. Business Strategy and the Environment, 2004, 13 (4): 209 – 222.

[351] De Marchi V. Environmental Innovation and R&D Cooperation: Empirical Evidence from Spanish Manufacturing Firms [J]. Research Policy, 2012, 41 (3): 614 – 623.

[352] De Medeiros J F, Ribeiro J L D. Environmentally Sustainable Innovation: Expected Attributes in the Purchase of Green Products [J]. Journal of Cleaner Production, 2017, 142: 240 – 248.

[353] Dhaliwal D, Judd J S, Serfling M, et al. Customer Concentration Risk and the Cost of Equity Capital [J]. Journal of Accounting and Economics, 2016, 61 (1): 23 – 48.

[354] Dhingra V, Krishnan H. Managing Reputation Risk in Supply Chains: The Role of Risk Sharing Under Limited Liability [J]. Management Science, 2021, 67 (8): 4845 – 4862.

[355] Dodds P E, Staffell I, Hawkes A D, et al. Hydrogen and Fuel Cell Technologies for Heating: A Review [J]. International Journal of Hydro-

gen Energy, 2015, 40 (5): 2065 - 2083.

[356] Doran J, Ryan G. The Importance of the Diverse Drivers and Types of Environmental Innovation for Firm Performance [J]. Business Strategy and the Environment, 2016, 25 (2): 102 - 119.

[357] Drempetic S, Klein C, Zwergel B. The Influence of Firm Size on the ESG Score: Corporate Sustainability Ratings under Review [J]. Journal of Business Ethics, 2020, 167 (2): 333 - 360.

[358] Durnev A, Mangen C. The Spillover Effects of MD&A Disclosures for Real Investment: The role of Industry Competition [J]. Journal of Accounting and Economics, 2020 (1): 101 - 299.

[359] Ederington J, Minier J. Is Environmental Policy a Secondary Trade Barrier? An Empirical Analysis [J]. Canadian Journal of Economics, 2003, 36 (2): 137 - 154.

[360] Eiadat Y, Kelly A, Roche F, et al. Green and Competitive? An Empirical Test of the Mediating Role of Environmental Innovation Strategy [J]. Journal of World Business, 2008, 43 (2): 131 - 145.

[361] Entine J. The Myth of Social Investing: A Critique of its Practice and Consequences for Corporate Social Performance Research [J]. Organization & Environment, 2003, 16 (3): 352 - 368.

[362] Feldman M P, Kelley M R. The Ex Ante Assessment of Knowledge Spillovers: Government R&D Policy, Economic Incentives and Private Firm Behavior [J]. Research Policy, 2006, 35 (10): 1509 - 1521.

[363] Feng J, Goodell J W, Shen D. ESG Rating and Stock Price Crash Risk: Evidence from China [J]. Finance Research Letters, 2021: 102476.

[364] Fisman R, Raturi M. Does Competition Encourage Credit Provision? Evidence from African Trade Credit Relationships [J]. Review of Economics and Statistics, 2004, 86: 345 - 352.

[365] Friede G, Busch T, Bassen A. ESG and Financial Performance: Aggregated Evidence from More than 2000 Empirical Studies [J]. Journal of Sustainable Finance & Investment, 2015, 5 (4): 210 – 233.

[366] Fullerton D, Metcalf G E. Environmental Taxes and the Double-dividend Hypothesis: did You Really Expect Something for Nothing? [J]. Chicago-Kent Law Review, 1998, 71 (1): 221 – 256.

[367] Gao C, Jin F J, Fu J. The Evaluation of Industry Development Policies of Chinas Five-Year Plan [J]. Advanced Materials Research, 2013, 753: 3157 – 3161.

[368] Gao G Y, Xie E, Zhou K Z. How Does Technological Diversity in Supplier Network Drive Buyer Innovation? Relational Process and Contingencies [J]. Journal of Operations Management, 2015, 36 (1): 165 – 177.

[369] Geffen C, Rothenberg S. Sustainable Development across Firm Boundaries: The Critical Role of Suppliers in Environmental Innovation [J]. International Journal of Operations and Production Management, 2000, 20 (2): 166 – 186.

[370] Gerber J D, Knoepfel P, Nahrath S, et al. Institutional Resource Regimes: Towards Sustainability through the Combination of Property-rights Theory and Policy Analysis [J]. Ecological Economics, 2009, 68 (3): 798 – 809.

[371] Govindan K, Mina H, Alavi B. A Decision Support System for Demand Management in Healthcare Supply Chains Considering the Epidemic Outbreaks: A Case Study of Coronavirus Disease 2019 (COVID – 19) [J]. Transportation Research Part E: Logistics and Transportation Review: 2020, 138 (6): 101967.

[372] Gray W B. The Cost of Regulation: OSHA, EPA and the Productivity Slowdown [J]. American Economic Review, 1987, 77 (5): 998 –

1006.

[373] Grossman G M, Helpman E. Growth, Trade and Inequality [J]. Econometrica, 2018, 86 (1): 37 – 83.

[374] Hadlock C J, Pierce J R. New Evidence on Measuring Financial Constrains: Moving Beyond the KZI Index [J]. The Review of Financial Studies, 2010, 23 (5): 1909 – 1940.

[375] Hall J, Clark W W. Special Issue: Environmental Innovation [J]. Journal of Cleaner Production, 2003, 11 (4): 343 – 346.

[376] Hamamoto M. Environmental Regulation and the Productivity of Japanese Manufacturing Industries [J]. Resource and Energy Economics, 2006, 28 (2): 299 – 312.

[377] Hambrick D C, Mason P A. Upper Echelons: The Organization as a Reflection of its Top Managers [J]. Academy of Management Review, 1984, 9 (2): 193 – 206.

[378] Hambrick D C. Upper Echelons Theory: An Update [J]. Academy of Management Review, 2007, 32 (2): 334 – 343.

[379] Hansen M T, Birkinshaw J. The Innovation Value Chain [J]. Harvard Business Review, 2007, 85 (6): 121 – 133.

[380] Harrison A, Martin L A, Nataraj S. Green Industrial Policy in Emerging Markets [J]. Annual Review of Resource Economics, 2017, 9: 253 – 274.

[381] Heckman J J. Sample Selection Bias as a Specification Error [J]. Econometrica: Journal of the Econometric Society, 1979: 153 – 161.

[382] Hemmelskamp J. Environmental Policy Instruments and their Effects on Innovation [J]. European Planning Studies, 1997, 5 (2): 177 – 194.

[383] Henriques I, Sadorsky P. The Determinants of an Environmentally Responsive Firm: An Empirical Approach [J]. Journal of Environmental

Economics & Management, 1996, 30 (3): 381 – 395.

[384] Hertzel M G, Li Z, Officer M S, et al. Inter-firm Linkages and the Wealth Effects of Financial Distress along the Supply Chain [J]. Journal of Financial Economics, 2008 (2): 374 – 387.

[385] Hettige H, Huq M, Pargal S, et al. Determinants of Pollution Abatement in Developing Countries: Evidence from South and Southeast Asia [J]. World Development, 1996, 24 (12): 1891 – 1904.

[386] Hobdoy M, Rush H, Tidd J. Innovation in Complex Products and system [J]. Research Policy, 2000, 29 (7): 793 – 804.

[387] Hojnik J, Ruzzier M. The Driving Forces of Process Eco-innovation and Its Impact on Performance: Insights from Slovenia [J]. Journal of Cleaner Production, 2016, 133: 812 – 825.

[388] Horbach J, Rammer C, Rennings K. Determinants of Eco-innovations by Type of Environmental Impact-The Role of Regulatory Push/Pull, Technology Push and Market Pull [J]. Ecological Economics, 2012, 78: 112 – 122.

[389] Houston J F, Lin C. Zhu Z. The Financial Implications of Supply Chain Changes [J]. Management Science, 2016, 62 (9): 2520 – 2542.

[390] Hsieh C T, Klenow P J. Misallocation and Manufacturing TFP in China and India [J]. The Quarterly Journal of Economics, 2009, 124 (4): 1403 – 1448.

[391] Huang M, Li M, Liao Z. Do Politically Connected CEOs Promote Chinese Listed Industrial Firms' Green Innovation? The Mediating Role of External Governance Environments [J]. Journal of Cleaner Production, 2021, 278: 1 – 11.

[392] Huang X, Hu Z, Liu C, et al. The Relationships Between Regulatory and Customer Pressure, Green Organizational Responses and Green Inno-

vation Performance ［J］. Journal of Cleaner Production, 2016, 112: 3423 – 3433.

［393］ Huang Z, Liao G, Li Z. Loaning Scale and Government Subsidy for Promoting Green Innovation ［J］. Technological Forecasting and Social Change, 2019, 144: 148 – 156.

［394］ Hu B, Dong H, Jiang P, Zhu J. Analysis of the Applicable Rate of Environmental Tax Through Different Tax Rate Scenarios in China ［J］. Sustainability, 2020, 12 (10): 4233.

［395］ Humphrey J E, Lee D D, Shen Y. The Independent Effects of Environmental, Social and Governance Initiatives on the Performance of UK firms ［J］. Australian Journal of Management, 2012, 37 (2): 135 – 151.

［396］ Isaksson O H, Simeth M, Seifert R W. Knowledge Spillovers in the Supply Chain: Evidence from the High Tech Sectors ［J］. Research Policy, 2016, 45 (3): 699 – 706.

［397］ Itzkowitz J. Customers and Cash: How Relationships Affect Suppliers' Cash Holdings ［J］. Journal of Corporate Finance, 2013, 19 (1): 159 – 180.

［398］ Jacobson T, Von Schedvin E. Trade Credit and the Propagation of Corporate Failure: An Empirical Analysis ［J］. Econometrica, 2015, 83 (4): 1315 – 1371.

［399］ Jaffe A B, De Rassenfosse G. Patent Citation Data in Social Science Research: Overview and Best Practices ［J］. Journal of the Association for Information Science and Technology, 2017, 68 (6): 1360 – 1374.

［400］ Jaffe A B, Peterson S R, Portney P R, et al. Environmental Regulation and the Competiveness of U. S. Manufacturing: What Does the Evidence Tell Us ［J］. Journal of Economic Literature, 1995, 33 (1): 132 – 163.

［401］ Javorcik B S. Does Foreign Direct Investment Increase the Productivity of Domestic Firms? In Search of Spillovers through Back-ward Linkages ［J］.

American Economic Review, 2004 (3): 605 - 627.

[402] Jiang Z, Wang Z, Zeng Y. Can Voluntary Environmental Regulation Promote Corporate Technological Innovation? [J]. Business Strategy and the Environment, 2020, 29 (2): 390 - 406.

[403] Jiao J, Zhang X, Tang Y. What Factors Determine the Survival of Green Innovative Enterprises in China? A Method Based on FSQCA [J]. Technology in Society, 2020, 62: 101314.

[404] Ji L, Tian Z. Environmental "Fee-to-Tax" and Heavy Pollution Enterprises to Decapacity [J]. Sustainability, 2022, 14 (9): 5312.

[405] Jimenez O. Innovation-oriented Environmental Regulations: Direct Versus Indirect Regulations: An Empirical Analysis of Small and Medium-sized Enterprises in Chile [J]. Environment and Planning (A), 2005, 37 (4): 723 - 750.

[406] Johnsen T, Phillips W, Caldwell N, et al. Centrality of Customer and Supplier Interaction in Innovation [J]. Journal of Business Research, 2006, 59 (6): 671 - 678.

[407] Johnstone N, Haii I, Popp D. Renewable Energy Policies and Technological Innovation: Evidence based on Patent Counts [J]. Environmental and Resource Economics, 2010, 45 (1): 133 - 155.

[408] Joshi A W, Sharma S. Customer Knowledge Development: Antecedents and Impact on New Product Performance [J]. Journal of Marketing, 2004, 68 (4): 47 - 59.

[409] Kalkanci B, Plambeck E L. Managing Supplier Social and Environmental Impacts with Voluntary Versus Mandatory Disclosure to Investors [J]. Management Science, 2020, 66 (8): 3311 - 3328.

[410] Karakaya E, Hidalgo A, Nuur C. Diffusion of Eco-innovations: A Review [J]. Renewable & Sustainable Energy Reviews, 2014, 33: 392 - 399.

[411] Kemp R, Pontoglio S. The Innovation Effects of Environmental Policy Instruments: A Typical Case of the Blind Men and the Elephant? [J]. Ecological Economics, 2011, 72: 28 – 36.

[412] Kesidou E, Dmirel P. On the Drivers of Eco-innovations: Empirical Evidence from the UK [J]. Research Policy, 2012, 41 (5): 862 – 870.

[413] Kim H, Park K, Song K. Do Long-Term Institutional Investors Foster Corporate Innovation? [J]. Accounting and Finance, 2019, 59 (2): 1163 – 1195.

[414] Kim S, Li Z. Understanding the Impact of ESG Practices in Corporate Finance [J]. Sustainability, 2021, 13 (7): 3746.

[415] Kleer R. Government R&D Subsidies as a Signal for Private Investors [J]. Research Policy, 2010, 39 (10): 1361 – 1374.

[416] Kneller R, Manderson E. Environmental Regulations and Innovation Activity in UK Manufacturing Industries [J]. Resource and Energy Economics, 2012, 34 (2): 211 – 235.

[417] Kotabe M, Martin X, Domoto H. Gaining from Vertical Partnerships: Knowledge Transfer, Relationship Duration and Supplier Performance Improvement in the U. S. and Japanese Automotive Industries [J]. Strategic Management Journal, 2003, 24 (4): 293 – 316.

[418] Krüger P. Corporate Goodness and Shareholder Wealth [J]. Journal of Financial Economics, 2015, 115 (2): 304 – 329.

[419] Krueger P, Sautner Z, Starks L T. The Importance of Climate Risks for Institutional Investors [J]. The Review of Financial Studies, 2020, 33 (3): 1067 – 1111.

[420] Kryna C. Industry Product Market Competition and Managerial Incentives [J]. Journal of Accounting and Economics, 2007, 43 (2): 275 – 297.

[421] Langpap C, Shimshack J P. Private Citizen Suits and Public Enforcement:

Substitutes or Complements? [J]. Journal of Environmental Economics and Management, 2010, 59 (3): 235 – 249.

[422] Lanjouw J O, Mody A. Innovation and the International Diffusion of Environmentally Responsive Technology [J]. Research Policy, 1996, 25 (4): 549 – 571.

[423] Lanoie P, Patry M, Lajeunesse R. Environmental Regulation and Productivity: Testing the Porter Hypothesis [J]. Journal of Productivity Analysis, 2008, 30 (2): 121 – 128.

[424] Lee H L, Padmanabhan V, Whang S. Information Distortion in a Supply Chain: The Bullwhip Effect [J]. Management Science, 1997, 43 (4): 546 – 558.

[425] Lee J, Veloso F M, Hounshell D A. Linking Induced Technological Change and Environmental Regulation: Evidence from Patenting in the US Auto Industry [J]. Research Policy, 2011, 40 (9): 1240 – 1252.

[426] Lee S H, Park S, Kim T. Review on Investment Direction of Green Technology R&D in Korea [J]. Renewable & Sustainable Energy Reviews, 2015, 50 (10): 186 – 193.

[427] Leitner Y. Financial Networks: Contagion, Commitment and Private Sector Bailouts [J]. Journal of Finance, 2005, 60 (6): 2925 – 2953.

[428] Levine O, Warusawitharana M. Finance and Productivity Growth: Firm-Level Evidence [J]. Journal of Monetary Economics, 2021, 117 (1): 91 – 107.

[429] Ley M, Stucki T, Woeter M. The Impact of Energy Prices on Green Innovation [J]. The Energy Journal, 2016, 37 (1): 41 – 75.

[430] Lian Y. Financial Distress and Customer-supplier Relationships [J]. Journal of Corporate Finance, 2017, 43: 397 – 406.

[431] Li D Y, Cao C C, Zhang L. Effects of Corporate Environmental Respon-

sibility on Financial Performance: The Moderating Role of Government Regulation and Organizational Slack [J]. Journal of Cleaner Production, 2017, 166 (27): 1323 – 1334.

[432] Li D, Zheng M, Cao C, et al. The Impact of Legitimacy Pressure and Corporate Profitability on Green Innovation: Evidence from China Top 100 [J]. Journal of Cleaner Production, 2017, 141: 41 – 49.

[433] Li F S, Xu X L, Li Z W, et al. Can Low-carbon Technological Innovation Truly Improve Enterprise Performance? The Case of Chinese Manufacturing Companies [J]. Journal of Cleaner Production, 2021, 293: 125949.

[434] Li J, Xia J, Zajac E J. On the Duality of Political and Economic Stakeholder Influence on Firm Innovation Performance: Theory and Evidence from Chinese Firms [J]. Strategic Management Journal, 2018, 39 (1): 193 – 216.

[435] Liker J K, Choi T Y. Building Deep Supplier Relationship [J]. Harvard Business Review, 2004 (12): 112 – 124.

[436] Limkriangkrai M, Koh S, Durand R B. Environmental, Social, and Governance (ESG) Profiles, Stock Returns, and Financial Policy: Australian Evidence [J]. International Review of Finance, 2017, 17 (3): 461 – 471.

[437] Lim S, Prakash A. Voluntary Regulations and Innovation: the Case of ISO 14001 [J]. Public Administration Review, 2014, 74 (2): 233 – 244.

[438] Ling C, Pan L S, Ractham P, Kaewkitipong L. ICT-Enabled Community Empowerment in Crisis Response: Social Media in Thailand Flooding 2011 [J]. Journal of the Association for Information Systems, 2015, 16 (3): 174 – 212.

[439] Lin H, Zeng S X, Ma H Y, et al. Can Political Capital Drive Corporate

Green Innovation? Lessons from China [J]. Journal of Cleaner Produc-
tion, 2014, 64: 63 – 72.

[440] Lin W L, Cheah J H, Azali M, et al. Does Firm Size Matter? Evidence
on the Impact of the Green Innovation Strategy on Corporate Financial Per-
formance in the Automotive Sector [J]. Journal of Cleaner Production,
2019, 229: 974 – 988.

[441] Liu D, Wang Y, Sun C. Industrial Policy, Corporate Strategic Differ-
ences and Debt Financing Cost [J]. Asia-Pacific Journal of Accounting &
Economics, 2019, 29 (1): 1 – 17.

[442] Li X, G. Deng. Research on the Effect of an Environmental Protection Tax
Policy on Haze Control in China—Empirical Analysis Based on Provincial
Panel Data [J]. Sustainability, 2021, 14 (1): 41.

[443] Long X, Chen Y, Du J, et al. The Effect of Environmental Innovation
Behavior on Economic and Environmental Performance of 182 Chinese
Firms [J]. Journal of Cleaner Production, 2017, 166: 1274 – 1282.

[444] Martins H C. Competition and ESG Practices in Emerging Markets: Evi-
dence from a Difference-in-differences Model [J]. Finance Research Let-
ters, 2021: 102371.

[445] Matsuhashi R, Takase K. Green Innovation and Green Growth for Reali-
zing an Affluent Low-carbon Society [J]. Low Carbon Economy, 2015,
6 (4): 87 – 95.

[446] Ma W, Zhang R, Chai S. What Drives Green Innovation? A Game Theo-
retic Analysis of Government Subsidy and Cooperation Contract [J]. Sus-
tainability, 2019, 11 (20): 5584.

[447] Mazzanti M, Zoboli R. Environmental Efficiency and Labor Productivity:
Trade-off or Joint Dynamics? A Theoretical Investigation and Empirical Ev-
idence from Italy Using NAMEA [J]. Ecological Economics, 2009, 68

（3）：1182 – 1194.

［448］ Meckling J，Nahm J. The Politics of Technology Bans：Industrial Policy Competition and Green Goals for the Auto Industry ［J］. Energy Policy，2019，126：470 – 479.

［449］ Medeiros J F D，Vidor G，Ribeiro J L D. Driving Factors for the Success of the Green Innovation Market：A Relationship System Proposal ［J］. Journal of Business Ethics，2018，147（2）：1 – 15.

［450］ Menezes F M，Quiggin J. More Competitors or More Competition？Market Concentration and the Intensity of Competition ［J］. Economics Letters，2012，117（3）：712 – 714.

［451］ Micheli G J L，Cagno E，Mustillo G，et al. Green Supply Chain Management Drivers，Practices and Performance：A Comprehensive Study on the Moderators ［J］. Journal of Cleaner Production，2020，259（20）：121024.

［452］ Michelson G，Wailes N，van der Laan S，et al. Ethical Investment Processes and Outcomes ［J］. Journal of Business Ethics，2004，52（1）：1 – 10.

［453］ Montmartin B，Herrera M. Internal and External Effects of R&D Subsidies and Fiscal Incentives：Empirical Evidence Using Spatial Dynamic Panel Models ［J］. Research Policy，2015，44（5）：1065 – 1079.

［454］ Muhmad S N，Ariff A，Majid M，et al. Product Market Competition，Corporate Governance and ESG ［J］. Asian Academy of Management Journal of Accounting and Finance，2021，17（1）：63 – 91.

［455］ Nekhili M，Boukadhaba A，Nagati H，et al. ESG Performance and Market Value：The Moderating Role of Employee Board Representation ［J］. The International Journal of Human Resource Management，2021，32（14）：3061 – 3087.

[456] Nelson A S. The Effect of a Major Customer's Information Quality on Its Supplier's Investment Decisions [M]. The Ohio State University, 2018: 1 - 103.

[457] Nieto M J, Santamaría L. The Importance of Diverse Collaborative Networks for the Novelty of Product Innovation [J]. Technovation, 2007, 27 (6 - 7): 367 - 377.

[458] Nunes M F. Supply Chain Contamination: An Exploratory Approach on the Collateral Effects of Negative Corporate events [J]. European Management Journal, 2018, 36 (4): 573 - 587.

[459] Oltra V, Saint M D. Sectoral Systems of Environmental Innovation: An Application to the French Automotive Industry [J]. Technological Forecasting and Social Change, 2009, 76 (4): 567 - 583.

[460] Orsato R J. Competitive Environmental Strategies: When Does It Pay to be Green [J]. California Management Review, 2006, 48 (2): 127 - 143.

[461] Palmer K, Oates W E, Portney P R. Tightening Environmental Standards: The Benefit-cost Or the No-cost Paradigm [J]. Journal of Economic Perspectives, 1995, 9 (4): 119 - 132.

[462] Pandit S, Wasley C E, Zach T. Information Externalities Along the Supply Chain: The Economic Determinants of Suppliers' Stock Price Reaction to Their Customers' Earnings Announcements [J]. Contemporary Accounting Research, 2011, 28 (4): 1304 - 1343.

[463] Panigrahi S S, Rao N S A. Stakeholders' Perspective on Barriers to Adopt Sustainable Practices in MSME Supply Chain: Issues and challenges in the Textile Sector [J]. Research Journal of Textile and Apparel, 2018, 22 (1): 59 - 76.

[464] Pan X, Cheng W, Gao Y, et al. Is Environmental Regulation Effective

in Promoting the Quantity and Quality of Green Innovation? [J]. Environmental Science and Pollution Research, 2021, 28: 6232 – 6241.

[465] Parente S L, Prescott E C. Monopoly Rights: A Barrier to Riches [J]. American Economic Review, 1999, 89 (5): 1216 – 1233.

[466] Pedersenl H, Fitzgibbons S, Pomorski L. Responsible Investing: The ESG-efficient Frontier [J]. Journal of Financial Economics, 2021, 142 (2): 572 – 597.

[467] Peng H, Shen N, Liao H, et al. Multiple Network Embedding, Green Knowledge Integration and Green Supply Chain Performance-Investigation based on Agglomeration Scenario [J]. Journal of Cleaner Production: 2020, 259 (20): 120821.

[468] Petroni G, Bigliardi B, Galati F. Rethinking the Porter Hypothesis: The Underappreciated Importance of Value Appropriation and Pollution Intensity [J]. Review of Policy Research, 2019, 36 (1): 121 – 140.

[469] Pfarrer M D, Pollock T G, Rindova V P. A Tale of Two Assets: The Effects of Firm Reputation and Celebrity on Earnings Surprises and Investors' Reactions [J]. Academy of Management Journal, 2010, 53 (5): 1131 – 1152.

[470] Pickman H. The Effect of Environmental Regulation on Environmental Innovation [J]. Business Strategy and the Environment, 1998, 7 (4): 223 – 233.

[471] Pigou A C. The Economics of Welfare [M]. Macmillan and Co., 1992.

[472] Porter M E. America's Green Strategy [J]. Scientific American, 1991, 264 (4): 193 – 246.

[473] Porter M E, van der Linde C. Toward a New Conception of the Environment-Competitiveness Relationship [J]. Journal of Economic Perspectives, 1995, 9 (4): 97 – 118.

[474] Porter M, van der Linde C. Green and competitive: ending the stalemate [J]. Harvard Business Review, 1995, 73: 119 – 134.

[475] Przychodzen J, Przychodzen W. Relationships between Eco-innovation and Financial Performance Evidence from Publicly Traded Companies in Poland and Hungary [J]. Journal of Cleaner Production, 2015, 90: 253 – 263.

[476] Qing L, Chun D, Dagestani A A, et al. Does Proactive Green Technology Innovation Improve Financial Performance? Evidence from Listed Companies with Semiconductor Concepts Stock in China [J]. Sustainability, 2022, 14: 4600.

[477] Quintana-García C, Benavides-Chicón C G, Marchante-Lara M. Does a Green Supply Chain Improve Corporate Reputation? Empirical Evidence from European Manufacturing Sectors [J]. Industrial Marketing Management, 2021, 92 (3): 344 – 353.

[478] Ramanathan R, Black A, Nath P. Impact of Environmental Regulations on Innovation and Performance in the UK Industrial Sector [J]. Management Decision, 2010, 48 (10): 1493 – 1513.

[479] Ramanathan R, He Q L, Andrew B, et al. Environmental Regulations, Innovation and Firm Performance: A Revisit of the Porter Hy-pothesis [J]. Journal of Cleaner Production, 2017, 155 (2): 79 – 92.

[480] Razzaq A, Wang Y, Chupradit S, et al. Asymmetric Inter-linkages between Green Technology Innovation and Consumption-based Carbon Emissions in BRICS Countries Using Quantile-on-quantile Framework [J]. Technology in Society, 2021, 66: 101656.

[481] Reber B, Gold A, Gold S. ESG Disclosure and Idiosyncratic Risk in Initial Public Offerings [J]. Journal of Business Ethics, 2021: 1 – 20.

[482] Reilly A H, Hynan K A. Corporate Communication, Sustainability and Social Media: It's not Easy (really) being Green [J]. Business Hori-

zons, 2014, 57 (1): 747 – 758.

[483] Rennings K. Redefining Innovation-Eco-innovation Research and the Contribution from Ecological Economics [J]. Ecological Economics: 2000, 32 (2): 319 – 332.

[484] Requate T. Dynamic Incentives by Environmental Policy Instruments—A Survey [J]. Ecological Economics, 2005, 54 (02/03): 175 – 195.

[485] Reyes-Menendez A, Saura J R, Alvarez-Alonso C. Understanding World Environment Day User Opinions in Twitter: A Topic-based Sentiment Analysis Approach [J]. International Journal of Environmental Research and Public Health, 2018, 15 (11): 2537.

[486] Rodríguez J, Wiengarten F. The Role of Process Innovativeness in the Development of Environmental Innovativeness Capability [J]. Journal of Cleaner Production, 2017, 142: 2423 – 2434.

[487] Rodrik D. Green industrial policy [J]. Oxford Review of Economic Policy, 2014, 30 (3): 469 – 491.

[488] Roth B K. Why Companies Go Green: A Model of Ecological Responsiveness [J]. The Academy of Management Journal, 2000, 43 (4): 717 – 736.

[489] Rugman A M, Verbeke A. Corporate Strategies and Environmental Regulations: An Organizing Framework [J]. Strategic Management Journal, 1998, 19 (4): 363 – 375.

[490] Ryszko A. Proactive Environmental Strategy, Technological Eco-innovation and Firm Performance-Case of Poland [J]. Sustainability, 2016, 8 (2): 156.

[491] Samaddar S, Kadiyala S. An Analysis of Interorganizational Resource Sharing Decisions in Collaborative Knowledge Creation [J]. European Journal of Operational Research, 2006, 170 (1): 192 – 210.

[492] Samad S, Nilashi M, Almulihi A, et al. Green Supply Chain Management Practices and Impact on Firm Performance: The Moderating Effect of Collaborative Capability [J]. Technology in Society, 2021, 67: 101766.

[493] Sarkis J, Gonzalez-Torre P, Adenso-Diaz B. Stakeholder Pressure and the Adoption of Environmental Practices: The Mediating Effect of Training [J]. Journal of Operations Management, 2010, 28 (2): 163 – 176.

[494] Serpa J C, Krishnan H. The Impact of Supply Chains on Firm-level Productivity [J]. Management Science, 2018 (2): 511 – 532.

[495] Shang K C, Lu C S, Li S. A Taxonomy of Green Supply Chain Management Capability among Electronics-related Manufacturing Firms in Taiwan [J]. Journal of Environmental Management, 2010, 91 (5): 1218 – 1226.

[496] Shapiro J S, Walker R. Why is Pollution from US Manufacturing Declining? The Roles of Environmental Regulation, Productivity and Trade [J]. American Economic Review, 2018, 108 (12): 3815 – 3854.

[497] Simpson R D, Bradford R L. Taxing Variable Cost: Environmental Regulation as Industrial Policy [J]. Journal of Environmental Economics and Management, 1996, 30 (3): 282 – 300.

[498] Sinn H. Public Policies Against Global Warming: a Supply side Approach [J]. International Tax and Public Finance, 2008, 15 (4): 360 – 394.

[499] Solowr M. Technical Changed the Aggregate Production Function [J]. Review of Economics and Statistics, 1957, 39 (3): 312 – 320.

[500] Song M, Wang S, Zhang H. Could Environmental Regulation and R & D Tax Incentives Affect Green Product Innovation? [J]. Journal of Cleaner Production, 2020, 258: 120849.

[501] Stiglitz J E. Leaders and Followers: Perspectives on the Nordic Model and the Economics of Innovation [J]. Journal of Public Economics, 2015,

127: 3 – 16.

［502］Suchman M C. Managing Legitimacy: Strategic and Institutional Approaches ［J］. Academy of Management Review, 1995, 20 （3）: 571 – 610.

［503］Takalo T, Tanayama T. Adverse Selection and Financing of Innovation: Is There a Need for R&D Subsidies? ［J］. The Journal of Technology Transfer, 2010, 35 （1）: 16 – 41.

［504］Tang Y, Yue S, Ma W, et al. How do Environmental Protection Expenditure and Green Technology Innovation Affect Synergistically the Financial Performance of Heavy Polluting Enterprises? Evidence from China ［J］. Environmental Science and Pollution Research, 2022, 29: 89597 – 89613.

［505］Tang Z, Tang J. Can the Media Discipline Chinese Firms' Pollution Behaviors? The Mediating Effects of the Public and Government ［J］. Journal of Management, 2016, 42 （6）: 1700 – 1722.

［506］Tariq A, Badir Y F, Tariq W, et al. Drivers and Consequences of Green Product and Process Innovation: A Systematic Review, Conceptual Framework and Future Outlook ［J］. Technology in Society, 2017, 51: 8 – 23.

［507］Teece D J. Profiting from Technological Innovation: Implications for Integration, Collaboration, Licensing and Public Policy ［J］. Research Policy, 1986, 15 （6）: 285 – 305.

［508］Tong T W, He W, He Z. Patent Regime Shift and Firm Innovation: Evidence from the Second Amendment to China's Patent Law ［J］. Academy of Management Proceedings, 2014 （1）: 14174.

［509］Triguero A, Moreno-Mondéjar L, Davia M A. Drivers of Different Types of Eco-innovation in European SMEs ［J］. Ecological Economics, 2013,

92: 25 – 33.

[510] Tseng M L, Huang F, Chiu A S F. Performance Drivers of Green Innovation Under Incomplete Information [J]. Procedia-Social and Behavioral Sciences, 2012, 40: 234 – 250.

[511] Van Duuren E, Plantinga A, Scholtens B. ESG Integration and the Investment Management Process: Fundamental Investing Reinvented [J]. Journal of Business Ethics, 2016, 138 (3): 525 – 533.

[512] Velte P, Stawinoga M. Do Chief Sustainability Officers and CSR Committees Influence CSR-related Outcomes? A Structured Literature Review Based on Empirical-quantitative Research Findings [J]. Journal of Management Control, 2020, 31 (4): 333 – 377.

[513] Walley N, Whitehead B. It's not Easy being Green [J]. Harvard Business Review, 1994, 72 (3): 46 – 51.

[514] Wallsten S J. The Effects of Government-industry R&D Programs on Private R&D: The Case of the Small Business Innovation Research Program [J]. The RAND Journal of Economics, 2000: 82 – 100.

[515] Walter J M, Chang Y M. Environmental Policies and Political Feasibility: Eco-labels Versus Emission Taxes [J]. Economic Analysis and Policy, 2020, 66: 194 – 206.

[516] Wang C, Yang Y, Zhang J. China's Sectoral Strategies in Energy Conservation and Carbon Mitigation [J]. Climate Policy, 2015, 15 (S1): 60 – 80.

[517] Wang C, Zhang Q. Zhang W. Corporate Social Responsibility, Green Supply Chain Management and Firm Performance: The Moderating Role of Big-data Analytics Capability [J]. Research in Transportation Business & Management: 2020, 37 (4): 100557.

[518] Wang H, Qi S, Zhou C, et al. Green Credit Policy, Government Behav-

ior and Green Innovation Quality of Enterprises [J]. Journal of Cleaner Production, 2021, 331: 129834.

[519] Wang R X, Wijen F, Heugens P P M A R. Government's Green Grip: Multifaceted State Influence on Corporate Environmental Actions in China [J]. Strategic Management Journal, 2018, 39 (2): 403 – 428.

[520] Wang W, Tang X, Yang X, et al. Energy Savings in China's Energy Sectors and Contributions to Air Pollution Reduction in the 12th Five Year Plan [J]. Journal of Cleaner Production, 2018, 200: 305 – 317.

[521] Wang X, Zou H. Study on the Effect of Wind Power Industry Policy Types on the Innovation Performance of Different Ownership Enterprises: Evidence from China [J]. Energy Policy, 2018, 122: 241 – 252.

[522] Wen H, Zhao Z. How does China's Industrial Policy Affect Firms' R&D investment? Evidence from 'Made in China 2025' [J]. Applied Economics, 2021, 53 (55): 6333 – 6347.

[523] Wong C W Y, Lai K H, Shang K C, et al. Green Operations and the Moderating Role of Environmental Management Capability of Suppliers on Manufacturing Firm Performance [J]. International Journal of Production Economics, 2012, 140 (1): 283 – 294.

[524] Wurgler J. Financial Markets and the Allocation of Capital [J]. Journal of Financial Economics, 2000, 58 (1 – 2): 187 – 214.

[525] Xie R H, Yuan Y J, Huang J J. Different Types of Environmental Regulations and Heterogeneous Influence on "Green" Productivity: Evidence from China [J]. Ecological Economics, 2017, 132: 104 – 112.

[526] Xie X, Huo J, Zou H. Green Process Innovation, Green Product Innovation and Corporate Financial Performance: A Content Analysis Method [J]. Journal of Business Research, 2019, 101: 697 – 706.

[527] Yu E P, Guo C Q, Luu B V. Environmental, Social and Governance

Transparency and Firm Value ［J］. Business Strategy and the Environment, 2018, 27 (7): 987 – 1004.

［528］ Yu J, Lo C W H, Li P H Y. Organizational Visibility, Stakeholder Environmental Pressure and Corporate Environmental Responsiveness in China ［J］. Business Strategy and the Environment, 2017, 26 (3): 371 – 384.

［529］ Zhang B, Wang Z, Lai K. Mediating Effect of Managers' Environmental Concern: Bridge between External Pressures and Firms' Practices of Energy Conservation in China ［J］. Journal of Environmental Psychology, 2015, 43: 203 – 215.

［530］ Zhao X, Sun B. The Influence of Chinese Environmental Regulation on Corporation Innovation and Competitiveness ［J］. Journal of Cleaner Production, 2016, 112: 1528 – 1536.

［531］ Zhao Y, Feng T, Shi H. External Involvement and Green Product Innovation: The Moderating Role of Environmental Uncertainty ［J］. Business Strategy and the Environment, 2018, 27 (8): 1167 – 1180.

［532］ Zhong S, Xiong Y, Xiang G. Environmental Regulation Benefits for Whom? Heterogeneous Effects of the Intensity of the Environmental Regulation on Employment in China ［J］. Journal of Environmental Management, 2021, 281: 111877.

［533］ Zhong W, Ma Z, Tong T W. Customer Concentration, Executive Attention and Firm Search Behavior ［J］. Academy of Management Journal, 2021, 64 (5): 1625 – 1647.

［534］ Zhu Q, Feng Y, Choi S. The Role of Customer Relational Governance in Environmental and Economic Performance Improvement through Green Supply Chain Management ［J］. Journal of Cleaner Production, 2017, 155: 46 – 53.